建党百年献礼——西南大学经济管理学院"双一流"建设学术专著

国家社会科学基金项目"城乡一体化的财政教育投入保障机制研究"（13BJY150）；
西南大学经济管理学院"百年梦·学科建设"专项出版项目

城乡一体化的财政教育投入保障机制研究

杨 斌 著

西南师范大学出版社
国家一级出版社 全国百佳图书出版单位

图书在版编目(CIP)数据

城乡一体化的财政教育投入保障机制研究/杨斌著. — 重庆：西南师范大学出版社, 2021.6
ISBN 978-7-5697-0835-6

Ⅰ.①城… Ⅱ.①杨… Ⅲ.①城乡一体化—教育经费—投入机制—研究—中国 Ⅳ.①G526.72

中国版本图书馆CIP数据核字(2021)第104902号

城乡一体化的财政教育投入保障机制研究
CHENGXIANG YITIHUA DE CAIZHENG JAIOYU TOURU BAOZHANG JIZHI YANJIU

杨　斌◎著

责任编辑：翟腾飞
责任校对：熊家艳
装帧设计：观止堂_未　氓
排　　版：吴秀琴
出版发行：西南师范大学出版社
　　　　　　重庆·北碚　邮编：400715
印　　刷：重庆俊蒲印务有限公司
幅面尺寸：185mm×260mm
印　　张：12.25
字　　数：267千字
版　　次：2021年6月第1版
印　　次：2021年6月第1次
书　　号：ISBN 978-7-5697-0835-6
定　　价：49.00元

建党百年献礼

——西南大学经济管理学院"双一流"建设学术专著

编委会

主　任

祝志勇

副主任

高远东　王定祥

工作秘书

刘建新

成　员

刘自敏　王图展　毕　茜　刘新智
张应良　李海明　罗超平

前言

改革开放以来,中国教育事业发生了巨大的变革,取得了举世瞩目的成就。中国的教育普及程度不断提升,小学学龄儿童净入学率、初中阶段毛入学率已经超过或相当于高收入国家平均水平,高中阶段毛入学率高于中高收入国家的平均水平。然而,教育事业发展的深层次矛盾依然突出,其中,教育均衡问题、教育公平问题成为社会关注的焦点。长期以来,我国城乡经济社会二元结构所奉行的"城市中心"的价值取向使国家的主要财力、物力及优质人力资源都投向了城市。这种城乡分割、城市偏向的资源投入方式与配置格局不仅导致农村在经济上远远落后于城市,也是造成农村教育边缘化、城乡教育发展落差巨大的重要原因。

2008年,党的十七届三中全会提出了"城乡一体化"的战略目标,它不仅是促进城乡整合、从传统社会转向现代社会的必由之路,同时也为中国教育事业的发展指明了前进方向——城乡教育一体化,即城市教育与农村教育不再分而治之,而是将二者作为一个教育系统整体看待,统筹规划城乡教育资源,使城乡教育均衡发展、共同发展。城乡教育一体化是一项意义重大而又任务艰巨的社会变革,既是思想观念的变革,也是体制机制的变革;既需要政策方针的制度保障,也需要教育资源的物质保障。教育投入作为支撑国家长远发展的基础性、战略性投资,既是教育事业的物质基础,又是公共财政的重要职能。因此,一方面财政资金优先保障教育投入,公共资源优先满足教育和人力资源开发需要;另一方面建立健全保障机制,确保教育资源充分、公平、高效地投入与配置,将是实现城乡教育一体化的前提与基础。有鉴于此,基于城乡教育一体化目标构建财政教育投入保障机制,具有重要的理论与现实意义。

本书核心内容是以城乡教育一体化为目标导向,在城乡一体化、教育投资、公共产品和教育公平等相关理论的指导下,综合运用多种研究手段与方法,系统探索与创新城乡一体化的财政教育投入保障机制。主要内容包括：界定财政教育投入保障机制的相关核心概念，并从理论上厘清城乡教育一体化与财政教育投入保障机制的内在关联；考察我国城乡财政教育投入机制的历史演变，探索导致城乡教育发展失衡的历史原因与制度因素；实证考察我国财政教育投入现状，并从充足性、公平性与效率性三个层面分析评价财政教育投入绩效；构建城乡教育投入一体化水平的评价指标体系，测度与评价现阶段财政教育投入的一体化水平，为财政教育投入保障机制的设计与创新提供实证依据；充分借鉴国际经验的基础上，深入探索并构建城乡一体化的财政教育投入保障机制，为其设计可行的实现路径，为城乡教育协调发展、共同发展，逐渐消除教育的城乡差别，最终融为一体化提供必要的制度保障。

本书的出版获得国家社会科学基金项目(13BJY150)和西南大学经济管理学院"百年梦·学科建设"专著出版项目的资助，特此感谢。

编者

2020年2月

目录

第1章 总论 ·········· 001
    1.1 选题背景与意义 ·········· 001
    1.2 国内外研究现状 ·········· 005
    1.3 研究目标与思路 ·········· 008
    1.4 研究内容与结构 ·········· 010
    1.5 研究方法与资料 ·········· 011

第2章 理论基础 ·········· 013
    2.1 相关概念的界定 ·········· 013
    2.2 相关理论回顾与借鉴 ·········· 015
    2.3 构建城乡一体化的财政教育投入保障机制的理论依据 ·········· 029

第3章 我国财政教育投入的制度考察 ·········· 033
    3.1 新中国成立后我国城乡财政教育投入机制的产生 ·········· 033
    3.2 改革开放以后我国城乡财政教育投入机制的变革 ·········· 035
    3.3 新时期我国城乡财政教育投入机制的形成 ·········· 038

第4章 我国财政教育投入的现状考察 ·········· 041
    4.1 我国财政教育投入的现状分析 ·········· 041
    4.2 城乡财政教育投入的充足、公平和效率评价 ·········· 065
    4.3 财政教育投入的问题分析 ·········· 090

第5章 财政教育投入城乡一体化水平测度与评价 ········· 099
5.1 财政教育投入城乡一体化指标体系设计 ········· 099
5.2 财政教育投入城乡一体化水平测算模型构建 ········· 102
5.3 财政教育投入城乡一体化水平测度与评价 ········· 106

第6章 财政教育投入城乡一体化发展的制约因素分析 ········· 121
6.1 城乡二元化体制的制约 ········· 121
6.2 教育财政体制的制约 ········· 123
6.3 教育管理体制的制约 ········· 125

第7章 财政教育投入保障机制的国际经验借鉴 ········· 129
7.1 美国财政教育投入机制考察 ········· 129
7.2 日本财政教育投入制度考察 ········· 132
7.3 经验借鉴与启示 ········· 135

第8章 城乡一体化的财政教育投入保障机制框架设计 ········· 137
8.1 城乡一体化的财政教育投入保障机制构建的制度背景 ········· 138
8.2 城乡一体化的财政教育投入保障机制设计的总体思路 ········· 141

第9章 城乡一体化的财政教育投入保障机制的实现路径与配套措施 ········· 165
9.1 城乡一体化的财政教育投入机制的实现路径 ········· 165
9.2 城乡一体化的财政教育投入机制的配套措施 ········· 171

参考文献 ········· 179

第1章 总论

1.1 选题背景与意义

1.1.1 选题背景

1.财政教育投入是教育事业发展的基本保障

百年大计,教育为本。教育不仅是提高人的职业能力、文化修养和综合素质的重要途径,也是实现中华民族伟大复兴、社会文明进步的重要基石。教育投入是支撑国家长远发展的基础性、战略性投资,是教育事业的物质基础,是公共财政的重要职能。[①]财政资金优先保障教育投入,公共资源优先满足教育和人力资源开发需要,是实现教育优先发展战略的根本保证。

近年来,中央和各级地方政府不断提高财政教育投入力度,教育经费投入逐年增加,助推着教育事业的稳健发展。2018年,全国教育经费总的规模达到了46143亿元,相较2017年增长8.41%。国家财政性教育经费的总量为36996亿元,比2017年上升8.15%,财政教育经费占国内生产总值(GDP)的比重已经连续7年超过4%,体现了国家实施科教兴国、教育优先战略的坚定信念,为教育事业发展铸就稳固的物质基础。

我国已经进入全面建成小康社会的决胜阶段,同时也是大力实施教育优先战略、加快推进教育现代化、建设教育强国的重要时期。深化教育体制机制改革,加快全国教育事业发展步伐,迫切需要持续不断地加大教育投入,优化教育资源配置,提高教育资源利用效率。这是各级政府履行公共财政职能、强化基本公共服务的基本要求,是办好人民满意教

---

① 国家中长期教育改革和发展规划纲要(2010—2020年)[EB/OL]. http://www.moe.gov.cn/srcsite/A01/s7048/201007/t20100729_171904.html,2010-07-29.

育,关乎中华民族伟大复兴的关键举措。

2.城乡二元结构矛盾导致城乡教育发展不均衡

改革开放以来,中国教育事业发生了巨大变革,取得了历史性成就。我国教育普及程度不断提升,目前小学学龄儿童净入学率、初中阶段毛入学率超过或相当于高收入国家平均水平,高中阶段毛入学率高于中高收入国家的平均水平。2014年,全国学前三年毛入园率为70.5%,已经达到中高收入国家平均水平。"普九"成果突出,小学净入学率达到99.8%、初中毛入学率达到103.5%,义务教育普及率高于高收入国家平均水平。高中阶段教育和高等教育的毛入学率均超过中高收入国家平均水平,其中,高中阶段教育毛入学率为86.5%,高等教育毛入学率为37.5%。从教育的普及程度来看,我国已经可以比肩中高收入国家。主要劳动年龄人口人均受教育年限同样提升明显,其中受过高等教育的比例达到15.83%。总的来看,全国各级各类教育发展均取得了可喜的进步,教育保障水平明显提升,教育事业总体发展水平已经进入世界中上列行。①

然而,教育事业发展的深层次矛盾依然突出,其中,教育均衡问题、教育公平问题成为社会关注的焦点。长期以来,受二元经济结构的影响,我国的社会结构呈现出明显的城乡二元特征,这种二元体制日益暴露出城乡割裂式发展的弊端,城乡差距日益明显。城乡二元结构所奉行的"城市中心"的价值取向使国家的主要财力、物力及优质人力资源都投向了城市。这种城乡分割、城市偏向的格局不仅导致农村在经济上远远落后于城市,同时也是造成农村教育边缘化、城乡教育发展水平差距的重要原因。而城乡之间教育发展的不均衡,又进一步加剧了城乡经济社会发展的不平衡。正如国务院《关于统筹推进县域内城乡义务教育一体化改革发展的若干意见》(国发〔2016〕40号)中指出:"在许多地方,城乡二元结构矛盾仍然突出,乡村优质教育资源紧缺,教育质量亟待提高。"因此,在城乡之间实现教育均衡发展仍是当前最急需解决的问题。

3.城乡一体化不仅是城乡经济社会发展的需要,也是教育事业发展的需要

2003年,党的"十六大"报告提出了"城乡统筹"的战略目标,确定了通过统筹城乡经济社会发展,推动"三农"发展,加快现代农业建设,促进农村经济发展,增加农民收入。2008年,党的十七届三中全会提出了"城乡一体化"的战略目标,明确了中国社会经济发展必须坚定不移走城乡经济社会一体化发展的道路。城乡经济社会发展的战略目标由"城乡统筹"跨越到"城乡一体化"。

城乡一体化是中国城市化发展以及现代化发展的一个新阶段,是促进城乡整合、从传

---

① 上海教科院、国家教育发展研究中心、华东师范大学、湖北教科院联合评估组《教育规划纲要》总体评估有关情况介绍[EB/OL]. http://www.moe.gov.cn/jyb_xwfb/xw_fbh/ moe_2069/xwfbh_2015n/xwfb_151210/151210_sfcl/201512/ t20151210_224165.html,2015-12-10.

统社会转向现代社会的必由之路。城乡一体化就是要打破城乡体制壁垒,把工业与农业、城市与乡村作为一个整体,统筹规划,通过体制机制改革以及政策调整,彻底改变长期固化的城乡二元经济社会结构,促进整个城乡经济社会全面、协调、可持续发展。

教育与经济之间存在着相互促进、相互制约的关系。经济发展决定物质基础,教育发展所需要的原动力来源于经济的发展,并且经济的发展水平和模式也制约和影响着教育事业发展的水平和发展方向;教育发展反过来又可以促进经济社会发展,教育为经济社会发展提供着重要的智力资源,其发展水平不仅影响经济社会发展的速度,也能影响经济社会发展的质量。

因此,推进城乡一体化不仅可以使我国经济社会结构发生深刻的变革,同时也是缩小城乡教育差距、保障城乡教育均衡发展、促进教育公平的必然要求。城乡一体化的提出为农村教育的定位指明正确道路,不仅使农村教育与城市教育拥有同等地位,还为农村教育资源的供给机制提供改革思路。城乡一体化在教育领域的体现是城乡教育一体化,即城市教育与农村教育不再分而治之,而是将二者作为一个教育系统整体看待,统筹规划城乡教育资源,使城乡教育均衡发展、共同发展。

城乡教育一体化是我国城乡一体化发展总体战略的重要组成部分,也是新时期国家的教育发展战略。2007年,《国家教育事业发展"十一五"规划纲要》提出"建立起较为完善的城乡一体化教育体系"。2010年,《国家中长期教育改革和发展规划纲要(2010—2020年)》指出了城乡教育一体化发展的实现路径,即通过建立城乡一体化发展机制,从财政拨款、学校建设、教师配置等方面向农村倾斜,从而加快缩小城乡差距。同时,"纲要"还指出应当首先在县(区)域范围内推动城乡教育一体化发展,然后逐步在更大范围内推进。2012年,《国家教育事业发展第十二个五年规划》提出了城乡教育一体化发展机制改革的目标和方法,要求对城乡教育的经费投入、学校建设标准、师资配备以及管理体制进行统筹规划,城乡教育联动发展,逐步实现城乡一体化目标。推动城乡教育一体化改革发展,关乎新型城镇化、脱贫攻坚、乡村振兴和全面建成小康社会等重大战略目标的实现,是一项重大系统工程。[①]

4.城乡一体化的财政教育投入保障机制是实现城乡教育均衡发展的根本保证

城乡教育一体化是一项意义重大而又任务艰巨的社会变革,既是思想观念的变革,也是体制机制的变革;既需要政策方针的制度保障,也需要教育资源的物质保障。而实现城乡教育一体化目标的根本路径是:促进城乡之间、地区之间、学校之间教育资源的合理流动及合理分配,确保教育投入数量充足、结构合理、渠道畅通、效率提高,从而推动农村教

[①] 教育部部长陈宝生在2018年8月28日在第十三届全国人民代表大会常务委员会第五次会议上的讲话。

育的快速发展,缩小城乡教育差距,实现城乡教育均衡发展。这一路径的顺利实施和开展必然需要一套科学健全的投入保障机制作为支撑。从促进城乡教育均衡发展的需要出发,建立城乡一体化的财政教育投入保障机制,充分保障教育经费、办学条件、师资力量的合理投入与科学配置,是实现城乡教育一体化的重要机制变革与制度保障。

一定历史时期的财政教育投入保障机制内生于该时期的财政体制,而一定历史时期的财政体制又受制于该时期的经济体制和国家发展战略。因此,财政教育投入保障机制必然形成于由国家的发展战略、经济体制和财政体制所构成的宏观制度环境,其运行方式和运行规则也必须适应这一宏观制度环境。随着城乡一体化和城乡教育一体化战略的提出以及现代公共财政体制的逐步建立,城乡一体化的财政教育投入保障机制成为保证城乡教育一体化发展的必然要求。以城乡一体化战略来指导教育投入机制改革,既可以打破城乡教育二元结构,消除城乡居民在基本公共服务上的不平等待遇,又可以优化城乡教育资源配置,促进城乡教育均衡发展,实现一体化发展、共同发展的城乡教育格局。总而言之,将城乡一体化引入财政教育投入机制的改革之中,不仅是城乡教育均衡发展、促进教育公平的必由之路,也是实现城乡经济社会一体化的重要内容。

1.1.2 研究意义

1.理论意义

本研究以"十八大"报告和《国家中长期教育改革和发展规划纲要(2010—2020年)》为依据,从城乡教育一体化发展视角,系统研究我国财政教育投入保障机制,深刻剖析城乡教育一体化发展战略对财政教育投入的重要影响,明晰财政教育投入保障机制对于促进城乡教育一体化目标实现的内在机理,进而提出财政教育投入保障机制优化与完善的途径,为我国现阶段正确处理城乡教育均衡发展问题提供可资借鉴的理论依据。本研究从城乡教育一体化角度对财政教育投入进行了专题性研究,力求为财政教育投入研究开辟一个新视角,为丰富该领域研究提供有益的尝试与探索,研究结论将有利于从理论上拓宽教育财政与教育投资理论的研究范围,并对后续的相关研究起到理论铺垫和引导的作用。

2.现实意义

在我国进入全面建成小康社会决定性阶段,以教育公平为指导思想,以城乡教育一体化为目标,在深入分析我国财政教育投入历史与现状的基础上,提出城乡教育一体化进程中财政教育投入保障机制的实现路径与制度安排,其研究结论与政策建议对于提高我国教育投入保障水平,缩小城乡教育差距,推动教育事业全面、均衡发展,加快城乡社会经济一体化的步伐,具有重要的现实意义,可以在实践层面为我国城乡教育一体化的发展思路和发展决策提供参考和借鉴。

1.2 国内外研究现状

1.2.1 关于财政教育投入的研究

公共教育投入问题一直是国外研究的热点。20世纪70年代,由于经济滞胀引起财政规模紧缩,而人口膨胀却导致个人教育需求日益上升,使得公共教育投入问题更加受到研究人员和政府决策者的重视。近年来,相关研究主要集中在三个方面:一是公共教育投入对经济社会发展的贡献。在以Romer(1990)和Lucas(1988)为代表的新增长理论基础上,许多内生增长模型中的人力资本投入影响技术进步,并且对经济增长具有长期作用这一关系得到了体现。Schults(1990)、Glomm & Ravikumar(1998)、VanZon & Nuysken(2001)、Creedy & Gemmell(2001)、Viaene & Zilcha (2001)及Blankenau & Simpson(2004)等从公共教育投资角度出发,阐述了公共教育支出、人力资本与经济增长之间的内在运行机制。二是政府公共教育投入对收入分配的作用。如Sylwester(2000;2002)、Jung & Thorbecke (2003)、Glomm & Ravikumar(2003)、Bratsberg & Terrell(2010)等从收入分配的角度,考察了政府教育投入如何改善分配格局,从而有利于经济的持续增长。三是公共教育投入对教育公平的影响。Bray(1997)、Johnstone(2004)、Downes & Stiefel(2008)、Fiske(2008)、Gregorio&Lee(2010)等从公共资源配置角度研究了政府如何通过公平、有效地配置公共教育资源,以促进区域间人力资本水平的提高进而缩小地区间的增长差异。这些极为丰富和深刻的研究,为本课题提供了理论借鉴和逻辑起点,尤其是发达国家政府教育投入实践及其制度创新能为我国公共教育投入提供有益的借鉴与启示。

国内关于财政教育投入的研究,大致经历了四个阶段:第一阶段是20世纪二三十年代,以邰爽秋(1929)为代表的学者们从我国教育投资中资金供需矛盾出发,研究政府如何筹措更充分的教育资金。第二阶段是从20世纪80年代到20世纪末,以厉以宁(1984)、王善迈(1989)等编著的教育经济学著作为代表,从教育的公共产品属性出发,研究政府如何提供教育产品;其后,随着市场经济体制的逐步确立,教育产业化等问题又成为研究热点。第三阶段是20世纪末到21世纪最初几年,有关财政教育投入问题的研究更加丰富,主要集中在四个方面:一是政府教育投入责任问题。于光远(2000)认为发展教育是国家不可推卸的责任,应该增加教育事业的预算支出,加大教育经费在国家财政支出中所占的比重。刘尚希(2002)、范先佐(2004)、周自强(2005)等也分别运用公共产品、公共财政或人力资本理论进行了研究,指出政府应是教育投资的主体。二是教育财政管理体制问题。杜育红(2001)、廖楚晖(2005)、赵新峰(2006)、成刚(2008)等都对我国公共教育财政管理体制中存在的问题进行了分析;王善迈和袁连生(2002)、李祥云(2004)、安体富(2007)、张丽华等(2008)则从制度、模型等不同角度分析研究了教育财政转移支付制度存在的问题。三是财政教育支出的结构问题。国内学者对于我国教育投入总量不足的现实已经达成共识后,更加关注的是公共教育支出结构问题。通过李祥云(2002)、王蓉(2004)、廖楚晖(2004)、高如峰(2005)、杨俊等(2008)等的研究发现,在我国公共教育支出结构上存在着三级教育、地区及城乡的不公平分配现象,制约了教育事业的健康发展。四是教育公平与效率孰优问题。这也是学术界关注的一个热点,丁维莉等(2005),梁雪峰等(2006),鲍传友等(2009)等众多学者都对二者的内涵及其关系进行了研究。第四阶段则是2006年以后,随着2015年新修订的《中华人民共和国义务教育法》规定"国务院和县级以上地方人民政府应当合理配置教育资源,促进义务教育均衡发展",以法律形式确定教育均衡发展的重要性,使得教育均衡主题迅速成为学界广泛关注的研究热点。在教育均衡理念的指引下,部分学者认为,随着农村义务教育经费保障新机制的实施,义务教育财政体制变革产生了显著的正效应,提高了义务教育经费财政投入水平,在一定程度上缩小了义务教育经费的城乡差距、地区差距,促进了义务教育公平(赵力涛等,2009、2015;孙志军等,2010;宗晓华等,2013;靳卫东,2014;卢珂等,2014;成刚等,2015)。还有部分学者将教育投入的内涵扩大至财力、人力、物力等教育资源的投入,认为教育资源的充分投入与合理配置是实现教育均衡发展的核心要素,但现实层面存在教育资源配置不公的现象(张家军等,2010;凡勇昆等,2014),并且从不同角度构建了不同的指标体系(吕星宇,2013;沈有禄等,2009;董世华等,2011),通过实证分析研究反映出城乡之间、地区之间、学校之间教育均衡发展上的不足(翟博等,2012;续艳艳,2013),以此为依据提出政府必须完善相关体制机制,一方面加大财力、人力和物力资源的投入,另一面还必须优化资源配置,并通过补偿性政策扶持改善农村地区、薄弱地区、学校,推进教育均衡发展(吴玲等,2012;张旸等,2010;范先佐,2013;姚永强等,2013;叶忠,2014;赵永辉,2015)。

1.2.2 关于城乡教育差距与财政教育体制机制的研究

中国具有典型的城乡二元社会经济结构,这种结构特征同样延伸与发展到教育领域,城乡教育之间的不平衡,成为教育事业发展的主要矛盾。国内学者对于城乡教育差距问题有着较为深刻的认识,围绕其历史演进、制度背景、现状与问题、政策建议等不同层面展开了大量的研究。研究者大都认为造成城乡教育差距的根本原因是国家相关制度。张乐天(2004)认为中国社会长期存在的城乡分割对立的二元经济结构和社会体制是使城乡教育产生严重差别的社会制度原因。张旺(2017)指出,二元分离的城乡关系直接影响了政府对城乡教育的制度安排,也采取了不同的态度和措施,城乡教育因此形成了截然不同的格局。[62]转型期中国重大教育政策案例研究课题组(2005)指出,公共政策是造成城乡教育差距最主要的原因,因为产生城乡教育差距的实质是城乡教育对公共资源占有的不平等,而公共教育资源的分配又是通过公共政策来实现的。鲍传友(2011)同样认为公共教育政策是造成城乡差距的主要因素,他的结论是通过比较分析我国城乡义务教育水平,以及梳理新中国成立后不同时期的公共政策和教育政策之后得出的。范先佐(2011)进一步指出,中央和省级政府掌握了主要财力,但承担义务教育的责任很少;县乡政府财力薄弱,却承担了大部分义务教育财政职责;省级政府投入不足,是义务教育陷入非均衡发展的根本原因。所以,要保证缩小城乡教育差距,对各级政府的财政职责进行明确厘定就成为必然的逻辑思路。

范先佐(2010)、沈有禄(2011)、安体富(2011)、沈百福(2014)等学者的研究均表明,政府应进一步加大对农村教育的财政投入来促使城乡教育均等化发展,中央政府和省级政府应当承担更多的责任。近年来,随着城乡教育一体化的理念逐渐为政府和社会各界所认同,以城乡一体化发展目标为着力点,构建科学、合理的教育一体化发展的体制机制成为研究重点。范魁元(2011)认为,构建城乡一体化的教育体制机制能够为城乡教育一体化提供制度保障,促进城乡教育一体化发展。褚宏启(2009)和李森(2012)提出,推进城乡一体化可以弱化城乡二元社会结构,通过以城乡一体化为目标的教育制度改革,才能从根本上保证城乡教育公平的实现。在财政教育投入体制机制方面,成刚(2011)认为公平、高效的教育投入体制有利于克服城乡教育二元结构的弊端,缩小城乡义务教育差距,因此,必须完善并加强"省级统筹"的财政投入体制、构建义务教育经费投入的保障和监督机制以及完善多渠道筹资体制等措施。王元京等(2010)强调,要实现城乡义务教育一体化,在教育投入方面需要从战略、主体和方式三个方面进行转变:一是由城乡非均衡战略转变为城乡均衡战略,二是由基层政府为主的低重心主体转变为高层政府承担的高重心主体,三是由城市优先的逆向分配转变为农村优先的正向分配。张丕芳(2012)认为推进城乡义务教育投入一体化是《国家中长期教育改革和发展规划纲要(2010—2020年)》的重要内容,也是教育均衡发展的内在需求。俞海洛(2012)认为我国城乡义务教育在经费投入、办学条件等资源配置上存在着较大的差异,究其原因既有其深层次的制度根源,也有深刻的历史背景。为改善这一状况,政府、教育管理部门和学校等多个方面要通力协作,健全义务教育投入制度保障和监督评价机能,取消重点学校政策,改革城乡二元格局,促进城乡义务教育均衡化发展。宗晓华(2015)指出,继续上移部分农村义务教育财政负担责任,并根据城乡教育成本差异因素设计向农村倾斜的财政拨款政策,实现城乡义务教育的协调发展。

中国教育事业发展同样引起了国外学者的广泛关注,城乡教育公平问题是其中的焦点问题。现有的研究成果主要包括两个视角：一是关于中国城乡教育发展失衡的综合性研究，二是中国农村义务教育发展的专题性研究。

Knight和Li(1996)通过对中国城乡人口受教育程度的比较研究发现，中国人口受教育程度城乡分化严重，农村比城市有着更高的不均等程度，各个省份农村人口受教育程度与该省的人均收入呈显著正相关。Hannum等(2006)、Qian和Smyth(2007)在对中国不同地区居民受教育程度调查的基础上，对沿海地区与内陆省份的城乡教育不公平现象进行了实证研究，研究结果表明，地区间教育发展不均衡是造成中国教育不公平的主要因素。Fock等(2008)研究分析了中国政府间的财政关系，指出财政改革必须优先于制度建设，通过强化基层政府的激励机制，可以达到提升政府的公共服务质量的目的，同时也才能最终实现资源在垂直和水平层面上的均衡配置。Hossain(1997)明确指出，低效的政府公共服务机制是造成中国教育不公平的重要原因之一。

1.2.3 国内外研究评述

总体而言，国内外关于城乡一体化和财政教育投入这两方面的文献均比较丰富，不过却鲜有基于城乡一体化视角，系统性研究财政教育投入保障机制的研究成果。近年来虽然也出现了一些关于城乡教育一体化的研究，但已有文献更多关注于教育均衡发展的问题及其形成原因，研究结论也大多集中于宏观层面的战略性政策和制度改革建议，真正涉及城乡一体化的财政教育投入机制的系统性研究目前基本没有。因此，就城乡一体化的财政教育投入保障机制问题进行系统的理论与实践探索，对于促进城乡教育均衡发展和实现教育公平不仅是十分必要而且非常紧迫。

有鉴于此，本书试图根据城乡教育一体化发展的需要及其对财政教育投入的内在要求，系统研究财政教育投入机制，科学设计和合理构建城乡一体化的财政教育投入保障机制及其实现的可行路径，并从制度、战略和政策层面提出具有操作性的对策建议。

1.3 研究目标与思路

1.3.1 研究目标

本研究的总体目标：以城乡教育一体化和实现教育公平为目标导向，在城乡一体化、教育投资、公共产品和教育公平等相关理论的指导下，综合运用多种研究手段与方法，深入考察我国财政教育投入制度的演变和财政教育投入的现状与绩效，系统探索与创新城乡一体化的财政教育投入保障机制，为新时期财政教育投入体制机制改革提供理论和实证的依据。围绕着这一总体目标,本研究的具体目标可以细分为:①通过对我国城乡财政教育投入制度演变的历史考察,探索导致城乡教育发展失衡的历史原因与制度因素;②通过对我国财政教育投入现状以及充足性、公平性与效率性的实证考察,揭示出我国城乡教育事业发展与财政教育投入之间的相互关系;③根据城乡教育一体化进程的需要及其对财政教育投入的内在要求,构建城乡教育投入一体化水平的评价指标体系,对我国现阶段财政教育投入的一体化水平进行测度与评价,为财政教育投入保障机制的创新提供的实证依据;④研究与创新城乡一体化的财政教育投入保障机制,并为其设计可行的实现路径,为城乡教育协调发展、共同发展,逐渐消除教育的城乡差别,最终融为一体化提供必要的制度保障。

1.3.2 研究思路

本研究所遵循的是由理论研究到实证研究再到政策研究的逻辑思路。首先通过文献梳理和理论归纳,构建城乡一体化视野下财政教育投入保障机制的理论分析框架与方法体系,进而通过对财政教育投入制度演变的历史考察和对财政教育投入现状与绩效的实证考察,以及城乡财政教育投入一体化水平的测算,揭示出制约城乡教育均衡发展的内在原因与制度因素,并且在充分借鉴国外成功经验的基础上,科学设计和合理构建城乡一体化的财政教育投入保障机制的制度框架及其实现的可行路径与配套制度改革。具体技术路线如图1-1所示。

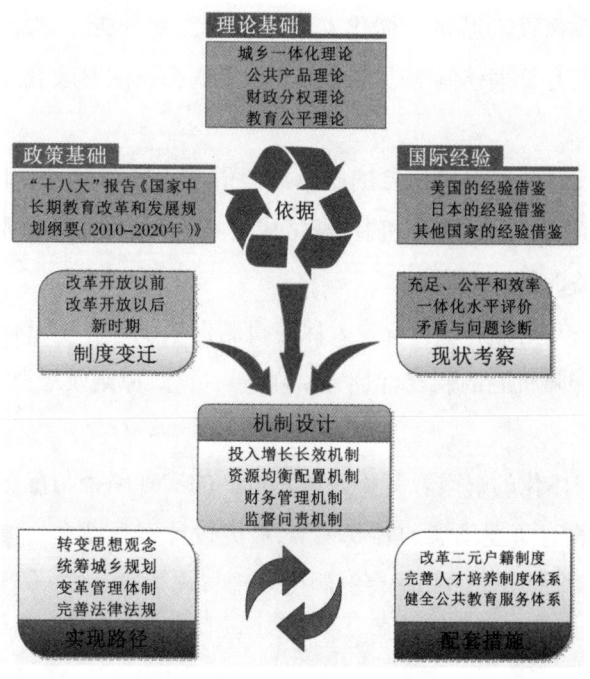

图1-1 技术路线图

1.4 研究内容与结构

本研究的内容包括理论研究、实证研究和政策研究三大部分,具体内容将由以下几个部分构成:

第1章 总论。本章为研究计划设计,将阐明研究的问题及背景、目标、思路、方法、资料及内容与结构。

第2章 理论基础。本章主要界定核心概念,分析探讨城乡一体化发展战略对财政教育投入的影响途径以及财政教育投入保障机制促进城乡一体化目标实现的内在机理,形成本研究的理论框架。

第3章 我国财政教育投入的制度考察。本章通过梳理新中国成立以来我国城乡财政教育投入机制的历史沿革,分析其制度变迁的路径与特征,深刻揭示城乡教育差异形成的历史原因与制度根源。

第4章 我国财政教育投入的现状考察。本章主要从总量与结构,充足、公平和效率等层面实证分析我国财政教育投入的现状,反映现阶段所取得的现状与成就。

第5章 财政教育投入城乡一体化水平测度与评价。本章通过构建测算指标体系和测算模型,对我国财政教育投入的城乡一体化水平进行测算和评价,其结果将为财政教育投入保障机制改革指明方向。

第6章 财政教育投入城乡一体化发展的制约因素分析。本章主要从经济社会体制、教育财政体制、教育管理体制等多方面分析探索制约我国财政教育投入城乡一体化发展的关键因素。

第7章 财政教育投入保障机制的国际经验借鉴。本章通过分析考察美国、日本等发达国家城乡义务教育投入的体制机制,总结成功经验,为我国财政教育投入保障机制的优化和完善提供有益的借鉴和启示。

第8章 城乡一体化的财政教育投入保障机制框架设计。本章详细阐明构建城乡一体化财政教育投入保障机制的制度背景、指导思想、目标、原则及思路,并进行具体的机制设计。

第9章 城乡一体化的财政教育投入保障机制的实现路径与配套措施。本章主要根据我国社会经济与教育事业发展的客观现实,研究设计实现城乡一体化财政教育投入保障机制的可行路径,并提出与之相配套的制度安排与政策建议。

1.5 研究方法与资料

1.5.1 研究方法

1. 理论分析与实证分析相结合

理论分析是实证分析的基础，本研究通过对国内外有关城乡一体化和财政教育投入最新成果的文献梳理，吸取有价值的观点，奠定实证研究的理论基础；实证分析是理论分析的具体检验，本研究从充足、公平和效率三个维度实证我国城乡财政教育投入现状与绩效，并运用层次分析法和聚类分析法测度和评价一体化水平，为理论分析与机制构建提供实证支持。

2. 历史考察与现实分析相结合

本研究通过对我国城乡财政教育投入机制演变的历史考察，探寻城乡教育差异产生的制度因素，并结合财政教育投入现状与问题分析，揭示制约我国城乡教育均衡发展的根源，为我国财政教育投入体制机制改革提供依据。

3. 定性分析与定量分析相结合

本研究从投入总量与投入结构，全国、城镇与农村，充足性、公平性与效率性等多层次多维度对我国财政教育投入现状与绩效进行了定量分析，随后通过归纳、比较等定性的分析对财政教育投入不均衡现象的本质进行深入探索，从而能够更加科学地揭示规律，理清关系，揭示出引起这种不均衡现象的根本原因，有助于城乡一体化的财政教育投入保障机制的建立。

1.5.2 研究资料

本研究的基础数据资料主要来源于《中国统计年鉴》（1997年至2017年）、《中国财政年鉴》（1997年至2017年）、《中国教育经费统计年鉴》（1997年至2017年）、《中国教育统计年鉴》（1997年至2016年）、《中国教育年鉴》（1997年至2017年）、《中国人口统计年鉴》（1997年至2017年）、《成都统计年鉴》（1997年至2017年）、《成都年鉴》（1997年至2017年）、《全国教育事业发展统计公报》（1998年至2017年）、《新中国五十年统计资料汇编》、教育部网站教育统计数据（1997年至2017年），以及经济合作与发展组织（OECD）数据库、联合国教科文组织（UNESCO）数据库、国家统计局、教育部、财政部等相关数据库及网站。在研究中根据需要也参考了相关学者的研究成果，这些数据和资料在本论文中都指明了出处。研究中必要的定性资料，主要来源于国家法律和政策公开的文件，权威性的报告、公告、规划、专业研究报告等。

第2章　理论基础

2.1　相关概念的界定

2.1.1 城乡一体化与城乡教育一体化

1. 城乡一体化

城乡一体化,其逻辑起点是城乡二元结构,城乡一体化的思路是对原来对立的二元主体结构进行整体设计,从统一整体的角度对城市与农村、工业与农业、城镇居民与农村居民进行统筹规划,其目的就是通过体制改革和政策调整,打破相互分割的壁垒,逐步实现城乡要素平等交换与公共资源均衡配置,促进生产力在城市和农村之间的合理分布,保证城乡的政策平等、产业发展互补、国民待遇一致,城乡经济社会和谐发展,城乡差距逐渐缩小直至消除,最终实现城乡融合。

城乡一体化是破解城乡二元结构矛盾的重要战略举措,也是城市化发展和现代化发展的一个新阶段,随着城乡差距不断缩小,城市和农村在社会、经济、文化等方面相互渗透、相互融合,使整个城乡经济社会全面、协调、可持续发展。

2. 城乡教育一体化

关于城乡教育一体化的内涵,学者从不同的角度和层面进行了解读,其中有较高认同度的主要反映在实质、目标和方法等几个方面:首先,城乡教育一体化是城乡一体化战略的重要内容,是教育领域的城乡一体化;其次,城乡教育一体化的目标是打破城乡二元结构束缚,实现城乡教育均衡发展、协调发展和共同发展;再者,城乡教育一体化的实现方法是把城市和农村教育作为一个整体看待,通过统筹规划实现资源共享、优势互补。

有鉴于此,本研究认为,城乡教育一体化是城乡一体化战略在教育领域的延伸和实质体现,故而必须运用城乡一体化的思维和方式,把城市教育和农村教育作为一个整体看待,在体制机制、政策保障等方面统筹规划,通过教育资源共享以及城乡教育优势互补,突破城乡二元教育制度的束缚,从而促进城乡教育相互融合、互相促进,实现城乡教育均衡发展、协调发展和共同发展的目标。

2.1.2 教育投入与财政教育投入

1. 教育投入

根据《教育大辞典》的定义,教育投入,即是教育投资,是社会和个人直接、间接投入教育领域的人力和物力的货币表现。教育活动的进行必须以一定的人力和物力为前提,在商品货币关系存在的条件下,这种人力和物力投入一般采取货币形式,表现为财力。王善迈、范先佐、靳希斌等学者也均持有相同观点,认为教育投入是投入教育领域中,用于培养后备劳动力和专门人才以及提高劳动力和专门人才智力水平的人力和物力的货币表现。

教育投入是教育事业发展的物质基础,是保证教育过程顺利实施的基本前提,教育教学活动的正常开展离不开教育经费、教学场所及教学设施、教师等财力、物力、人力条件。本研究认为,从静态角度来说,教育投入是指投放到教育领域的各种财力、物力和人力资源,它们是教育教学活动正常开展的物质基础,体现为用于教育教学活动的教育经费,学校的固定资产、材料和低值易耗品,学校的教职员工;从动态角度来说,教育投入是指向教育领域投入教育资源的过程,包括财力投入、物力投入和人力投入,由于物力和人力投入通常也是以货币价值形式来度量,因此,教育投入过程的直接表现是教育事业费和教育基本建设经费投入教育活动,并形成物力和人力条件的过程。

2. 财政教育投入

教育是一种准公共产品,具有明显的外部效益,客观上需要政府的介入。政府以财政支出的形式支持教育事业的发展,可以有效弥补教育产品供给的市场失灵;同时,政府介入教育投入可以使每个人都获得基本均等的教育机会,促进教育公平的实现。

政府对教育的财政支出即为财政教育投入,它是教育投入的主体部分,是指依据一个国家或地区教育事业发展的客观需要,将政府所掌握的财政资源投入教育领域中所形成的财力、物力和人力资源。[87]狭义的财政教育投入主要指国家财政性教育经费,包括公共财政预算安排的教育经费、政府性基金预算安排的教育经费、企业办学中的企业拨款、校办产业和社会服务收入用于教育的经费等。其中公共财政预算安排的教育经费又包括教育事业费、基本建设经费、教育费附加、科研经费等。

2.1.3 城乡一体化的财政教育投入保障机制

1. 财政教育投入保障机制

"机制"(mechanism)一词源于希腊文,本义是指机器的构造和工作原理。在经济学中,机制通常是指某一系统各个部分之间相互联系和相互作用的规则体系和运行方式。构成某一系统机制的要素一般包括机制的目标、主体、规则、运行方式等。

教育投入是教育事业优先发展的物质基础,是建设教育强国、实现中华民族伟大复兴的基础性、战略性投资,也是公共财政保障的重点。财政教育投入保障机制就是指为了保障教育投入的充足、公平和效率而形成的关于财政教育投入、分配和使用的规则体系和运行方式。它综合反映为财政教育投入政策、制度、途径、措施、方法和手段等。

2. 城乡一体化的财政教育投入保障机制

财政教育投入保障机制形成于由国家的发展战略、经济体制和财政体制所构成的宏观制度环境,其运行方式和运行规则也必须适应这一宏观制度环境。在当前推进城乡一体化的背景下,财政教育投入的保障重点需要作出相应的调整,以解决城乡教育差异问题。因此,就我国当前的财政教育投入保障机制而言,如何从教育财政制度和投入机制上保障农村教育的良性健康发展与城乡教育的均衡发展,实现城乡一体化是本研究关注的重点。具体而言,所谓城乡一体化的财政教育投入保障机制,就是以教育一体化为目标的城乡教育事业发展的财政保障机制,基本职能包括为城乡教育事业发展提供充足的资金,均衡配置各种教育资源,对教育投入进行科学的管理,以及对各类财政教育投入的使用情况进行必要的监督。构建并实施城乡一体化的财政教育投入保障机制,是实现财政教育投入持续稳定增长,财力、物力和人力资源均衡配置以及高效利用的重要制度保障,同时也是缩小城乡教育差距,促进城乡教育一体化的重要机制变革与创新。

2.2 相关理论回顾与借鉴

2.2.1 城乡一体化理论

城乡教育一体化理论是在城乡一体化理论的基础上逐渐发展起来的,是城乡一体化思想在教育领域的凝练。城乡关系是人类历史发展过程中长期存在的一个重大问题,自16世纪起,人们对于城乡关系产生了兴趣,空想社会主义者开启了探索之路。从"乌托邦"到"田园城市",再从"二元结构"到"城乡融合",各种构想与实践、观点与学说,为城乡关系研究乃至后来的城乡一体化问题研究提供了有益的理论借鉴。

1.空想社会主义者的"乌托邦"思想

以莫尔、圣西门与傅立叶为主要代表的空想社会主义者最早开始对城乡关系进行研究与探索,并且为人们描绘出了理想城乡关系的雏形。例如,莫尔在《乌托邦》中勾勒出了一个令人向往的理想社会,那是一个没有城乡差别、人人平等的公有制社会,"人们在城市居住,但是每个人都需要在农村从事两年的农业劳动,期满后才能回到城市从事原来的工作"。圣西门提出城乡人口平等思想,他认为社会由农业生产者、企业雇员和国家公职人员组成,他们都是社会中的平等成员。傅立叶构想了一个名为"法郎吉"①的未来理想社会,在这里城乡差别逐渐消失,城市和农村平等、和谐发展,整个社会是一个有机统一的整体。欧文提出建立"新协和村"②,通过组织工农业结合的社会化大生产,作为解决生产私有化和消费社会性矛盾的方式。空想社会主义者的诸多构想,代表了人类对理想城乡关系的美好愿望,虽然受到当时社会条件的限制,无法在实践中得到验证,最终均以失败告终,但是其中关于城乡关系协调发展的一些创造性和前瞻性的观点对于后期的城乡一体化理论奠定了基础。

2.马克思主义的"城乡融合"理论

以马克思和恩格斯为代表的马克思主义在批判地吸收空想社会主义观点的基础上提出了城乡融合理论,他们认为:城乡的分离对立会导致社会不和谐,成为社会进步的障碍,未来的社会应该是实现城乡融合,而绝非固化城乡的分离。③马克思指出,只有真正消灭了城乡差别、工农差别、阶级差别,才能实现共产主义。马克思关于"乡村城市化"理论思想首次出现在他的《政治经济学批判》一书中,而在1867年出版的《资本论》中又提出了新的城乡发展理论,认为在人类历史发展过程中,城乡关系必然要经历"城乡依存"到"城乡分离与对立"再到"城乡融合"这三个发展阶段。马克思主义的"城乡融合"思想最早是由恩格斯提出的,这是在1847年出版的《共产主义原理》中阐述的。恩格斯认为:在未来的共产主义社会中,阶级差别以及阶级都将逐渐消失,而城市和乡村之间的分离与对立最终也将消除,从事农业和工业的将是同一些人,而不再是两个不同的阶级。④恩格斯还进一步指出了实现城乡融合的途径,即重新进行社会分工,允许人们变换工种,全社会共同享受大家共同创造财富,通过城乡融合,可以让社会全体成员的才能得到全面发展⑤。恩格斯还认为,随着城乡对立的消失,城乡在融合之后,大城市就将消失。不过对于城乡融合

---

① 〔美〕乔·奥·赫茨勒.乌托邦思想史[M].张兆麟,等译.北京:商务印书馆,1990:192-198.
② 〔英〕欧文.欧文选集:第一卷[M].柯象峰,何光来,秦果显,译.北京:商务印书馆,1979:47.
③ 叶昌友,张量.论马克思、恩格斯的城乡融合思想[J].求索,2009(12):54.
④ 中共中央马克思恩格斯列宁斯大林著作编译局.马克思恩格斯全集:第1卷[M].北京:人民出版社,2003:222.
⑤ 中共中央马克思恩格斯列宁斯大林著作编译局.马克思恩格斯全集:第1卷[M].北京:人民出版社,2003:222.

后城市是否会消失这个问题,斯大林有着不同的看法。斯大林认为,城乡融合之后,城市非但不会消失,反而还会出现新的大城市,这些大城市将成为全社会经济最发达的中心,它们将是农产品加工和一切食品工业部门强大发展的中心。有了这样强大的发展中心,可以保证城市和乡村有同等的生活条件,促进全国文化的繁荣。马克思主义的"城乡融合"观点将城乡的分离对立视为社会进步的重大障碍,而只有城乡融合才是未来社会的应有之义,但是城乡融合的实现绝非一朝一夕的事,需要通过大力发展社会生产力,推动工业化发展进程,进而促进城市化发展,才能进一步地城乡融合,最终实现城乡一体化的最高境界。

3. 霍华德的"田园城市"理论

英国城市学家霍华德在《明日:一条通向真正改革的和平道路》一书中向世人展示了城市和乡村相互结合的美好愿景,这就是著名的"田园城市"。"田园城市"理论主张建立一种兼具城市优势与乡村特点的田园城市,采用城乡一体的新的社会结构形态取代原有的城乡分离的旧的社会结构形态。按照霍华德的构想,"田园城市"是一个把城乡的优势相结合的完整机制,田园城市既拥有城市收入高、生活条件优越、基础设施便利的优点,同时又拥有乡村自然资源丰富、环境优美的优点,城乡相互依存、相互交流,二者有机地结合在一个统一整体中,并且在田园城市中,人人平等,无论是城市居民还是农村居民都可以平等地享受到城市的社会福利和乡村的自然恩惠。霍华德对于"田园城市"还进行了具体规划和设想,在城市的规划中,要求要在城市中心建立中央公园,公园四周是政府、学校、医院等公共设施,外围则是商业区,再外围是居民区,四周的农业用地为保留的绿化区,并且要求城市的规模必须在一定限度和范围之内,对于田园城市的总面积和城市占地面积都有具体规定。"田园城市"理论曾引起世界的广泛关注,并曾在英美等国家掀起了田园城市运动,而其中关于如何处理城乡关系的论述为城乡发展提供了思路,使其成为城乡一体化发展的坚实理论基石。

4. 刘易斯的"二元结构"理论

"二元结构"的概念最初是由荷兰经济学家伯克提出的,美国经济学家刘易斯将这一概念发展并且使其在世界各国受到普遍关注。刘易斯关于"城乡二元结构"的观点是在《劳动力无限供给条件下的经济发展》一文中提出的,他认为二元结构是发展中国家在发展过程中最基本的经济特征,经济发展的重心是传统农业向现代工业的结构转换。刘易斯认为,发展城市经济才能破解"二元经济"结构,因为只要城市经济发展起来了就可以带动农村经济一起实现城乡经济一体化。于是他提出的主张是建立以城市为中心的区域统一体,促进资源要素在城乡之间的流动,从而通过城市发展带动乡村发展,逐渐形成城乡之间的平衡,实现城乡经济的一体化。

5. 麦基的"城乡融合区"理论

加拿大学者麦基在对一些亚洲国家和地区进行长期研究后提出了"Desakota"（印尼语中，desa 是乡村，kota 是城镇，Desakota 即城乡融合区）的概念，这是在城市和乡村地域结构基础上的一种新型的地域组织结构，它既不是乡村也不是城市，而是兼有这两种社会的特征，是在同一地理区域上农业活动和工业活动同时存在和进行，逐步实现转化和融合的。麦基认为，Desakota 模式是利用城乡之间的相互联系和相互作用来带动劳动密集型产业的发展，从而打破城市与农村界限分明、相对封闭的空间概念，进而实现生产和生活方式的转变。Desakota 是以城乡一体化为特征的模式，但是它并不是真正实现了城乡一体化，而只是处于城乡融合的中间地带，还在不断地演化发展，并未定型，这是城乡一体化推进过程中的必然现象。"城乡融合区"理论改变了西方学者传统的以大城市为主导的城市化思维，从城乡相互联系、相互作用，城乡并存、逐步整合的角度，为城乡一体化研究提供了一种新的视角。

从 16 世纪开始，国外学者就对城乡关系及其发展进行了大量的探索与研究，空想社会主义者、马克思主义者等经济学家、社会学家都从各自的研究领域出发，取得了许多的有益的研究成果，为我国城乡一体化研究提供了广阔的思路和多元的视角，同时，也奠定本课题研究的理论基础。

2.2.2 公共产品理论

公共产品是经济学家研究经典内容之一，对这一研究对象的认识经历了一个较长期的过程。早期对公共产品进行分析的可以追溯到大卫·休谟。休谟虽没有直接提出公共产品的概念，但他在《人性论》中提出，对于每个人都有益的物品应由集体行动来完成，后人将此称为集体消费品，这可以视为公共产品概念的雏形。其后，亚当·斯密在《国富论》中也对公共产品做过分析，他认为，国防、司法、公共工程等对于社会很有益处的公共服务，在由社会统一经营时，其利润通常能够补偿所费而有余，但若由个人或少数人经营，决不能补偿其所费，因此应该由政府出面。后来，穆勒在其名著《政治经济学原理》中以灯塔为例来说明，像灯塔这样的产品，个人不可能主动建造，原因在于，这类产品建造者和提供者很难对使用者收费以补偿建造费用并获利，解决的办法只能是，由政府采用收税的办法建造和提供。

1. 公共产品的特征

马歇尔在其 1890 年发表的《经济学原理》一书中，首先对公共产品的定义做出了较为明确的阐述。他认为，公共产品是不同于私人产品的。对于私人产品来说，任何人不付费就不能消费；而公共产品则只要有人提供了，则任何人不付费也能享受。后来，保罗·A.萨缪尔森给出了公共产品的经典定义：每个人对这种产品的消费，都不会导致其他人对这种产品消费的减少。西方经济学家将此定义引申,提出了公共产品的三种特性:(1)效用的不可分割性(Non-divisibility),即公共产品为全体社会成员提供,具有共同受益或者联合消费的特点,其效用应由所有社会成员共享,无法将其分割成若干部分,分别归属于某些个人或者厂商享用,也不能按照谁付款谁受益的原则来限定为之付款的个人或者厂商享用。(2)消费的非竞争性(Non-rivalry),即消费者对公共产品的消费并不排斥和妨碍其他消费者的同时享用,也不会因此减少其他消费者享用该公共产品的数量和质量。也就是说,在产品数量既定的前提下,多一个消费者引起的社会边际成本为零:一是在生产方面,不需要追加资源的投入;二是在消费方面,不会减少其他消费者的满足程度,想要排除那些能从消费中获得正效用的人是缺乏效率的。(3)受益的非排他性(Non-excludability),即公共产品一旦提供出来,不可能排除任何人对它的消费:一是任何人不可能不让别人消费它,即使有独占的念头,但是在技术上没有办法排除他人对公共产品的消费,或者即使在技术上可以实现排他,但排他的成本过于高昂,以至于在经济上不可行;二是任何人不得不消费它,即使不情愿,也无法拒绝,如国防带来的安定的环境、环境保护带来的清洁空气等;三是任何人都可以消费相同数量。

2.公共产品的分类

根据非竞争性和非排他性的强弱,公共产品一般可以划分为纯公共产品和准公共产品。现实生活中,纯公共产品并不普遍存在。一些产品虽然具有消费的非竞争性,但在技术上却能够实现受益的排他性;而另一些产品虽然不具有消费的非竞争性,却因为排他的成本过高而很难在技术上实现受益的排他性。显然,这些产品既不能完全具备纯公共产品的特性也不完全具备纯私人产品的特性,而是两种性质兼而有之。这一类产品称为准公共产品或混合产品。

准公共产品可以分为两类:第一类是具有排他性和一定范围非竞争性的产品,公园、高速公路、桥梁等。这类产品在消费中都有一个饱和界限,在产品消费还远未达到饱和状态时,产品的消费具有非竞争性,增加一个消费者不会减少其他消费者的效用,不会因此而增加产品的成本;但是,当该产品消费趋于饱和状态时,增加一个消费者会减少其他消费者的效用。同时,这类产品具有排他性,能够以较低的排他成本不让某些消费者消费这种产品。第二类是非竞争性和非排他性不完全的产品,在消费中往往既有明显的内部效益,又有显著的外部效益,教育就属于这一产品。受教育者通过接受教育,学到知识、掌握技能,从而提高自身在未来经济活动中的竞争能力,也增强了自己获取收入与享受生活的能力,这是一种内部效益。内部效益使教育产品的消费具有竞争性,而且可以通过收费实现排他。教育的非竞争性和非排他性主要通过这类产品的外部效益反映出来。这表现为这种产品在给受教育者个人带来收益的同时,还有相当一部分收益外溢给社会,如社会成员通过接受良好的教育,有助于提高一个国家的民族文化素养,改善人们的生活与工作环境,等等,这是一种外部效益。一方面这部分外部效益为所有社会成员所共享,其受益外部化,说明教育具有非竞争性;另一方面这部分收益外溢的边界是不清楚的,这意味着要对某些消费者进行排斥从技术上来说是不可能的,说明教育产品还具有非排他性。

3. 公共产品的供给主体

公共产品的非竞争性和非排他性特征使私人供给低效。一方面,从公共产品供给的角度看,非竞争性说明了新增每单位消费带来的成本增加为零,也就是说按照效率原则市场价格依社会边际成本来确定的话,私人所提供的物品将达不到其预期的最大利润,因此公共产品的自愿提供方一般不是私人部门。其次从公共产品消费的角度看,非排他性意味着消费者使用公共产品时,并不排除其他人同时使用,或者技术上可以排他,但排他成本太高。那么,消费者也不会自愿花钱消费这种产品,他会产生隐瞒自己真实意愿的动机,而是期望他人购买自己免费享用,即出现"搭便车"现象。搭便车问题的存在使公共产品很难通过市场有效提供。否则,每个人都会等着他人去购买公共产品,而自己可以免费搭车从中受益。因此,公共产品的以上特点决定了其由政府提供的必然性,市场不能自发有效地提供公共产品。

本课题是针对财政教育投入的研究,故而首先需要明确投入的对象——教育的基本属性,在此基础上才能进一步确认投入的主体及其相应的责任,然后才能对投入保障机制进一步深入分析。公共产品理论作为构建财政教育投入保障机制的理论依据之一,也是本研究的基本逻辑起点。

2.2.3 教育投资理论

1. 西方教育投资理论

(1) 古典经济学的教育投资思想

以亚当·斯密为代表的古典经济学家认为,教育和培训有助于资本的形成。亚当·斯密在其著名的著作《国富论》中首次把人的经验、知识、能力看作是创造国民财富的重要来源。他指出"学习一种才能,须受教育,须进学校,须做学徒,所费不少。这样费去的资本,好像已经实现并且固定在学习者身上。这些才能,对于他个人资本是财产的一部分,对于他所属的社会,也是财产的一部分。工人增进的熟练程度,可和便利劳动、节约劳动的机器和工具同样看作是社会上的固定资本。学习的时候,固然要花一笔费用,但这种费用,可以得到偿还,兼赚取利润"。[1] 亚当·斯密还指出了政府教育投入的必要性,认为"只要花

---

[1] 〔英〕亚当·斯密. 国民财富的性质和原因的研究(上卷)[M]. 郭大力,王亚南,译. 北京:商务印书馆,2009:265.

很少的钱,国家就能方便,能鼓励、甚至强迫全体人民必须获得这些最主要部分的教育"。①尽管亚当·斯密最终并没有把人和资本结合起来,但是最原始的教育投入思想已经在他的思想中形成。

(2)新古典经济学派对教育投资思想的发展

19世纪新古典经济学的代表人物雷里昂·瓦尔拉斯、李斯特和阿尔弗雷德·马歇尔等人在古典经济学基础上进一步发展了教育投资思想,形成了人力资本概念的雏形。

19世纪40年代,德国历史学派先驱李斯特,在《政治经济学的国民体系》中,提出了"精神资本"和"物质资本"两个概念,他认为"各国现在的状况是我们以前许多世代一切发现、发明改进和努力等等积累的结果。这些就是现代人类的精神资本。"②而所谓"精神资本"实际上就是来自智力方面的成果的积累。李斯特认为不仅体力劳动是生产性的,"维持法律与秩序、培养和促进教育、宗教、科学、艺术的人的精神劳动力"也是生产性的,同时他也支持后一代的教育支出即国家未来生产力的教育和培养支出应该是一个国家最大比例的支出这一观点。③

19世纪末20世纪初,新古典学派的代表人物马歇尔提出了对于教育投资更高层次的诠释。在《经济学原理》一书中他详细阐述了教育投资所具有的经济价值,提出了"最有效的投资就是用于人的教育的投资"这一观点,认为"在所有资本之中,最有价值的就是对人投资而形成的资本",甚至提出"一个伟大工业天才的经济价值,足以抵偿整个城市的教育费用"④等观点。其中马歇尔从经济效益角度对教育投资的分析体现了教育投入思想的进一步成熟与深化。

真正使人力资本的概念得以确立的是费雪,他提出资本应该包括能随时产生一系列劳务的东西或者客体,而所有资本发挥作用的效果取决于人的能力高低,故存在人力资本。但由于当时占主流地位的马歇尔认为费雪的定义与当时市场经济的实际情况不相符合,致使他的人力资本的概念并未得到广泛认可。

(3)现代人力资本理论对教育投资思想的深化

1935年,美国的沃尔什最早在《人力资本观》内提到"人力资本"这个概念。二十世纪五六十年代随着学者的深入分析,人力资本理论慢慢成为一套较为成熟的理论体系。现代人力资本理论的主要代表人物是西奥多·舒尔茨、加里·贝克尔、雅各布·明赛尔和爱德华·丹尼森。

---

① [英]亚当·斯密.国富论(下)[M].杨敬年,译.西安:陕西人民出版社,2011:637.
② [德]李斯特.政治经济学的国民体系[M].陈万煦,译.北京:商务印书馆,1961:125.
③ [德]李斯特.政治经济学的国民体系[M].陈万煦,译.北京:商务印书馆,1961:127.
④ [英]马歇尔.经济学原理上卷[M].马志泰,译.北京:商务印书馆,1983:319+233.

人力资本理论的主要观点包括：第一，人力资本和物力资本都是通过投资形成的，二者都是生产性投资，都是推动经济增长的重要因素，而且人力资本投资的重要性越来越突出。第二，人力资本投资的核心是教育投资，相比于物力资本投资的增长速度，教育投资的增长速度更快，而且由教育投资增长导致的人力资本投资增加对经济增长的促进作用比物理资本投资更加明显。第三，教育可以使个人收入社会分配的不平等现象趋于减少。因为教育通过提高个人的技能和知识水平从而提高了生产能力，进一步引起个人收入的增加，发挥了改变个人薪金和工资结构的作用。

人力资本理论不仅对教育在经济增长中的作用给予了高度重视，而且把成本—效益分析方法引入了教育管理，这是方法论上的一个突破，为定量分析教育投资的经济效益提供了一种新的分析方法。

2.马克思和恩格斯的教育经济思想

严格来说，比较系统的教育投资理论并没有出现在马克思和恩格斯的理论学说中，但是他们在劳动价值理论、社会再生产理论中对教育的功能、教育的经济价值、教育与社会再生产的关系等所作的精辟论述，对于当代教育投资理论的发展无疑具有重要的指导意义。

（1）劳动价值论与教育对经济增长的贡献

劳动价值论指出，除了是使用价值产生的源泉和力量，在恰当使用的时候劳动力更是比自己本身具有的价值更高价值的源泉。[①]然而，由劳动力所创造的价值的高低是与劳动力的教育程度密切相关的。

马克思把生产商品的劳动分为简单劳动和复杂劳动。所谓简单劳动，是指一般人类劳动，即简单劳动力的耗费。[②]而复杂劳动，则是指劳动者在经过一定的专门训练和教育之后做出的具有知识和技能的劳动。马克思指出，"比社会平均劳动较高级较复杂的劳动[③]，是这样一种劳动力的表现，这种劳动力比普通劳动力需要较高的教育费用，它生产要花费较多的劳动时间，因此它具有较高的价值。既然这种劳动力的价值较高，它也就表现为较高级的劳动，也就在同样长的时间内物化为较多的价值。"[④]此外，"由于总体工人的各种职能有的比较简单，有的比较低级，有的比较高级，因此，他的器官，即各个劳动力，需

[①] 中共中央马克思恩格斯列宁斯大林著作编译局.马克思恩格斯全集 第1卷[M].北京：人民出版社，1972：238-239.

[②] 中共中央马克思恩格斯列宁斯大林著作编译局.马克思恩格斯全集 第23卷[M].北京：人民出版社，1972：57-58.

[③] 中共中央马克思恩格斯列宁斯大林著作编译局.马克思恩格斯全集 第44卷[M].北京：人民出版社，2001：58.

[④] 中共中央马克思恩格斯列宁斯大林著作编译局.马克思恩格斯全集 第23卷[M].北京：人民出版社，1972：223.

要极不相同的教育程度,从而具有极不相同的价值。"[1]由此可得,劳动的复杂程度与其劳动力完成劳动所花费的时间、劳动力的受教育费用和劳动所创造的价值等均为正相关关系,而复杂劳动之所以等于加倍的简单劳动,正是由于教育和训练的结果。

(2)社会再生产理论与教育在社会再生产中的地位

根据马克思、恩格斯的社会再生产理论,社会再生产过程是物质资料再生产、劳动力再生产、社会生产关系再生产的有机统一。马克思曾指出:社会生产过程不仅是人类物质生活条件的生产过程,也是在历史和经济上独特的生产关系中进行的过程,它是这些生产关系本身的产生和复制,因而生产和再生产的承担者、物质生存条件以及他们的相互关系是其一定社会经济形式的过程。[2]

社会再生产理论指出,社会物质再生产只有在整个生产过程中物质再生产和劳动再生产在数量和质量上是成比例的情况下才能实现。社会再生产的顺利进行和整个社会经济的发展,也正是这两种再生产的有机结合和相互作用共同促进的结果。其中,劳动力的再生产是整个社会生产和再生产中起决定性作用的组成部分,因为劳动力是生产力中最活跃的因素,一切工具的发明、制造和科学技术的进步,都取决于劳动力的体力和智力。这也就意味着,要实现整个生产力再生产的正常进行,必须首先实现劳动力的再生产。

社会再生产理论把劳动力的再生产分为两个方面:一是指现有劳动力的恢复和保持;二是指新劳动力的延续和培养。这里不是把劳动力的生产和再生产简单地只看作人的自然机体数量的增加,而是包括人的各种能力的生产和再生产,并把人的各种能力的培养看作主要是教育的作用和结果,因为"教育会生产劳动能力"[3]。因此,教育是劳动力再生产的重要手段,提高人的各种能力,新劳动力的训练和培养必须通过教育来实现。主要表现在以下几个方面:第一,教育可以生产人的劳动能力。马克思认为,教育能够让年轻人根据自己的爱好或者社会的需求,在较短时间内熟悉了整个生产系统之后从一个部门或岗位转移到另一个部门或岗位。[4]这主要是由于后天社会活动包括训练和教育培养出了人的劳动能力。其次,教育能够改变劳动能力的形态和性质。马克思认为教育可以"使劳动能力改变形态……使劳动能力具有专门性"[5],"要想一个人改变其本性以及获得某特定劳

---

[1] 中共中央马克思恩格斯列宁斯大林著作编译局.马克思恩格斯全集 第23卷[M].北京:人民出版社,1972:198.
[2] 中共中央马克思恩格斯列宁斯大林著作编译局.马克思恩格斯全集 第25卷[M].北京:人民出版社,1972:925.
[3] 中共中央马克思恩格斯列宁斯大林著作编译局.马克思恩格斯全集 第26卷第1册[M].北京:人民出版社,1972:210.
[4] 中共中央马克思恩格斯列宁斯大林著作编译局.马克思恩格斯全集 第23卷[M].北京:人民出版社,1972:233.
[5] 中共中央马克思恩格斯列宁斯大林著作编译局.马克思恩格斯全集 第26卷[M].北京:人民出版社,1972:159.

动岗位的知识和技能,成为专业和发达的劳动力,就必须经过一定的训练或教育。"[1]也就是说,教育可以把一个从事简单劳动的劳动力,发展改变为可以从事复杂劳动的劳动力。第三,教育可以使科学技术转变为现实的生产力。马克思指出,生产力里面也包括科学在内[2]。但是科学技术只是一种知识形态的潜在生产力,只有应用于生产,才能转变为现实的生产力。要实现这种转变,必须通过教育。科学技术的生产有赖于教育造就出高质量的科学家和科技人才。而科学技术的再生产,也需要通过教育。教育可以大大缩短科学知识再生产的必要劳动时间,就像学生一小时内就能掌握二项式定理,再生产科学所必需的时间无法和最初生产科学的必需时间相比。[3]

3. 中国教育投资理论的发展

中国古代就有一些政治家和思想家意识到了教育对于社会、经济的意义,提倡对教育予以投入,这可以说是教育投入思想的雏形。比较典型的有管仲、墨子、孟子等代表人物。近代以来,一些思想进步的教育家、思想家、革命家也开始注意到教育对于改良社会和促进国家富强的作用,如魏源、龚自珍、孙中山、蔡元培、黄炎培、陶行知、杨贤江等人。但是中国近代的教育投入思想只能见诸少数大家或学者的思想主张中,并未形成系统的理论。

20世纪80年代起,中国教育投资理论步入真正的发展阶段,随着改革开放的深入,我国和外界的学术交流逐渐增多,因此引入了部分西方教育投资思想和理论。受此影响,国内开始对教育投资相关问题进行研究,如早期的厉以宁教授所著的《教育经济学》、易宗喜等所著的《教育经济学教程》、王善迈所著的《教育经济学概念》等。这一时期的研究主要集中于对一些基本概念、原则以及教育与再生产的关系、教育与经济的关系、教育与就业等进行定性研究,对教育投资进行定量分析和研究的很少。

进入20世纪90年代以后,随着计划经济逐步向社会主义市场经济体制转轨和人力资本理论的影响力逐步扩大,教育投资开始成为一个研究的热点问题,对于教育投资的研究也逐步过渡到以定量分析为主,研究的范围也随之扩大,主要集中于以下几个方面:

(1)教育与经济增长的关系

这一时期开始出现大量关于教育对经济增长贡献的定量研究,只是研究方法、选择指标各不相同,研究结果也不尽相同。靳希斌、王玉昆分别运用劳动简化法、劳动生产法等方法估算了1952—1978年中国教育对经济增长额的贡献率。沈利生、朱运法结合中国的实际情况对人力资本与经济增长的关系做出了定量分析。朱舟从教育的成本收益入手,

---

[1] 中共中央马克思恩格斯列宁斯大林著作编译局. 马克思恩格斯全集 第23卷[M]. 北京:人民出版社,1972:195.
[2] 马克思,恩格斯,列宁,等. 马克思恩格斯列宁斯大林论科学技术[M]. 北京:人民出版社,1979:29.
[3] 中共中央马克思恩格斯列宁斯大林著作编译局. 马克思恩格斯全集 第26卷第1册[M]. 北京:人民出版社,1972:377.

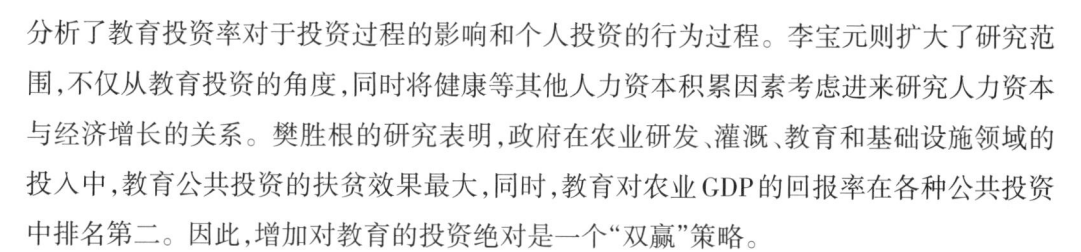

分析了教育投资率对于投资过程的影响和个人投资的行为过程。李宝元则扩大了研究范围，不仅从教育投资的角度，同时将健康等其他人力资本积累因素考虑进来研究人力资本与经济增长的关系。樊胜根的研究表明，政府在农业研发、灌溉、教育和基础设施领域的投入中，教育公共投资的扶贫效果最大，同时，教育对农业GDP的回报率在各种公共投资中排名第二。因此，增加对教育的投资绝对是一个"双赢"策略。

(2) 教育产业化问题

教育产业化问题一度成为中国教育领域及社会各界最为关注的问题，对于教育能否产业化是争论的最大焦点。持教育应该产业化观点的一方认为，教育产业化有利于解决教育供给不足问题。杨德广指出，扩大办学规模以及发展教育产业是同时具有相对性和必要性的，从通俗的角度来说，人们愿意花钱接受教育，就类似于去商店购买商品。左中和则认为教育产业化是一种利于教育持续性的可再生教育资金投入方式，即为了保证对教育的投入的持续性增长进而达到从根本上解决教育投入不足的情形，可以将教育转变成一种产业，在逐步投资和收益的良性循环中一步步实现投资资金的保值甚至增值。胡瑞文和陈国良认为，将教育作为一种产业来运作，运用产业经济学的方法能够缓解财政教育投入动力不足这一矛盾。持教育不能产业化观点的一方则认为，教育是公益性事业，应该把社会效益放在首位。萧灼基赞同教育作为一种公益事业，应该将追求社会整体效益作为目标这一观点，认为需要把提高教育质量和社会效益放在首位。赵海宽指出，公办学校尤其是义务教育学校不应该也不可能改变其服务社会的理念，可以在一定限度内引入适当的市场机制。王善迈教授认为，如果将市场机制完全移植到教育中来，实现教育的产业化，将会导致四个后果：一是引起教育机会的不均等；二是可能导致入学率的降低；三是政府的教育投入将减少；四是教育的异化。

(3) 农村教育投入体制问题

刘泽云、胡延品研究认为，中国农村义务教育出现的问题表面上看是由经费短缺造成的，但从根本上讲是体制问题，即农村义务教育财政体制问题。马国贤的研究表明：分散型的教育投资配置模式虽然调动了地方政府和社会大力兴办基础教育的积极性，但也造成了农村义务教育经费的短缺和区域发展的不平衡。周宏认为"分级办学"管理体制成为滋生腐败的土壤和温床。王善迈、曹夕多分析义务教育经费绝对量和相对量的不足，资源的省区、学校间分布不均衡的问题时提出需要重构中国义务教育财政体制来予以完善。陈冰通过对比美国的预算管理制度，指出了中国义务教育投入体制预算制度的缺陷。针对中国农村教育投入体制的缺陷，汪海燕提出应建立相对集中的教育投资体制，即由中央政府或省级政府与基层地方政府共同承担，其中，中央或省级政府应在整个义务教育投资中承担相对多的义务与责任。王蓉提出，一个理想的义务教育财政体制应该具有保障教育公平、确保义务教育利益和促进效率和效益的特点。

(4)城乡教育均衡发展问题

中国社会的主要矛盾之一就是农村和城市之间的巨大差距,这也极大地影响了社会的公平,因此,教育均衡发展问题成为教育投入研究中一个热点。王善迈、杜育红等对中国区域教育发展不平衡的现状进行了统计分析,认为地区间教育投入不公平是教育发展不平衡的重要原因。杨国勇、汪雷认为,现阶段,在中国的教育事业发展中存在诸多方面的不公平现象,但最主要和最根本的不公平是城乡义务教育的不公平,城乡义务教育的政府投入存在着严重的不公平,而且这种不公平正在日益扩大。张乐天认为中国社会长期存在的城乡分割对立的二元经济结构和社会体制是使城乡教育产生严重差别的社会制度原因。王蓉指出中国具有"二元"结构及地区发展不平衡的特征,导致城乡与地区间义务教育投资不平衡。张玉林则指出在经济极端贫困的农村地区以及地区内部差距过大的省份,教育的管理主体应该和投资主体一样,上升到省一级政府,便于地区和城乡统筹。谢维和认为改善教育公平的政策不仅应该放在改善贫苦、农村和边远地区义务教育中的不公平问题上,而且还应该重视教育资源配置,尤其是优质教育资源分配体制和机制的优化。

总体而言,国内外有关教育投资的理论与观点是相当丰富的,它们能够为本文对教育投入保障机制问题的研究提供必要的参考,尤其对于以城乡教育一体化为目标的财政教育投入保障机制构建与创新具有重要的指导意义。

2.2.4 教育公平理论

1.教育公平的含义

公平(Equality)是一种社会规范,人类社会追求的理想之一。"公"是指公正、合理,能获得广泛的支持,"平"是指平等、平均,"公平"就是公正平等。社会公平就是社会的经济利益、政治利益和其他利益在全体社会成员之间合理而平等的分配,它意味着人身平等、地位平等、权利的平等、分配的合理、机会的均等和司法的公正,是人类的崇高理想和永恒的价值追求。

教育公平的观念源远流长,我国大教育家孔子两千多年前主张"有教无类",这正是公平教育观念的体现。古希腊的大思想家柏拉图也提出教育公平的思想:第一,每个人都应该获得相同教育机会得以发展,外在因素,如地域、种族、经济状况、家庭背景,不应限制个人教育机会的获取;第二,优秀的学生获取教育机会正是教育公平观念实现的本质。"平等"思想在近代西方国家被引入到教育层面,其目标是实现教育公平。到18世纪末,教育公平思想得以在法律层面确立,一些西方国家的法律明确规定人人都有受教育的平等权利。近现代的西方社会,在不同的时期又出现了激进主义、自由主义与保守主义等不同的教育公平观。因此,作为历史范畴,教育公平观在纵向和横向的比较中,其含义都是不同的。其社会现实的反映甚者超越功能,体现着社会现实与教育理想的统一,蕴含着特定历史意义,也是历史合理性和历史局限性的统一。

人们所处的文化背景、经济环境不同,对教育公平的理解也就不同。16世纪以后,教育领域开始主张教育的"机会均等",即公民不分民族、种族、性别、职业、财富、信仰而获得公平的入学机会,享受同样的教育资源。科尔曼在其著名的调查报告《教育机会均等的观念》中指出,仅仅重视教育机会的均等是不够的,还应当强调教育结果的平等,教育公平应包括入学机会均等、教育过程均等和教育结果均等。因此,教育公平的内涵逐渐在扩大,由教育权利平等扩大到教育机会均等。作为达到社会公平的重要手段和途径,教育公平体现社会公平价值,保障了每个人的社会地位和社会角色的平等,只有享受平等的教育机会,人们才可能具备基本的生产、生活技能,才能在现代社会有效地行使其公民职责,维护个人权益和尊严。由于每个人个体的才能、禀赋不同,只有通过教育才能改变命运,通过教育得到的补偿,才是根本的补偿。教育公平已经成为现代教育的核心价值。

但是,我们必须用历史和辩证的态度去认识教育公平。首先,教育公平是一个历史范畴,"其不同发展阶段的特征和重心是不同的,在发展之初,实现教育机会均等,就是要普及义务教育,让儿童平等接受教育。在教育初步普及之后,保障教育公平待遇与提高教育质量是其目标所在。而实现平等学业成就,仍需长期奋斗。"其次,教育公平是一个相对范畴。任何公平都是相对的,不存在没有任何条件的、不受限制的、完全意义上的绝对公平,教育公平也不例外。一方面,人与人之间存在差异具有绝对性和普遍性,没有差别也就无所谓公平与否。因而教育公平应当是承认差别,并在现实可能的情况下尽量缩小差距,差距缩小了,也就意味着正在走向公平。另一方面,教育公平的判别标准和实现程度是相对的,是相对于一定社会发展水平而言的,不同历史时期教育公平所包含的范围和层次是不同的,人们对教育公平的认识也是不同的。

2.教育公平的判别标准

哈佛大学哲学大师罗尔斯提出了关于公平的两条原则:一是平等性原则,即"平等地对待相同者",这是一种横向的"均等性"的公平;二是差别性原则(或补偿原则),即"不均等地对待不同者",这是一种纵向的"非均等性"的公平。瑞典教育家胡森认为教育公平在不同时期有着不同含义,由初级阶段的"入学机会公平"提升到中级阶段的"教育过程公平",再发展到高级阶段的"教育结果公平",他认为机会均等并不能保证每个人受到公平教育,即使实现教育过程公平,但是由于客观差异存在于每个人之间,教育公平也很难实现。因此,应给予处境不利的受教育者更多帮助,即实行"补偿教育",才能实现教育结果的公平。美国学者科尔曼提出了四条教育公平的判别标准:一为进入教育系统机会均等;

二为参与教育机会均等;三为教育结果均等;四为教育对生活前景机会的影响均等。

国内学者一般认为,应该依照重要程度和实现过程对教育公平进行判别:一是教育起点的公平;二是教育机会的公平;三是教育过程的公平。

(1)教育起点的公平

教育起点的公平就是"让人人都享有受教育的机会",让每个人享有平等教育权利,得到均等教育机会,实现基本人权与自由发展,即包括教育权利平等和教育机会均等。

教育权利平等是教育价值层面上的公平,包括基本权利(如接受义务教育权、受教育自由权等)和非基本权利(如高等教育的受教育权、受教育资源的分配等权利)的公平。人人享有受教育的权利是人发展必要的、最低的权利,对于基本权利应该完全平等。非基本权利是满足人们教育方面比较高级需要的权利,对于非基本权利应该按比例平等。非基本权利平等原则表明,社会并不总能让每个人得到均等的非基本权利,但需要给予没有享受到非基本权利的个人补偿。而平等的总原则包括两方面:基本权利的完全平等和非基本权利的比例平等。

教育机会均等是教育公平的重心,是指教育系统进入者与教育活动的参与者都要给予公平的发展与竞争机会以实现教育制度层面的公平。教育机会均等鲜明的价值指向性暗示着对于处于任何不利的自然、经济、社会的或文化状况的社会阶层,教育制度本身都应尽可能从补偿其劣势或创造条件让其参与竞争,从而改变处于不利地位的社会阶层的教育状况。教育公平并不排斥教育竞争,但必须要保证让每个人获得平等竞争机会或实现使用教育资源的权利,使其获得适合自身发展的条件和机会,同时在义务教育等一些涉及基本权利的教育领域或教育活动中则不能适用竞争原则。因此,教育机会均等的实现,正成为现代教育的社会价值取向。

(2)教育过程的公平

教育过程公平的衡量标准是"让受教育者都有机会获得适合个人特点的教育"。在实现过程公平中,体现与维护教育公平需要相应的制度、政策,实现各个层面的公平,包括教学课程设置的公平、师生关系互动中的公平、教育资源和经费投入的公平等层面。而保证教育资源投入的公平是实现教育过程公平的核心,其本质就是所有学校和学生能够获取平等的发展机会与教育条件,公平地被分配教育资源,获得足够的教育经费,其基本的教育需求被满足。具体而言,就是要使每一位接受教育的人在受教育过程中质量和条件的公平,即各地区办学实力分布、各学校办学条件、各学校教师资源分配都要公平等等。教育过程公平使受教育者在接受教育的过程中得到与自身现有发展状况与发展潜力相符合的帮助,以促进其最大限度地全面、健康地发展。

(3)教育结果的公平

教育结果的公平是教育公平的终极价值目标,它是一种实质公平,是指每个受教育者所能享有取得成就的机会均等,所有人都有实现自己的潜力、创造自己的未来的机会与可能。教育结果公平最终将体现为教育质量和学业成就的平等。

但教育结果公平并不意味着每个受教育者都达到相同发展程度。由于每个受教育者存在着禀赋差异,不可能在受教育后变得人人素质都一样、成绩都一样,而是指每个受教育者的潜能都能得到充分地发挥,"学有所得、学有所用"。教育结果公平应倡导个性化教育,"坚信人人都能成才,但才有不同。要为每个学生提供他最需要的,或者说最适合的教育"。这才是真正的公平。[①]

当前,教育公平缺失已成为中国社会各界关注的焦点问题,特别是城市教育与农村教育的不公平更反映了这一问题的严重性,这不仅严重抑制了农村教育的持续发展,而且成为构建和谐社会、改革社会制度、实现共同富裕的巨大障碍。基于这样一种现实背景,本课题将进行更丰富翔实内容的展开与讨论,同时,实现教育公平也将是研究的终极目标。

2.3 构建城乡一体化的财政教育投入保障机制的理论依据

2.3.1 推进城乡教育一体化是政府的财政职责

政府在城乡教育一体化中所承担的责任既由教育的内在属性所决定,同时也由政府自身的特点决定。

1. 教育具有公共产品属性

市场经济条件下,市场对于资源配置应发挥基础性作用,但是市场不是万能的,市场有着自身无法克服的矛盾与缺陷,市场也会失灵。诸如教育资源配置的地区不均衡、城乡不均衡等很多现实问题,是无法通过市场机制得以解决的。为了有效地解决这些造成市场失灵的问题,首先必须厘清市场与政府的关系。政府应该是市场机制的有效补充,市场与政府相辅相成、互为补充,当市场机制不能发挥作用的时候,就需要政府的介入来弥补市场失灵。

从公共产品属性的角度来看,教育是典型的具有正外部性特征的准公共产品,其成本无法完全通过市场机制得到补偿,因此,仅靠私人提供会导致供给不足和秩序的混乱,市场在教育供给中出现了失灵,这就决定了教育供给必须由政府承担主导作用。同时,政府

---

① 顾明远.公平而差异:基础教育的必然选择[J].教育发展研究,2007(21):7-8.

主导教育供给也是政府履行公共财政职能的需要。公共财政是市场经济条件下政府提供公共产品或服务的财政模式,其目标是满足社会公共需求,弥补"市场失灵"。教育具有较强的外溢性特征,在市场经济条件下,教育很难通过市场有效地提供,因而社会对于教育的需求也就无法得到充分的满足,这就要求公共财政承担社会对教育的公共需求,即政府应承担起教育供给的主要职责。城乡教育一体化作为国家的一项重要战略,应当成为政府公共财政保障的重点对象,确保城乡一体化的财政教育投入自然也就成了公共财政的基本职责。

2.教育公平的主要责任在政府

公平正义是人类社会长期追求的价值目标,教育公平则是社会公平理念在教育领域的延伸和体现。"面对未来的种种挑战,教育看来是人类朝着和平、自由和社会正义迈进的一张必不可少的王牌。"[①]

教育公平要求全体社会成员可以拥有均等的机会以平等地选择和享受公共教育资源。通常将教育公平的实现过程分为教育起点公平、教育过程公平和教育结果公平,但无论是哪一个层面或阶段的教育公平都需要政府发挥主导作用。首先,教育起点公平要求保证教育权利平等和教育机会均等,而权利平等和机会均等都是制度层面的公平,这就需要政府制定公平的教育制度和教育政策予以保证。其次,教育过程公平要求保证受教育者在受教育过程中质量和条件的公平,所以必须要保证向每一位受教育者公平地配置财力、物力和人力等公共教育资源。然而由于市场在公共教育资源配置和公平分配方面的缺陷与不足,使得保证教育过程公平,确保教育资源公平分配的主要责任仍然必须由政府承担。再者,教育结果公平要求每个受教育者拥有取得成就的均等机会,拥有实现自己的潜力、创造自己的未来的机会与可能,这种实质公平同样需要政府提供保障。政府的公共性是其产生和存续的根本原因,政府维护社会的公平正义是历史赋予其主要的责任,其中必然也涵盖了教育领域的公平正义。政府利用财政手段提供均等化的基本公共教育服务,切实保证教育的均衡发展,才能实现教育公平,维护社会的公平正义。

3.城乡教育一体化是政府促进教育公平的重要路径

从理论上讲,城乡教育一体化是教育公平理念的具体体现。城乡教育一体化本质上是指在教育公平理念与原则的指引下,把城乡教育视为一个整体,平等对待每一个受教育者,确保城乡教育资源共享、优势互补。城乡教育一体化同样也是教育公平的重要内容。城乡教育一体化要求以教育公平为目标,统筹规划城乡教育资源,确保每一个受教育者获

[①] 联合国教科文组织总部中文科.教育——财富蕴藏其中:国际21世纪教育委员会报告[M].北京:教育科学出版社,1996:1.

得均等的教育机会和均等的教育资源,即至少要保证教育的起点公平和过程公平。归根到底,城乡教育一体化发展本质上只是一种手段,教育公平才是最终的目标。因此,政府要想实现教育公平这一目标,就必然需要经历城乡教育一体化发展过程。

从实践来看,城乡教育一体化能有效促进教育公平。在长期"重城轻乡"思想的指导下,政府财政教育投入的城乡失衡是导致城乡教育差距和教育公平缺失的关键因素。城乡教育一体化发展,意味着城乡之间办学条件均衡、师资力量均衡、城乡教育质量整体提升;城乡教育一体化发展,将伴随着城乡一体化发展、逐步缩小城乡差别的全过程。以一体化发展为手段,坚持教育公平的目标,将城乡教育一体化内在地融入教育公平,这是政府促进教育公平的重要路径。

2.3.2 财政投入保障机制是实现城乡教育一体化的保证

1. 财政投入是实现城乡教育一体化的物质支撑

资源具有稀缺性,在我国教育发展起点低、需求大、基数大等现实条件约束下,教育资源更是一种有限的稀缺性公共资源,围绕着这一稀缺资源必然会产生激烈的竞争。而城乡、地区等层面出现的教育差异正是对教育资源这一稀缺性公共资源竞争的结果。因此,城乡教育发展失衡的原因归根结底是教育资源投入与配置的非均衡化。城乡一体化的核心,实际上是资源配置问题,而财政正是解决资源配置问题的主要手段之一。[①] 城乡教育一体化的实现很大程度要依赖于政府的财政投入,即政府充足、公平、有效的财政教育投入将是城乡基本公共教育服务均等化的重要物质基础。财政教育投入保障机制,不仅是财政发挥资源配置职能、推进城乡教育一体化发展的着力点,也是建立健全教育财政体制的出发点和基本内容。

城乡教育一体化发展首先要求充足的财政教育投入,这从公共财政理论的角度看,不仅是有必要的,也完全是有可能的。公共财政下,要求政府的财力必须用于满足公共需求,服务于社会公益事业,而教育既是一种具有广泛外溢效应的公共产品,又是一项重要的社会公益事业,因此,将财力用于支持教育事业的发展是政府的重要职责,政府的公共财政必然要保证教育的发展需要。另外,我国已建立起了与社会主义市场经济要求相适应的公共财政体系,财政投入的重点将逐步转移到保障和改善民生上来。随着政府财力的增加以及宏观调控能力的提高,不断加大政府对教育的投入,为城乡教育一体化提供物质支撑完全是必要而且可能的。

城乡教育一体化发展,不但需要不断加大财政教育投入,还有需要遵循教育财政的公平和中立原则对教育资源进行公平、有效地配置。教育资源在城乡间配置的不合理,会导

---

① 徐同文.城乡一体化体制对策研究[M].北京:人民出版社,2011:91.

致城乡教育发展的失衡。因此,要求政府通过财政教育资源的再分配,排除各种可能对教育均衡产生不利影响的因素,切实保证教育的实际需要和均衡发展。

可见,充足、公平和有效的财政投入是实现城乡教育一体化发展的物质保障,财政投入在教育均衡推进过程中起关键作用。

2.财政教育投入保障机制是推动城乡教育一体化的有效手段

按照城乡教育一体化的内在要求,城乡教育一体化发展的目标是促进城乡教育的相互融合、互相促进,不仅要在资源配置方面实现城乡一体化,还要在制度和政策保障上实现城乡一体化,逐步实现教育公平。因此,有效保证财政教育投入为城乡教育均衡发展的实现提供的资源、政策和制度保障,是城乡教育一体化目标实现的关键所在。

第一,财政教育投入保障机制为教育发展筹集充足的资金提供保障。财政资金优先保障教育投入,把更多财政资金投向基本公共教育服务领域,保证财政教育经费的增长幅度高于财政经常性收入的增长幅度,生均教育经费逐年增长,生均公用经费逐年增长。筹集足够的资金来实现城乡教育一体化,从绝对意义上来说是充足的资金带来的物力、人力资源能够保障城乡居民平等接受基本教育的权利,相对意义上是指教育资金的供给和政府的公共财政支出保持一个合理的比例,能够适应经济社会发展水平以及教育优先发展需要。

第二,财政教育投入保障机制为城乡教育资源的公平配置提供保障。公平、合理地配置教育资源是提高教育教学水平与质量的基础。按照基本公共教育服务均等化的理念,将以财政投入形式筹措到的教育资源,公平、合理地配置到城市和农村的学校,并且加强教育资源使用的管理,提高教育资源配置的效率和效益。针对农村教育相对薄弱的现实,借助财政转移支付、专项资金扶持等财政性手段优先保障农村教育发展所需资源,加大对农村教育、城市薄弱区域和弱势群体的重点扶持,在教育经费、办学条件、师资配置等方面向农村和贫困地区倾斜,以保证城乡学校教育资源的一体化配置。

第三,财政教育投入保障机制为有效配置城乡教育资源提供保障。教育资源配置是一项复杂的系统性工作,如果配置不合理,教育资源的利用率必然会处于低效率状态,这对于本已稀缺的教育资源无疑将是一种巨大的浪费,最终将对整个城乡教育的运行造成不良影响。要使财政投入的教育资源能够得到最有效地运用,获得最大的产出,必须遵循效率的原则。效率性原则指财政投入的"合比例性",要通过一定的制度安排使财政投入活动中的各项要素都能够达到最佳的经济效果,也就要求通过财政教育投入保障机制使教育资源的供给与需求相对应,合理选择教育资源的投入、配置与运用方式,做到花最少的钱,办更多更好的事。

第3章 我国财政教育投入的制度考察

本章将对新中国成立以后我国城乡财政教育投入机制的历史沿革进行梳理,分析其制度变迁的路径与特征,力求揭示城乡教育差异形成的历史原因与制度根源。

3.1 新中国成立后我国城乡财政教育投入机制的产生

3.1.1 "统收统支,三级管理"阶段(1949—1957)

新中国成立初期,新中国的主要任务是稳定国内政治经济形势,迅速恢复生产,国家财政捉襟见肘,因而对于教育的投入也受到极大限制。国家财政体制采用中央统一列支、高度集中的管理体制,相应地,教育经费也采用统包的方式,实行中央、大行政区和省(市)三级预算管理。

1950年3月,政务院《关于统一管理1950年度财政收支的决定》中规定:中央政府预算负责中央直接管理学校的教育经费;各大行政区和省(市)预算负责各大行政区、省(市)管理的县立中学以上教育事业费;中央委托大行政区负责专科以上的国立学校的教育经费,暂列入大行政区预算;县人民政府负责乡村小学、县简师、教育馆的教育经费,主要通过随国家公粮征收地方附加公粮予以解决;各城市小学教育经费,则可通过征收城市附加教育事业费解决。1951年3月,政务院进一步明确规定:中央直属的大学专科以上学校、各高级科学研究所、中小学及民族学院或分院的教育费列入中央预算;大行政区直属的大学专科以上学校、中小学及民族学院或分院的教育费列入大行政区预算;省(市)直属的独立学院、专科学校、完全师范、中小学的教育费列入省(市)预算;一般小学、简师的教育费由地方附加开支。

1951年11月,教育部在《关于第一次全国初等教育会议报告》中提出,小学教育经费采取政府统筹与发动群众办学相结合的方式筹集。1952年,教育部在《关于整顿和发展民办小学的指示》中提出,允许群众在完全自愿的基础上出钱出力,有条件地发展民办小学的方针。国家把城市中小学部分财政筹资责任下放,使得教育投入水平普遍低于教育发展需求。

1953年起的"一五"时期,我国撤销了大行政区建制,全国实行"统一领导,分级管理"的财政管理体制,这一体制体现了鲜明的集中统一的特点,中央可支配的财政收入比例高达75%,而地方政府可支配的财政收入比例仅25%。各级教育行政机构严格执行三级财政制度,全国普通中小学的经费开支都按其行政隶属关系划分,明确了相应的财权和事权。预算管理权限集中于中央,教育的一切开支均需中央核准,统一按月支付。地方政府虽然也有一定的预算管理权,但由于地方的财力、财权有限,难以对教育发展进行全面安排。

3.1.2 "条块结合、以块为主"阶段(1958—1979)

由于高度集中的教育财政管理体制不利于调动地方发展教育的积极性,于是1958年以后,全国开始实行"条块结合、以块为主"的教育财政管理体制。

1958年8月,中共中央、国务院发布了《关于教育事业管理权力下放问题的规定》,把教育事业的管理权下放到地方,中小学、中专等学校的设置与发展都由地方自行决定,全日制公办小学由公社管理,民办小学由生产大队管理,而教育经费也随同下放。

为解决教育管理权下放以后,出现的大量挤占、挪用教育经费的现象。1959年11月,教育部和财政部共同出台《关于进一步加强教育经费管理的意见》,指出要严格按照"条块结合,以块为主"的精神,由各级财政部门和教育行政部门共同管好教育经费。财政部门应会同级教育行政部门共同协商编制本级教育经费概算和核定下级教育经费预算,然后再提请同级人民委员会审定。政府在下达经费预算指标或批准下级政府预算时,应将教育经费单列。

1960年3月,教育部和财政部发布了《关于人民公社社办中小学经费补助的规定》,提出解决社办中小学教育经费来源时可以采取几种方式:一是从公益金中抽一定比例,二是向学生收取杂费或分摊工分,三是拨给学校一定土地,组织学生参加劳动获得收入,另外国家也可适当资助。各省(自治区、直辖市)要在农业税地方附加中划出一定数额,对农村公办小学的重点修缮和其他民办教育事业(包括农业中学)所需要的费用进行补助。

从1972年起,中央决定在国家财政预算中单列教育事业费支出,戴帽下达,专款专用。各级财政部门与教育部门密切协作,共同加强了教育事业经费管理。

1973年,财政部、国务院科教组等部门联合制定的《关于中小学财务管理若干问题的意见》明确提出:中小学的勤工俭学收入不需要上缴财政,而且这部分收入还可获得适当的税收照顾;对少数民族地区和边境地区,要帮助解决在教育卫生和行政开支方面的一些特殊困难;通过国家补助、集体负担、杂费收入和勤工俭学收入等多种方式适当安排民办公助经费;民办公助学校和民办教师,城镇街道和农村社队集体办学经费,逐步以国家补助为主。

总的来说,新中国成立后到改革开放前,我国教育财政体制是一种高度集中、统一计划的管理体制,这是由当时特定的政治经济条件所决定的。它对克服新中国成立初期集中有限财力保证教育事业的发展,促进社会经济发展,都起到了重要的作用。然而随着我国教育事业的日益发展,这种高度集中的教育财政体制的弊端也日益显露。为了保障教育投入与教育事业的健康发展,就必须全面改革这种传统的教育财政体制。

3.2 改革开放以后我国城乡财政教育投入机制的变革

3.2.1 "地方负责,分级管理"阶段(1980—2000)

1980年,又开始了一轮新的财政管理体制重大改革,国务院发布的《关于实行"划分收支、分级包干"财政管理体制的通知》《关于实行"划分收支、分级包干"财政管理体制的暂行规定》,宣布了"划分收支,分级包干"财政管理体制在全国范围的实施。"分级包干"方式一改原来由财政部门和教育部门共同协商,然后联合下达教育事业经费支出指标的财政管理体制,规定由各省、自治区、直辖市人民政府自主安排各辖区内的教育经费,从此拉开了我国基础教育财政分权化的序幕。

1980年,教育部发布的《关于实行新财政体制后教育经费安排问题的建议》提出了新的教育经费管理体制,即中央和地方两级财政采用切块方式安排教育经费,中央财政只负担中央部委所属的各级各类教育经费,省级和市级财政负责各省、市所属的中小学教育经费。同时,还要求各地方政府要逐步增加教育投入比重,财力较好的地方可以适当增加教育投入。

1980年12月,中共中央、国务院《关于普及小学教育若干问题的决定》中提出,必须逐步地提高教育投入在财政支出中所占比重,将教育作为重要支出内容,从而改变长期以来教育经费不足的现象。决定还要求省(自治区、直辖市)统筹安排普通教育的事业费、基建投资和人员编制,组织实施发展规划和年度计划,国家要加强指导;省、市、自治区要将普通教育经费戴帽下达到县,必须专款专用、严禁随意挪用。

1985年5月,《中共中央关于教育体制改革的决定》明确规定,由地方负责基础教育的发展责任,有步骤地实行九年制义务教育,"基础教育管理权属于地方"。除了国家财政划拨的教育经费以外,地方还可以将适当比例的机动财力用于保证地方教育事业的发展,通过允许地方征收教育费附加,鼓励单位、集体和个人自愿捐资助学等方式弥补地方教育经费的不足。

1986年4月,《中华人民共和国义务教育法》的颁布实施,标志着义务教育事业"国务院领导下,实行地方负责,分级管理"的这一新体制以法律形式正式确定。按照《中华人民共和国义务教育法》的规定,国家免收义务教育学生学费,由国务院和地方各级人民政府负责筹措义务教育所需事业费和基本建设投资,地方各级人民政府按照国务院规定在城乡征收的教育费附加,主要用于义务教育发展。

同月,国务院发布的《关于征收教育费附加的暂行规定》将发展农村义务教育事业和筹措农村义务教育经费的责任下放到乡级政府和农民,明确规定农村教育费附加应用于农村学校的基本建设。

1992年3月,颁布的《中华人民共和国义务教育法实施细则》,进一步明确了以地方为主的特征。在教育投入的责任上采取分级负责的方式,县级财政主要负责城区少数学校的教育投入,乡镇财政负责乡镇中学和中心小学的教育投入,行政村负责筹措村办小学部分教育经费。与此相适应的,办学模式也逐步演化为"县办高中、乡办初中、村办小学"的格局。

为了增加中央政府财力,提升中央财政的宏观调控能力,1993年11月,党的十四大通过的《中共中央关于建立社会主义市场经济体制若干问题的决定》明确提出要推进财税体制改革,实行合理划分中央与地方事权基础上的分税制。

1993年12月,国务院《关于实行分税制财政管理体制的决定》出台,决定从1994年起开始实行分税制财政体制,这是对我国财政体制的一次重大调整。分税制的主要内容是按税种划分中央和地方的财政收入范围,在划分事权的基础上划分中央与地方的财政支出范围,以此规范中央与地方的财政关系。

1995年3月,《中华人民共和国教育法》出台,以法律形式规定了财政教育投入方面的内容:第一,建立以财政拨款为主、其他多种渠道筹措教育经费为辅的体制;第二,规定了政府财政教育投入中实现"两个比例"和"三个增长"的法定责任;第三,各级人民政府的教育经费支出,按照事权和财权相统一的原则,在财政预算中单独列项;第四,国务院及县级以上地方各级人民政府应当设立教育专项资金,重点扶持边远贫困地区、少数民族地区实施义务教育。

1995年以来,除了对义务教育财政制度的改革之外,中央还制定和实施了一系列义务教育工程作为对农村及贫困地区的补充支持。"国家贫困地区义务教育工程""全国中小学危房改造工程""西部农村寄宿制学校建设工程""两免一补"政策、"农村中小学现代远程教育工程"以及"农村义务教育学生营养改善计划"等一系列措施,极大地保证了贫困农村地区九年制义务教育的普及,有力地促进了贫困地区教育质量的提升。

伴随着分税制改革的深入,中央和地方的财政关系发生了转变,原来财政困难的中央财力得到了保证,但是地方财力被大幅削弱,地方财政特别是县乡财政愈发艰难,使"地方负责,分级管理"的教育财政体制出现了巨大的困难,这主要表现在两个方面:一是分税制的实施,大大削减了县乡的财政实力,特别是乡级财政更加困难,已经无法满足农村教育发展的所需经费;二是地区间财力差距拉大,制约了教育均衡发展。

3.2.2 "以县为主"阶段(2001—2005)

到2000年的时候,分税制改革对于地方财政的影响达到了顶峰。农村税费改革取消了农村教育附加和农村教育集资,在减轻农民负担的同时却使农村教育失去了两项最重要的经费来源,这使得原本就经费不足的农村教育更是雪上加霜。一些乡镇财力有限,对农村教育的投入难以为继,导致许多农村学校基本的办学经费无法保障,不可避免地出现了拖欠教师工资,学校校舍得不到及时改造、维修,危房大量增加等现象。

为了解决分税制改革给农村教育带来的诸多问题,2001年5月,国务院发布《关于基础教育改革与发展的决定》,提出进一步完善农村义务教育管理体制,要求实行"地方负责、分级管理、以县为主"的体制。"以县为主"的农村义务教育管理体制强调发展农村义务教育是各级政府义不容辞的责任,明确了县级政府对农村义务教育负有投入和管理的主要责任。

2002年5月,国务院下发《关于完善农村义务教育管理体制的通知》,进一步明确了县级政府负有农村义务教育投入和管理的主要责任。县级政府应统筹安排农村中小学公用经费,确保教职工工资能够按时足额统一发放以及农村中小学危房改造和校舍建设等。

2003年召开的第一次全国农村教育工作会议,国务院作出了《关于进一步加强农村教育工作的决定》,明确划分了各级政府的教育支出责任,再次重申"以县为主"的精神,强调县级政府应当担负起本地教育发展的主要责任,要统筹管理地方教育发展规划、经费安排使用、学校人事师资。同时明确指出,县级以上政府也要承担相应的支出责任,通过转移支付切实保障财政困难县义务教育经费,尤其是省级政府,必须承担均衡本行政区域内各县财力的责任,对于那些财政困难县要加大转移支付力度,帮助它们增强义务教育经费保障能力。

2004年3月,教育部、发改委和财政部联合下发《关于在全国义务教育阶段学校推行"一费制"收费办法的意见》,要求全国义务教育阶段学校从2004年秋季学期开始实行"一费制"收费办法,并且要求各地加大对家庭经济困难学生的资助力度,建立和完善贫困学生助学制度,"逐步实行对所有义务教育阶段学生免收杂费和课本费"。

"以县为主"体制的确立,将义务教育投入的重心从乡镇一级上移至县一级政府,自此我国义务教育实现了两项重大的转变:一是教育经费从主要由农民负担转变为主要由政府承担,二是政府责任从主要由乡镇承担转变为主要由县承担。投入重心的上移使义务教育的财政保障能力得到了一定加强。但是"以县为主"体制的缺陷也逐渐显现。一方面,由上级通过转移支付划拨的经费通常数量不高,农村教育费附加减收的缺口无法得到完全的抵补。另一方面,大多数县级财力还处于"吃饭财政"水平,有限的财力难以支撑应该分摊的教育投入,这种现象在中西部地区尤为严重。另外,"一费制"政策的实施客观上造成农村学校经费的进一步紧张,因为"一费制"在减轻了学生家庭负担的同时也使学校明显减收。于是,在多种因素共同作用下,农村教育投入的各种乱象开始显现。一些县级财政部门为了发放、补齐教师工资,屡屡采用截留、挪用、平调或是挤占上级专项转移支付资金,甚至有些地方将专项转移支付的教育经费挪用于政府机关办公经费和公务接待费用。由此所产生的更为严重的后果是使农村"普九"债务的问题浮出水面,沉重的教育债务加剧农村教育发展的困境。显然,"以县为主"体制难以解决农村教育发展中的一些突出矛盾,诸如农村地区校舍大面积危殆、公用经费严重短缺、"普九"债务等问题。

3.3 新时期我国城乡财政教育投入机制的形成

3.3.1 新机制形成阶段(2006—2009)

2005年农村义务教育经费保障机制改革拉开序幕。12月,国务院出台了《关于深化农村义务教育经费保障机制改革的通知》,将这次农村义务教育经费保障机制改革的目标确定为:建立中央和地方分项目、按比例分担的机制,通过加大财政投入,将农村义务教育逐步全面纳入公共财政保障范围。

2006年6月,全国人大通过了新修订的《中华人民共和国义务教育法》,以法律形式明确规定,由国务院和地方各级人民政府共同负担义务教育经费投入,省、自治区、直辖市人民政府负责统筹落实。

正是在这一新机制改革进程中,我国农村地区从2007年秋季起开始推行义务教育免费政策;2008年秋季,城市义务教育也实现了全免费。至此,我国义务教育进入完全免费的义务教育阶段,真正实现了"人民教育政府办"。

新机制改革将农村义务教育纳入公共财政保障范围,给农村教育的发展带来了可喜的变化。"十一五"期间,全国各级财政5年累计新增的农村义务教育经费约达2182亿元,其中中央财政占57%,地方财政占43%。新增的教育经费全部用于免除农村义务教育阶段学生学杂费、补助公用经费、进行校舍维修改造、免费提供教科书、补助家庭经济困难学生生活费等。

实施新机制后,财政教育投入体制表现出来的特点是:

(1)把农村义务教育全面纳入公共财政保障范围。义务教育是公民的一项基本权利,其经费主要由公共财政负担,这是保障公平就学机会的基本手段。确立农村义务教育在公共财政中的优先地位,切实发挥公共财政资金在配置农村义务教育资源中的绝对主体作用,有利于解决当前农村教育经费总量不足的现实。

(2)建立了中央和地方分项目、按比例分担的机制。新机制从明确各级政府责任入手,建立了中央与地方分项目、按比例分担的经费保障机制。在资金的总体安排上,体现了"中央拿大头"的原则。这一机制初步达到了财权与事权的相对契合,同时也使公共财政恢复了它为义务教育等公共事业服务的本来功能。

(3)实行了省级政府统筹落实、管理以县为主的制度。由省级政府负责统筹落实省以下各级政府应承担的经费,制定地方各级政府的具体分担办法,完善财政转移支付制度,有利于保证中央和地方各级农村义务教育经费保障机制改革资金落实到位。

(4)在延续多元化投资主体与多渠道筹集资金模式的基础上,加大了政府对其他非义务教育阶段教育的投入力度。在党的十七届三中全会"加快普及农村高中阶段教育,重点加快发展中等职业教育并逐步实行免费"方针的指导下,农村职业教育发展取得了明显成效。2009年,经国务院同意,财政部、国家发展改革委、教育部和人力资源社会保障部联合发文,宣布对中等职业学校农村家庭经济困难学生和涉农专业学生逐步免除学费。这是我国继全部免除城乡义务教育阶段学生学杂费之后,促进教育公平的又一件大事。

3.3.2 深化机制阶段(2010至今)

2010年7月,指导全国教育改革和发展的纲领性文件《国家中长期教育改革和发展规划纲要(2010—2020年)》正式发布,为我国教育的全面发展进行了总体规划。纲要指出:义务教育全面纳入财政保障范畴,由国务院和地方各级人民政府共同负担义务教育投入责任,省级政府统筹落实进一步完善农村义务教育经费保障机制,采用中央财政和地方财政分项目、按比例分担的方式,提高保障水平;非义务教育的投入机制则是以政府投入为主,辅以受教育者的合理分担,以及其他多种渠道筹措经费;学前教育采用政府和社会举办者共同投入,家庭合理负担的投入机制;普通高中采用以政府投入为主,辅以其他渠道筹措经费的投入机制。

2012年,国务院发布《关于深入推进义务教育均衡发展的意见》,要求进一步深化义务教育经费保障机制改革,完善保障内容,提高保障水平。

2015年11月28日,《国务院关于进一步完善城乡义务教育经费保障机制的通知》要求,各地区、各有关部门要按照"完善机制,城乡一体""加大投入,突出重点""创新管理,推进改革""分步实施,有序推进"的原则,整合农村义务教育经费保障机制和城市义务教育奖补政策,建立城乡一体化的义务教育经费保障机制,对城乡义务教育均衡发展起到了积极促进作用。

第4章 我国财政教育投入的现状考察

财政教育投入是教育事业发展的物质基础和关键环节。随着党和国家对教育事业的日趋重视,中央和地方各级政府不断加大财政教育投入力度,对于教育优先发展战略的财政保障能力不断提升。然而,财政教育投入不足以及不均衡等问题仍然突出。为更好地反映我国现阶段财政教育投入所取得的成就,同时对存在的问题进行诊断,本章将从宏观层面对我国财政教育投入的现状与绩效进行分析,希望能够从中得出一些规律性认识,以便为后续机制研究提供实证依据。

4.1 我国财政教育投入的现状分析

4.1.1 财力投入现状

教育的财力投入,也就是投入教育领域的人、财、物的货币形式,集中表现为教育经费。本部分将主要使用绝对量、相对量和平均量三类指标来反映我国财政教育经费投入的现状。

1. 全国财政教育经费投入总体情况

进入21世纪以后,随着"以县为主"的财政教育体制的建立,我国城乡教育发展的财政保障能力得到了进一步的加强,城乡教育事业发展格局也因此产生了较大的变化。从表4-1可以看出,2000—2016年间,我国的教育总经费投入规模呈现逐年递增趋势,全国教育经费投入总额从2000年的3849.08亿元增加到2016年的38888.39亿元,17年间增长到10倍,年均增幅达到15.7%,远远超过经济增长的速度,这也正是国家"教育优先发展"

战略的体现,教育经费的持续快速增长为我国教育事业的发展提供了巨大的动力和支持。

表4-1　2000—2016年全国教育经费投入情况

年份	教育总经费 金额(亿元)	增长率(%)	财政性教育经费 金额(亿元)	增长率(%)	公共财政教育经费 金额(亿元)	增长率(%)
2000	3849.08	—	2562.61	—	2191.77	—
2001	4637.66	20.49	3057.01	19.29	2705.65	23.45
2002	5480.03	18.16	3491.40	14.21	3254.94	20.30
2003	6208.27	13.29	3850.62	10.29	3619.10	11.19
2004	7242.60	16.66	4465.86	15.98	4244.42	17.28
2005	8418.84	16.24	5161.08	15.57	4946.04	16.53
2006	9815.31	16.59	6348.36	23.00	6135.35	24.05
2007	12148.07	23.77	8280.21	30.43	8094.34	31.93
2008	14500.74	19.37	10449.63	26.20	10212.97	26.17
2009	16502.71	13.81	12231.09	17.05	11974.98	17.25
2010	19561.85	18.54	14670.07	19.94	14163.90	18.28
2011	23869.29	22.02	18586.70	26.70	17821.74	25.83
2012	28655.31	20.05	23147.57	24.54	20314.17	13.99
2013	30364.72	5.97	24488.22	5.79	21405.67	5.37
2014	32806.46	8.04	26420.58	7.89	22576.01	5.47
2015	36129.19	10.13	29221.45	10.60	25861.87	14.55
2016	38888.39	7.64	31396.25	7.44	27700.63	7.11

资料来源:根据2017年《中国教育经费统计年鉴》相关数据整理、计算所得

国家财政性教育经费是反映财政教育经费投入的总量指标,在教育经费投入中占据着主导地位,代表着国家对教育的投入水平和努力程度。根据图4-1和图4-2可以发现,财政性教育经费的规模和增速直接影响和决定着全国教育经费的规模和增速,财政性教育经费在全国教育经费总额中占的比例平均在75%以上,尤其是在2013年之后国家财政性教育经费的增长速度几乎和教育总经费增长速度重合,财政投入在教育投入中的主导地位彰显无疑。从总量上看,2000—2016年财政性教育经费的总量快速增长,继2008年首次超过1万亿之后,2012年超过2万亿,2016年则超过了3万亿,为2000年的12.3倍。从增速上看,2000—2016年财政性教育经费年均增长17.2%,但增幅波动较为明显。其

中,2007年的增幅高达30.43%,这主要是由于2007年全国农村义务教育全面免除学杂费,全国财政安排农村义务教育经费比上年增加395亿元。

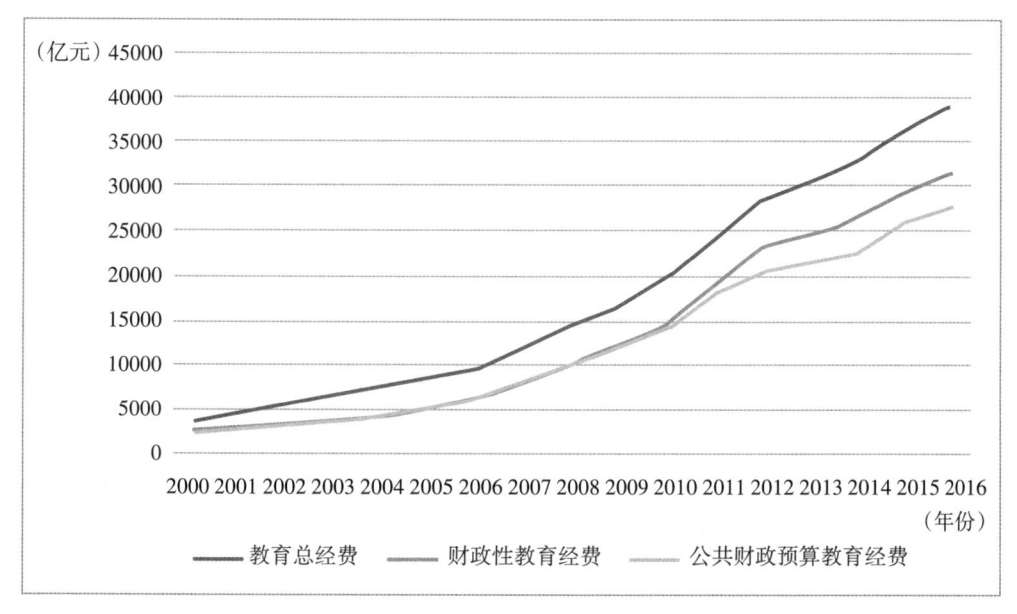

图4-1　2000—2016年全国教育经费投入增长趋势

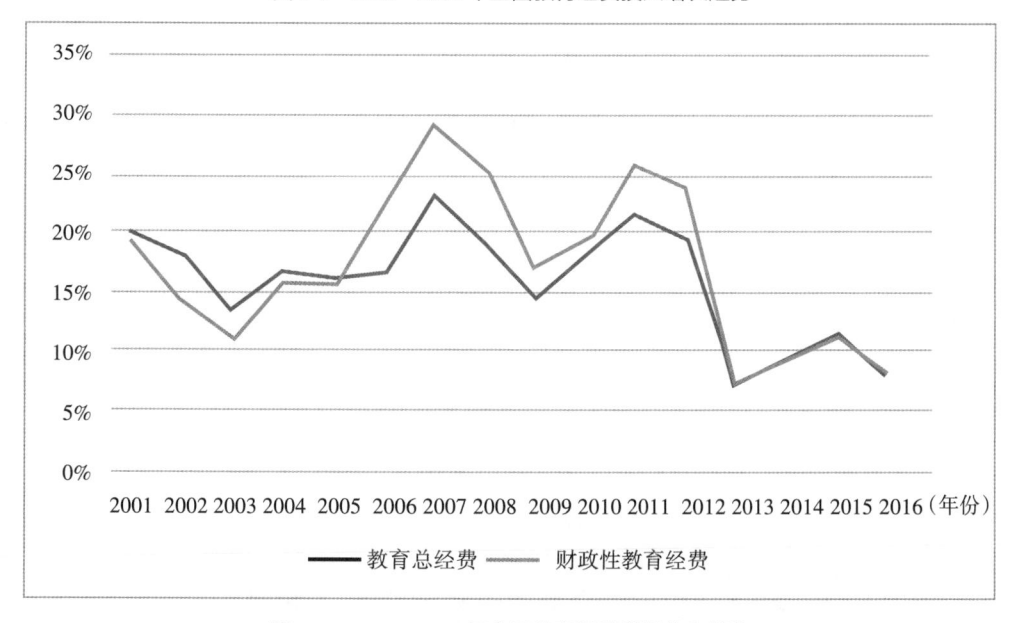

图4-2　2001—2016年全国教育经费增长变化趋势

国家财政性教育经费主要包括公共财政预算安排的教育经费和政府性基金预算安排的教育经费,而前者是财政性教育经费的主渠道,年均占比约91%。2000—2016年,公共财政预算安排的教育经费年均增长17.4%,超过财政性教育经费的增速。其中,2016年公共财政预算教育经费为27700.63亿元,为2000年的12.6倍。

依据《中华人民共和国教育法》,保证财政教育经费投入的"三个增长"和"两个比例",是各级政府的法定义务。因此对照这条要求,可以初步判断政府在财政教育投入方面的努力程度。

(1)"三个增长"的实现情况

"三个增长"是指各级政府教育财政拨款的增长应高于财政经常性收入的增长,并使按在校学生人数平均的教育费用逐步增长,保证教师工资和学生平均公用经费逐步增长。

从图4-3可以看出,2001—2016年全国财政性教育经费增幅波动较大,其间只有7年的财政性教育经费增长高于财政收入增长,而另外9个年份都未能达到法定要求。2006年以前财政性教育经费增长一直低于财政收入增长,直到2006年义务教育开始全面纳入公共财政以后,这一增长目标才逐步得以实现。但是,2006年及以后的11年间,仍有4个年份未能实现目标。其中,2012年为了实现"4%"目标,财政性教育经费增长率达到24.54%,是财政收入增长的近2倍;但随即2013年财政性教育经费增长率又下滑至5.79%。这说明我国财政性教育经费投入明显缺乏稳定增长的长效机制,各级政府对于教育投入的保障刚性有所不足。

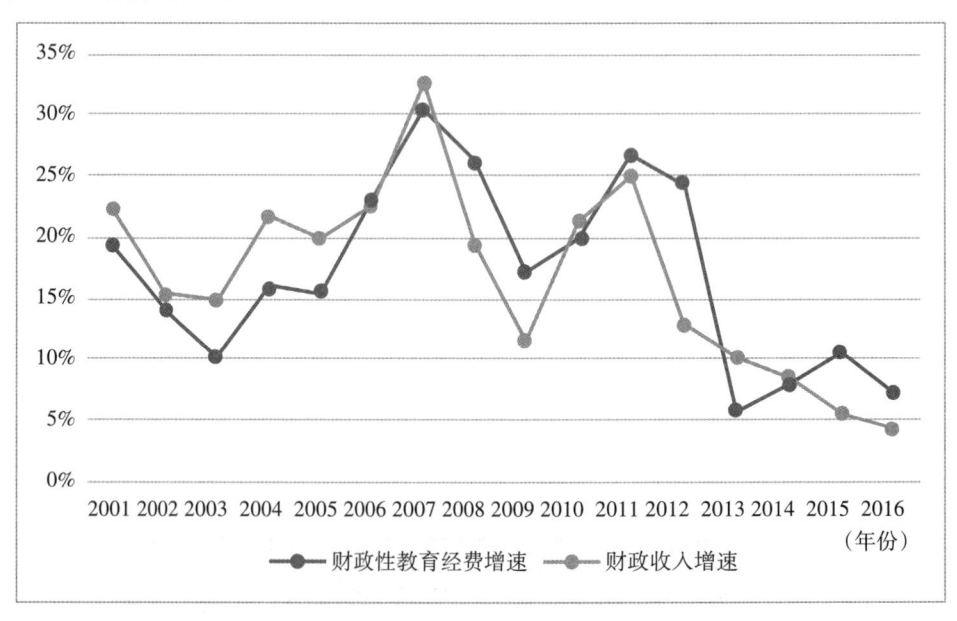

图4-3 2001—2016财政性教育经费与财政收入的增长比

表4-2 全国义务教育生均预算教育经费支出情况(单位:元)

年份	普通小学 生均预算教育经费	普通小学 生均预算事业费	普通小学 生均预算公用经费	普通初中 生均预算教育经费	普通初中 生均预算事业费	普通初中 生均预算公用经费
2000	499.78	491.58	37.18	698.28	679.81	74.08
2001	658.48	645.28	45.18	839.42	817.02	83.40
2002	834.26	813.13	60.21	998.42	960.51	104.21
2003	952.56	931.54	83.49	1097.25	1052.00	127.31
2004	1159.33	1129.11	116.51	1296.36	1246.07	164.55
2005	1361.16	1327.24	166.52	1562.01	1498.25	232.88
2006	1671.51	1633.51	270.94	1962.93	1896.56	378.42
2007	2231.11	2207.04	425.00	2731.64	2679.42	614.47
2008	2788.55	2757.53	616.28	3645.49	3543.25	936.38
2009	3425.21	3357.92	743.70	4538.91	4331.62	1161.98
2010	4098.33	4012.51	929.89	5415.32	5213.91	1414.33
2011	5063.62	4966.04	1366.41	6742.62	6541.86	2044.93
2012	6280.26	6128.99	1829.14	8490.35	8137.00	2691.76
2013	7026.40	6901.77	2068.47	9544.89	9258.37	2983.75
2014	7800.53	7681.02	2241.83	10607.26	10359.33	3120.81
2015	8928.36	8838.44	2434.26	12339.83	12105.08	3361.11
2016	9686.79	9557.89	2610.80	13643.54	13415.99	3562.05

资料来源:2001—2017年《中国教育经费统计年鉴》

根据表4-2和图4-4可知,对比"三个增长"的要求,2000—2016年义务教育阶段的普通小学和普通初中的生均预算教育经费和生均预算公用经费逐步增长的基本目标得到了保证。2016年普通小学生均预算教育经费9686.79元,相比2000年的499.78元增长了18.4倍,而生均预算公用经费则相比2000年增长了69.2倍。2016年普通初中生均预算教育经费13643.54元,相比2000年的698.28元增长了18.5倍,而生均预算公用经费则相比2000年增长了47.1倍。生均教育经费的增长保证了中小学校正常运转所需经费。

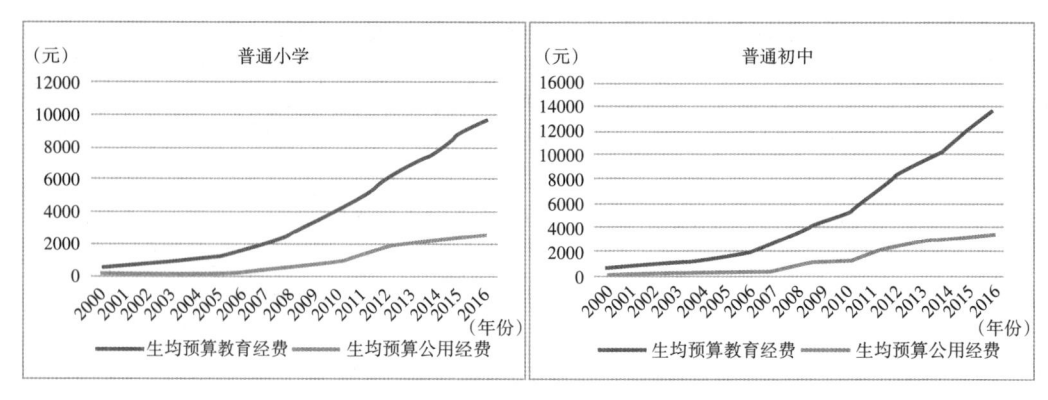

图4-4 义务教育阶段生均教育经费的增长变化

(2)"两个比例"的实现情况

"两个比例"是指财政性教育经费占国民生产总值的比例和各级财政支出总额中教育经费所占比例均有所提高。

财政性教育经费占GDP的比例是国际通用的衡量教育投入水平和地位的指标,早在1993年《中国教育改革和发展纲要》便提出了国家财政性教育经费占GDP的比例要在20世纪末达到4%,但是这一目标并未如期实现。进入21世纪以后,我国财政性教育经费在GDP中所占的比重持续增长,终于在2012年该比例首次突破4%,并且已连续5年维持在4%以上。"4%"这一比例代表我国财政性教育投入水平达到世界衡量教育水平的基础线,也是我国教育发展史上的一个重要里程碑。

表4-3 2000—2016年全国财政教育经费投入水平

年份	财政性教育经费（亿元）	国内生产总值（亿元）	财政性教育经费占GDP的比重（%）	财政支出（亿元）	公共财政预算教育经费（亿元）	公共财政预算教育经费占财政支出的比重（%）
2000	2562.61	100280.1	2.56	15886.50	2191.77	13.80
2001	3057.01	110863.1	2.76	18902.58	2705.65	14.31
2002	3491.40	121717.4	2.87	22053.15	3254.94	14.76
2003	3850.62	137422.0	2.80	24649.95	3619.10	14.68
2004	4465.86	161840.2	2.76	28486.89	4244.42	14.90
2005	5161.08	187318.9	2.76	33930.28	4946.04	14.58
2006	6348.36	219438.5	2.89	40422.73	6135.35	15.18
2007	8280.21	270232.3	3.06	49781.35	8094.34	16.26
2008	10449.63	319515.5	3.27	62592.66	10212.97	16.32

续表

年份	财政性教育经费（亿元）	国内生产总值（亿元）	财政性教育经费占GDP的比重（%）	财政支出（亿元）	公共财政预算教育经费（亿元）	公共财政预算教育经费占财政支出的比重（%）
2009	12231.09	349081.4	3.50	76299.93	11974.98	15.69
2010	14670.07	413030.3	3.55	89874.16	14163.90	15.76
2011	18586.70	489300.6	3.80	109247.79	17821.74	16.31
2012	23147.57	540367.4	4.28	125952.97	20314.17	16.13
2013	24488.22	595244.4	4.11	140212.10	21405.67	15.27
2014	26420.58	643974.0	4.10	151785.56	22576.01	14.87
2015	29221.45	689052.1	4.24	175877.77	25861.87	14.70
2016	31396.25	744127.2	4.22	187755.21	27700.63	14.75

资料来源：根据2017年《中国统计年鉴》和《中国教育经费统计年鉴》相关数据整理、计算所得

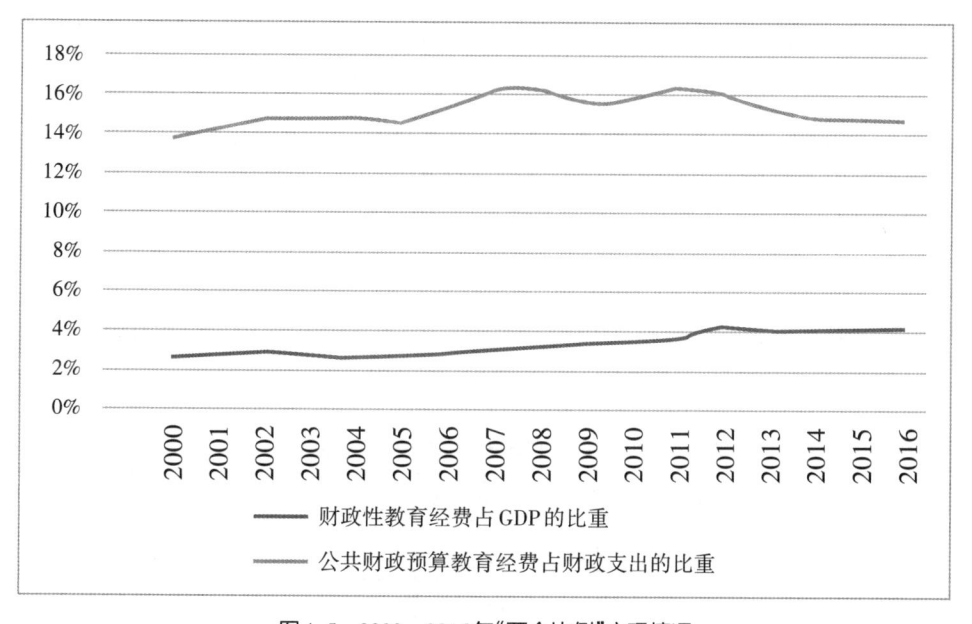

图4-5 2000—2016年"两个比例"实现情况

公共财政预算教育经费占财政支出的比重也是衡量一国政府教育投入力度的一个重要指标。由表4-3可知，从绝对量上看，我国公共财政预算教育经费由2000年的2191.77亿元上升到2016年的27700.63亿元，增加了约11.6倍。而同期财政支出由15886.50亿元上升到187755.21亿元，增加了约10.8倍。公共财政预算教育经费增长高于财政支出的增长。从比例上看，在2000—2016年期间，我国公共财政预算教育经费占财政支出的比重平均每年为15.19%，这一水平与世界平均水平大体相等。这说明了从数据层面看，目前

我国的公共财政预算教育经费占财政支出的比重趋势是合理的。

2.城乡财政教育经费投入情况

(1)城乡义务教育经费投入情况

2006年9月1日起,新修订的《中华人民共和国义务教育法》的实施是我国义务教育发展中具有里程碑意义的一件大事,国家将义务教育全面纳入公共财政保障范围,义务教育实现全免费,惠及全国1.6亿学生,农村义务教育阶段学生每个家庭平均减少支出770多元。[1]"十一五"期间,中央财政累计投入农村义务教育经费保障机制改革的资金2510亿元,地方财政累计投入2078亿元,全国各级财政5年累计投入4588亿元。税费改革前的1999年,全国预算内农村义务教育经费占农村义务教育总投入的比重仅67%,而2009年时占比已达93%,基本完成了义务教育纳入公共财政保障范围的历史性转变。[2]"十二五"期间,继续巩固并扩大前期改革成果,中央财政累计投入1192.6亿元,带动地方进一步加大投入,实施了中小学校舍安全工程、中西部农村初中校舍改造工程、薄弱学校改造计划等重大项目,全面改善了农村贫困地区义务教育薄弱学校的基本办学条件;中央财政累计投入1491亿元实施农村义务教育学生营养改善计划,覆盖集中连片特困地区699个县,全国超过1/3的县实施了该计划,每年惠及3200多万学生。[3]这些资金的注入,使我国农村义务教育经费得到长期有效的保障,推动农村义务教育事业健康协调稳步发展。2006—2016年,中央财政累计用于义务教育方面的经费达11604亿元。由表4-4可知,农村义务教育总经费从2006年的2177.27亿元提高到2016年的10843.82亿元,提高了4.0倍;农村义务教育财政性教育经费从2006年的1977.48亿元提高到2016年的10469.81亿元,提高了4.3倍。财政投入在农村义务教育经费中平均占比达到了96.9%,充分体现"人民教育人民办"到"义务教育政府办"的真正转变。

表4-4　2006—2016年农村义务教育经费投入情况

年份	教育总经费 金额(亿元)	增长率(%)	财政性教育经费 金额(亿元)	增长率(%)	公共财政教育经费 金额(亿元)	增长率(%)
2006	2177.27	—	1977.48	—	1880.57	—
2007	2987.77	37.23	2839.33	43.58	2707.51	43.97

---

[1] 周琳.建设人力资源强国　共享教育发展成果[N].经济日报,2011-2-23(1).
[2] 中央人民政府门户网站.经过十一五期间努力　农村免费义务教育全面实现[EB/OL].http://www.gov.cn/gzdt/2010-12/23/content_1771495.htm,2010-12-23.
[3] 袁贵仁.[辉煌十二五]"十二五"以来特别是党的十八大以来我国教育改革发展的辉煌成就[EB/OL].http://www.njxzc.edu.cn/_s67/90/9d/c2756a37021/page.psp,2015-10-15.

续表

年份	教育总经费 金额(亿元)	增长率(%)	财政性教育经费 金额(亿元)	增长率(%)	公共财政教育经费 金额(亿元)	增长率(%)
2008	3726.43	24.72	3580.85	26.12	3420.09	26.32
2009	4420.50	18.63	4273.91	19.35	4094.69	19.72
2010	5017.50	13.51	4884.16	14.28	4669.70	14.04
2011	6085.47	21.28	5955.78	21.94	5582.88	19.56
2012	7311.23	20.14	7164.37	20.29	6677.75	19.61
2013	7711.92	5.48	7552.57	5.42	7011.65	5.00
2014	8946.38	16.01	8701.99	15.22	8410.28	19.95
2015	10075.82	12.62	9746.10	12.00	9716.04	15.53
2016	10843.82	7.62	10469.81	7.43	10435.00	7.40

资料来源：根据2007—2017年《中国教育经费统计年鉴》相关数据整理、计算所得

城镇义务教育经费投入规模低于农村，但总体增长变化趋势与农村大体相同。由表4-5可知，2006—2016年，城镇义务教育总经费从1568.95亿元提高到6624.34亿元，提高了3.2倍；城镇义务教育财政性教育经费从1184.02亿元提高到5980.15亿元，提高了4.1倍。由图4-6还可以看出，从2007年到2016年这十年间，城镇义务教育财政性教育经费多数年份（6年）增速超过农村，而其年均增长幅度为18.0%，总体增速略低于农村的18.6%。其中，城镇公共财政预算教育经费的年平均增幅为19.4%，高于农村的19.1%。

表4-5 2006—2016年城镇义务教育经费投入情况

年份	教育总经费 金额(亿元)	增长率(%)	财政性教育经费 金额(亿元)	增长率(%)	预算内教育经费 金额(亿元)	增长率(%)
2006	1568.95	—	1184.02	—	1039.98	—
2007	2015.25	28.45	1573.62	32.90	1411.68	35.74
2008	2346.03	16.41	1967.83	25.05	1780.73	26.14
2009	2780.41	18.52	2420.51	23.00	2222.22	24.79
2010	3282.72	18.07	2910.81	20.26	2656.80	19.56
2011	4092.97	24.68	3706.28	27.33	3265.03	22.89
2012	4899.24	19.70	4477.15	20.80	3928.57	20.32
2013	5395.62	10.13	4971.60	11.04	4320.13	9.97

续表

年份	教育总经费 金额(亿元)	增长率(%)	财政性教育经费 金额(亿元)	增长率(%)	预算内教育经费 金额(亿元)	增长率(%)
2014	5194.85	−3.72	4749.00	−4.48	4475.58	3.60
2015	5840.32	12.43	5287.29	11.33	5265.92	17.66
2016	6624.34	13.42	5980.15	13.10	5943.74	12.87

资料来源：根据2007—2017年《中国教育经费统计年鉴》相关数据整理、计算所得

图4-6　农村与城镇义务教育财政性教育经费增幅比较

表4-6　农村义务教育阶段生均预算教育经费情况(单位:元)

年份	小学 生均预算教育经费 农村	全国	生均预算公用经费 农村	全国	初中 生均预算教育经费 农村	全国	生均预算公用经费 农村	全国
2006	1531.24	1671.51	248.53	270.94	1763.75	1962.93	346.04	378.42
2007	2099.65	2231.11	403.76	425.00	2465.46	2731.64	573.44	614.47
2008	2640.79	2788.55	581.88	616.28	3390.06	3645.49	892.09	936.38
2009	3236.26	3425.21	690.56	743.70	4267.68	4538.91	1121.12	1161.98
2010	3876.23	4098.33	862.08	929.89	5061.30	5415.32	1348.43	1414.33
2011	4847.79	5063.62	1282.91	1366.41	6376.41	6742.62	1956.66	2044.93

续表

年份	小学 生均预算教育经费 农村	小学 生均预算教育经费 全国	小学 生均预算公用经费 农村	小学 生均预算公用经费 全国	初中 生均预算教育经费 农村	初中 生均预算教育经费 全国	初中 生均预算公用经费 农村	初中 生均预算公用经费 全国
2012	6156.27	6280.26	1743.41	1829.14	8237.29	8490.35	2602.13	2691.76
2013	6973.66	7026.40	1973.53	2068.47	9464.96	9544.89	2968.37	2983.75
2014	7518.83	7800.53	2102.09	2241.83	9933.77	10607.26	2915.31	3120.81
2015	8652.60	8928.36	2245.30	2434.26	11549.36	12339.83	3093.82	3361.11
2016	9347.78	9686.79	2402.18	2610.80	12644.45	13643.54	3257.19	3562.05

资料来源:2007—2017年《中国教育经费统计年鉴》

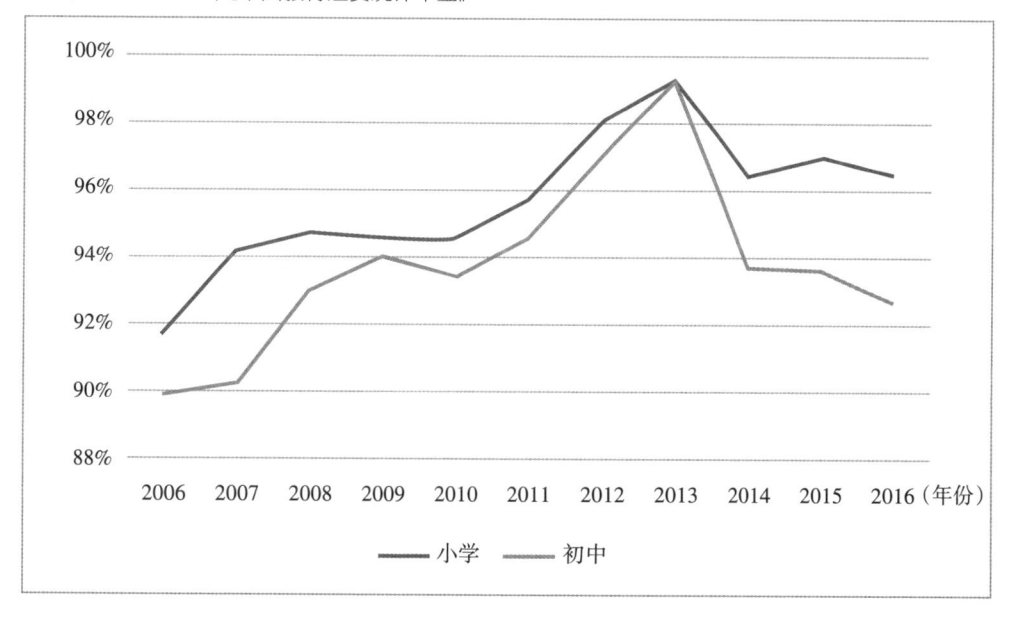

图4-7 农村与全国生均预算教育经费水平比较

随着财政对农村义务教育投入力度加大,农村与城镇的差距不断缩小。由表4-6可知,农村小学生均预算教育经费由2006年的1531.24元增加到2016年的9347.78元,提高了5.1倍;农村初中生均预算经费则由2006年的1763.75元增加到2016年的12644.45元,提高了6.2倍。同时,农村与全国生均预算教育经费支出水平的差距也在缩小。如图4-7所示,2006年农村小学与全国小学生均预算教育经费水平的比值是91.6%,农村初中与全国生均水平的比值是89.9%,而2013年小学和初中的比值均上升到99.2%,说明农村与城镇义务教育阶段的生均教育经费基本持平,城乡差异明显缩小。但是,2013年以后,该比值又有所下降,城乡教育投入差距再次拉大。有鉴于此,城乡义务教育经费投入还需要获得持久稳定的保障。

教育公用经费是满足学校教育正常进行和学校正常运转的费用。2009年,中央财政制定了统一的农村中小学公用经费基准定额:小学年生均公用经费300元、初中年生均公用经费500元。之后在2010年和2011年又先后两次提高定额,并且对于不同地区制定了不同的定额标准,2011年中西部地区小学年生均公用经费500元、初中700元,东部地区小学年生均公用经费550元、初中750元。2016年,中央将城乡义务教育学校的生均公用经费基准定额进行了统一:中西部地区普通小学年生均公用经费600元、普通初中800元;东部地区普通小学年生均公用经费650元、普通初中850元。[1]教育生均经费底线的确定,极大地保障了义务教育的均衡发展。根据表4-6可以看出,农村普通小学生均预算公用经费从2006年的248.53元增长至2016年的2402.18元,提高了8.7倍,年均增长26.8%;农村普通初中生均预算公用经费从2006年的346.04元增长至2016年的3257.19元,提高了8.4倍,年均增长26.9%。城乡统一、重在农村的义务教育经费保障机制不断完善,全国约1.4亿城乡义务教育学生全部免除学杂费,约1.1亿农村学生获得免费教科书,约1200万农村家庭经济困难寄宿生获得生活费补助,约1300万进城务工农民工随迁子女实现生均公用经费基准定额资金可携带。

(2)城乡非义务教育经费投入情况

义务教育是农村教育的核心和主体,除此以外,农村教育体系目前主要还包括非义务教育阶段的学前教育和高中教育。因此,为了方便进行城乡比较,本文将重点分析城镇与农村幼儿园、普通高中及职业高中的教育经费投入情况。

在2010年《国务院关于当前发展学前教育的若干意见》的指导下,至2016年国家已经连续实施了两期的三年学前教育行动计划,财政投入不断加大,长期投入不足的问题逐渐得到扭转,推动学前教育走上了快速发展的轨道。如表4-7所示,2011年农村幼儿园教育经费投入的总额为342.48亿元,其中财政投入为140.86亿元,占总经费的41.1%;2016年教育经费投入总额上升为1276.99亿元,是2011年的3.7倍,而财政投入则提高了3.8倍,增加到679.91亿元,并且占全部经费的53.2%,反映了国家对农村学前教育的重视程度在提高。

---

[1] 国务院.国务院关于进一步完善城乡义务教育经费保障机制的通知[EB/OL]. http://www.gov.cn/zhengce/content/2015-11/28/content_10357.htm,2015-11-28.

表4-7 农村非义务教育教育经费投入情况(单位:亿元)

年份	农村幼儿园 教育经费	农村幼儿园 财政经费	农村普通高中 教育经费	农村普通高中 财政经费	农村职业高中 教育经费	农村职业高中 财政经费
2007	—	—	178.36	99.83	39.27	25.12
2008	—	—	213.54	129.55	55.97	39.62
2009	—	—	243.57	151.08	59.64	43.66
2010	—	—	273.18	180.51	63.73	47.48
2011	342.48	140.86	335.02	237.88	73.55	58.16
2012	573.76	314.32	415.29	317.78	93.88	64.07
2013	667.38	355.93	465.24	355.41	90.26	81.12
2014	902.98	461.37	1427.11	1125.80	321.93	294.92
2015	1123.47	594.33	1556.56	1260.08	347.46	318.81
2016	1276.99	679.91	1651.03	1356.08	359.55	332.10

资料来源:2008—2017年《中国教育经费统计年鉴》

近年来,财政对农村高中阶段教育的投入力度不断加大。2007—2016年,农村普通高中教育经费从178.36亿元提高为1651.03亿元,上升了8.3倍,财政教育经费从99.83亿元提高为1356.08亿元,上升了12.6倍,财政投入占比由56.0%上升为82.1%;农村职业高中教育经费从39.27亿元提高为359.55亿元,上升了8.2倍,财政教育经费从25.12亿元提高为332.10亿元,上升了12.2倍,财政投入占比由64.0%上升为92.4%。2014年国务院出台《关于加快发展现代职业教育的决定》,全面部署加快发展现代职业教育,2014年农村职业高中财政教育经费投入为294.92亿元,相比2013年的81.12亿元猛增213.8亿元,增幅达263.6%,并且此后几年财政投入占比均超过90%,政府投入已成为农村职业教育经费来源的主渠道。

城镇非义务教育经费投入总体增幅小于农村,且财政投入在教育经费中所占的比重也低于农村。如表4-8所示,2012—2016年城镇幼儿园教育经费年均增长18.2%,比农村低13.2个百分点,其中财政投入在教育总经费中平均仅占38.2%,说明城镇幼儿园经费来源更为丰富,社会投入力度更大。2008—2013年城镇普通高中和职业高中的教育经费投入以平均14.8%和13.3%的速度逐年增长,但是由于2014年农村普通高中和职业高中教育经费的大幅增加,导致城镇教育经费下降,普通高中和职业高中的降幅分别达30.4%和39.8%,2015年以后才又逐渐上升。由图4-8可以看出,2007—2016年,城镇普通高中和职业高中财政投入的教育经费比重与农村相近,年均分别占69.8%和79.3%,总体呈上升趋势。

表4-8 城镇非义务教育财政教育经费投入情况(单位:亿元)

年份	城镇幼儿园 教育经费	城镇幼儿园 财政经费	城镇普通高中 教育经费	城镇普通高中 财政经费	城镇职业高中 教育经费	城镇职业高中 财政经费
2007	—	—	1215.14	694.99	308.66	202.97
2008	—	—	1388.69	831.69	378.29	269.33
2009	—	—	1535.87	958.26	411.18	302.93
2010	—	—	1730.17	1141.32	445.56	345.28
2011	676.10	274.84	2159.34	1562.08	544.23	448.09
2012	930.17	288.73	2580.65	1650.21	630.42	427.02
2013	1090.67	506.44	2761.03	2144.21	643.08	585.10
2014	1145.78	394.01	1931.43	1493.40	387.40	339.55
2015	1303.28	439.52	2071.77	1662.58	414.70	356.05
2016	1526.54	646.16	2281.28	1853.02	441.82	398.52

资料来源:2008—2017年《中国教育经费统计年鉴》

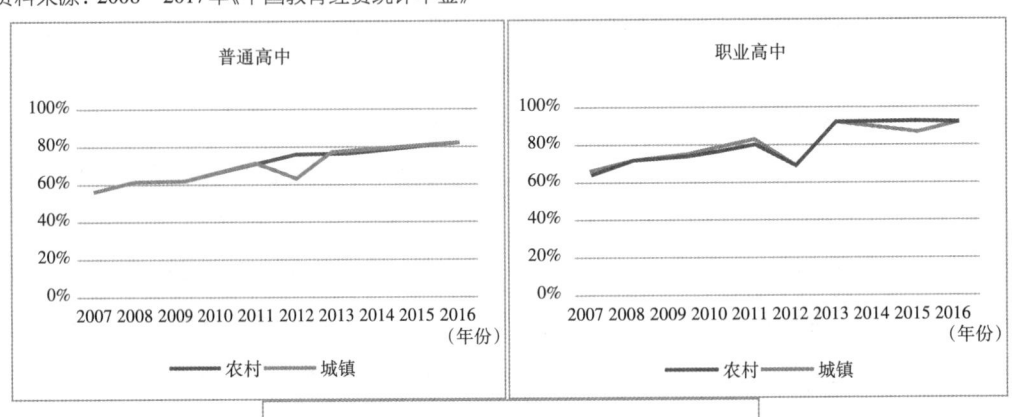

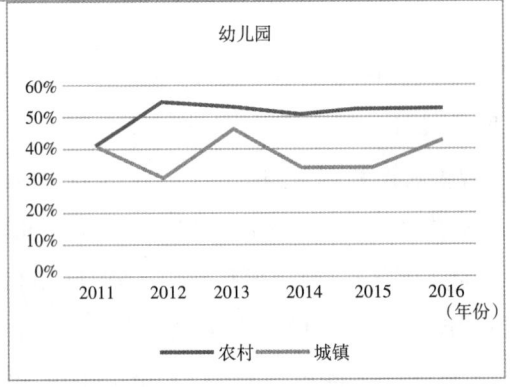

图4-8 城乡非义务教育财政投入占比情况比较

由表4-9和表4-10知,2011—2016年6年间,农村幼儿园生均公共财政预算教育经费支出增长了2倍,由2011年的1409.11元提高为2016年的4230.19元,年平均增幅为28.4%,比全国平均增幅高出9个百分点;生均预算公用经费同样增长了2倍,由2011年的512.28元提高为2016年的1553.62元,年平均增幅为40.2%,比全国平均增幅高出11.7个百分点。但是财政对学前教育投入缺乏持续性,例如,2012年农村幼儿园生均预算公用经费同比增长190.7%,然而后两年却持续下降了3.0%和21.3%,2015年则又上升了25.7%。究其原因主要是由于目前绝大多数省份学前教育生均公用经费拨款没有统一的标准,尚未形成持续稳定的保障机制。

近年来,我国持续加大对农村和中西部贫困地区、少数民族地区高中阶段教育的扶持力度。目前,全国已有21个省份制定了普通高中生均公用经费最低拨款标准,有33个省、区、市和计划单列市建立了中职生均拨款制度,高中阶段教育经费投入机制进一步健全。2016年,农村普通高中生均公共财政预算教育经费支出超过1万元,比2007年增长近4倍;生均预算公用经费支出达2514.31元,比2007年增长近7倍。同时,城乡差距进一步缩小,农村与全国水平相比,生均公共财政预算教育经费支出和生均预算公用经费支出差距分别缩小了8.5%和16.4%。2015年,农村职业高中的生均公共财政预算教育经费超过1万元,2016年上升为11725.33元,比2007年增长了4倍;而2016年生均预算公用经费支出4318.33元,比2007年提高了近10倍。

表4-9 农村非义务教育阶段生均公共财政预算教育经费支出比较(单位:元)

年份	幼儿园 农村	幼儿园 全国	普通高中 农村	普通高中 全国	职业高中 农村	职业高中 全国
2007	—	—	2115.18	2771.28	2338.84	3003.95
2008	—	—	2648.05	3338.44	3139.65	3832.87
2009	—	—	3078.1	3920.28	3521.38	4374.15
2010	—	—	3821.43	4781.78	3884.68	4855.8
2011	1409.11	2488.33	5032.77	6230.9	4937.78	6232.56
2012	2730.19	3911.11	6694.05	8105.86	7015.28	8088.56
2013	2758.27	4042.15	7704.90	8747.31	7550.68	9437.94
2014	2855.71	3914.79	7858.18	9296.99	8463.89	9663.67
2015	3620.02	4813.73	9177.67	11092.55	10427.21	11908.74
2016	4230.19	5627.33	10340.76	12600.53	11725.33	13640.37

资料来源:2008—2017年《中国教育经费统计年鉴》

表4-10 农村非义务教育阶段生均预算公用经费支出比较(单位:元)

年份	幼儿园 农村	幼儿园 全国	普通高中 农村	普通高中 全国	职业高中 农村	职业高中 全国
2007	—	—	316.97	509.96	395.62	562.95
2008	—	—	481.16	698.28	609.45	774.85
2009	—	—	543.08	831.59	710.73	993.68
2010	—	—	707.51	1071.78	911.73	1300.05
2011	512.28	808.27	1143.48	1687.54	1594.29	2087.28
2012	1488.97	1782.37	1854.24	2593.15	2793.58	3027.37
2013	1444.20	1792.52	2241.96	2742.01	2997.61	3660.59
2014	1136.32	1506.89	2306.00	2699.59	3438.45	3637.24
2015	1428.83	1857.08	2311.02	2923.09	4083.27	4344.84
2016	1553.62	2117.35	2514.31	3198.05	4318.33	4913.94

资料来源：2008—2017年《中国教育经费统计年鉴》

4.1.2 物力投入现状

教育物力资源是指用于教育领域的各种物质资料的总称，体现为教育教学活动中所需的各类物质基础，包括校舍、活动场地、教学仪器设备、图书资料等。物力投入是学校师生工作、学习的基本保证，也是财政教育投入的重要形式之一。

1. 全国义务教育物力投入情况

从全国的总体情况来看，中小学基本办学条件已经有了明显的改善。尤其是近年来，国家启动实施改善贫困地区义务教育薄弱学校基本办学条件工作，大大缩小了城乡、校际差距，奠定了义务教育均衡发展的坚实基础。全国共新建、改扩建校舍面积1.23亿平方米，室外运动场地1.12亿平方米，购置学生课桌椅2284万套、图书3.38亿册，义务教育学校布局进一步优化，农村学校教学条件整体提升。①

根据《2016年全国教育事业发展统计公报》，普通小学（含教学点）校舍建筑面积70964.49万平方米，比上年增加3612.45万平方米。设施设备配备达标的学校比例情况分别为：体育运动场（馆）面积达标学校比例75.00%，体育器械配备达标学校比例80.18%，音乐器材配备达标学校比例79.50%，美术器材配备达标学校比例79.47%，数学自然实验仪器达标学校比例79.84%。初中校舍建筑面积57827.20万平方米，比上年增加2785.13万

---

① 教育部.全面改善贫困地区义务教育薄弱学校基本办学条件工作专项督导报告[EB/OL]. http://www.moe.gov.cn/jyb_xwfb/gzdt_gzdt/s5987/201702/t20170215_296262.html，2017-02-15.

平方米。设施设备配备达标的学校比例情况分别为:体育运动场(馆)面积达标学校比例85.36%,体育器械配备达标学校比例89.60%,音乐器材配备达标学校比例88.88%,美术器材配备达标学校比例88.58%,理科实验仪器达标学校比例90.62%。[①]

表4-11 全国义务教育物力资源投入情况

年份	校舍面积（万米²）	教学用房面积（万米²）	图书（万册）	计算机数（万台）	教学仪器设备资产值（亿元）
2006	70168.8	38832.8	171106.0	499.4	399.2
2007	69373.0	38147.5	168709.7	524.5	389.0
2008	68818.3	37490.6	167753.6	550.4	403.5
2009	68979.7	37280.1	165319.8	583.3	441.1
2010	68944.5	36804.5	166472.1	614.2	455.4
2011	64321.8	33598.5	161525.3	647.1	609.0
2012	65409.2	34219.6	173160.0	718.6	699.7
2013	67878.4	35374.7	183001.8	804.4	855.4
2014	70495.5	36164.6	192407.0	907.7	1002.0
2015	72369.2	36851.6	201377.7	1003.6	1143.7
2016	75975.5	38022.3	214463.8	1132.8	1323.4

资料来源:根据2007—2017年《中国教育统计年鉴》相关数据整理、计算所得

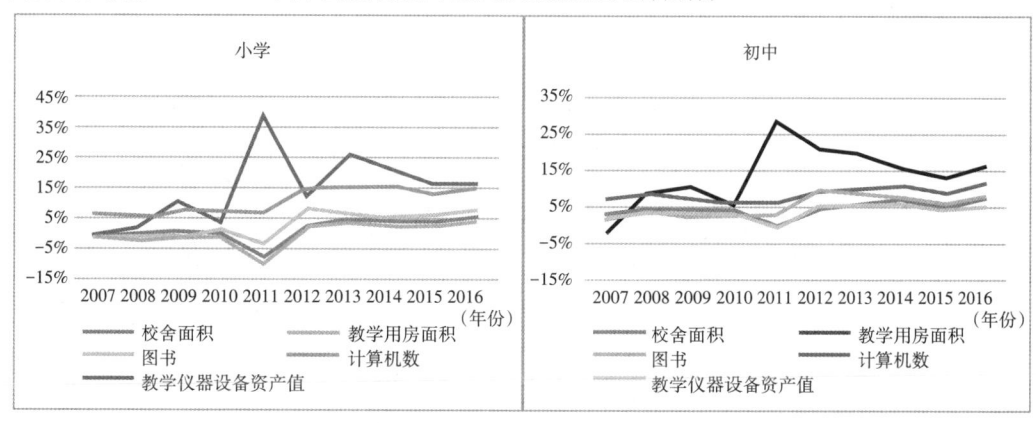

图4-9 全国小学和初中物力投入增长变化

由图4-9的全国小学和初中物力投入情况可以看出,2006—2016年,受学校布局调整政策的影响,全国小学和初中阶段的校舍面积投入总量和教学用房面积投入总量均在

[①] 教育部. 2016年全国教育事业发展统计公报[EB/OL]. http://www.moe.gov.cn/jyb_sjzl/sjzl_fztjgb/201707/t20170710_309042.html, 2017-07-10.

2011年达到最大降幅,但均在2012年又转为上升态势;图书的投入总量在小学和初中阶段在2011年及以前涨幅不大,但2012年至2016年均维持在4%至7%的涨幅;计算机的投入总量在小学和初中阶段一直处于上升趋势,且均在2014年增幅达到最大,分别为15.11%和9.15%;教学仪器设备资产值投入总量在小学和初中阶段均在2011年达到最大涨幅,涨幅分别为37.73%和28.07%,全国中小学教育信息化水平也得到了大幅提高。

2.城乡义务教育物力投入情况

表4-12　农村小学生均物力资源情况

年份	校舍面积（米²）	教学用房面积（米²）	图书（册）	计算机数（台）	教学仪器设备资产值（万元）
2006	5.745	3.525	13.133	0.026	0.019
2007	5.863	3.591	13.375	0.027	0.019
2008	5.999	3.649	13.735	0.029	0.020
2009	6.210	3.747	13.808	0.030	0.022
2010	6.388	3.822	14.471	0.030	0.025
2011	6.557	3.881	14.610	0.038	0.037
2012	7.154	4.194	16.718	0.048	0.037
2013	8.221	4.733	19.300	0.064	0.054
2014	8.708	4.885	20.429	0.079	0.071
2015	9.022	4.979	21.444	0.094	0.086
2016	9.473	5.120	22.753	0.114	0.107

资料来源:根据2007—2017年《中国教育统计年鉴》相关数据整理、计算所得

表4-13　农村初中生均物力资源情况

年份	校舍面积（米²）	教学用房面积（米²）	图书（册）	计算机数（台）	教学仪器设备资产值（万元）
2006	2.588	1.133	6.419	0.020	0.014
2007	2.638	1.148	6.484	0.022	0.013
2008	2.775	1.198	6.820	0.024	0.014
2009	2.942	1.245	7.048	0.023	0.016
2010	3.106	1.298	7.418	0.022	0.017
2011	2.963	1.208	7.299	0.026	0.019
2012	3.183	1.295	8.092	0.029	0.023

续表

年份	校舍面积（米²）	教学用房面积（米²）	图书（册）	计算机数（台）	教学仪器设备资产值（万元）
2013	3.584	1.437	9.120	0.033	0.031
2014	3.738	1.475	9.359	0.036	0.036
2015	3.870	1.508	9.477	0.039	0.041
2016	4.007	1.539	9.676	0.044	0.048

资料来源：根据2007—2017年《中国教育统计年鉴》相关数据整理、计算所得

为了改善农村中小学办学条件，缩小城乡教育差距，国家不断加大投入，实施了多项改善办学条件的"计划"与"工程"。例如，2004年启动了国家西部地区"两基"攻坚计划（2004—2007年），中央投入专项资金100亿元实施"农村寄宿制学校建设工程"；2003—2007年，中央和地方共同安排100亿元用于实施"农村中小学现代远程教育工程"；2006—2010年，中央投入110亿元实施"中西部农村初中校舍改造工程"；2009年全国中小学校舍安全工程正式启动，三年间中央共安排专项资金300亿元，带动各地统筹落实3000多亿元；自2011年起，教育部、财政部开始实施农村义务教育薄弱学校改造计划，目的是全面改善贫困地区薄弱学校基本办学条件，截至2017年8月底，中央财政已累计投入专项资金1336亿元，带动地方投入2500多亿元，全国新建、改扩建校舍面积1.65亿平方米，显著改善了贫困地区义务教育学校办学条件。[1]

从生均物力投入情况来看（如表4-12和4-13所示），2006—2016年农村小学和初中的各项物力资源的生均水平都有不同程度的提升，且小学的各项指标增长均高于初中。其中，增幅最大的是生均教学仪器设备资产值，年平均增幅分别为20.2%和13.8%，2011年农村小学增幅达50%。增幅最小的则是生均教学用房面积，小学和初中的年均增幅分别为3.9%和3.2%。由于农村学校布局调整，2011年农村初中生均校舍面积和生均教学用房面积还出现了下降，降幅分别为4.6%和6.9%。农村小学和初中的生均图书册数分别由2006年13.1册和6.4册上升为2016年22.8册和9.7册，年均增幅5.8%和4.3%；生均计算机台数分别由0.026台和0.020台增加到0.114台和0.044台，年均增幅16.5%和8.4%。

---

[1] 教育部.国务院教育督导委员会办公室组织开展2017年全面改善贫困地区义务教育薄弱学校基本办学条件专项督导工作[EB/OL]. http://www.moe.edu.cn/jyb_xwfb/gzdt_gzdt/s5987/201709/t20170904_313161.html, 2017-09-04.

表4-14 城镇小学生均物力资源情况

年份	校舍面积（米²）	教学用房面积（米²）	图书（册）	计算机数（台）	教学仪器设备资产值（万元）
2006	5.300	2.979	16.825	0.075	0.070
2007	5.297	2.952	16.654	0.077	0.067
2008	5.234	2.908	16.453	0.080	0.067
2009	5.374	2.995	17.198	0.096	0.075
2010	5.535	3.042	17.459	0.110	0.074
2011	5.219	2.801	17.106	0.087	0.083
2012	5.435	2.982	18.649	0.096	0.101
2013	5.700	3.179	19.815	0.105	0.122
2014	5.807	3.232	20.442	0.112	0.133
2015	5.865	3.267	21.180	0.119	0.146
2016	5.970	3.293	21.955	0.125	0.156

资料来源：根据2007—2017年《中国教育统计年鉴》相关数据整理、计算所得

表4-15 城镇初中生均物力资源情况

年份	校舍面积（米²）	教学用房面积（米²）	图书（册）	计算机数（台）	教学仪器设备资产值（万元）
2006	3.765	1.845	8.477	0.046	0.045
2007	3.920	1.888	8.658	0.047	0.043
2008	4.098	1.953	9.020	0.051	0.046
2009	4.308	2.091	9.432	0.064	0.051
2010	4.432	2.129	9.655	0.075	0.052
2011	4.610	2.153	10.688	0.061	0.062
2012	4.851	2.289	12.053	0.067	0.076
2013	5.083	2.420	13.209	0.072	0.089
2014	5.247	2.465	14.064	0.077	0.097
2015	5.250	2.468	14.532	0.079	0.103
2016	5.354	2.451	14.984	0.083	0.112

资料来源：根据2007—2017年《中国教育统计年鉴》相关数据整理、计算所得

2006—2016年城镇中小学的增长幅度虽明显不及农村，但所有指标在小学和初中阶

段均保持了总体上升趋势(如表4-14和4-15所示)。其中,城镇小学生均校舍面积和教学用房面积年均增幅分别为1.2%和1.1%,初中年均增幅分别为3.6%和2.9%;城镇小学生均图书册数、计算机台数和教学仪器设备资产值的年均增幅分别为2.8%、5.8%和8.7%,初中的年均增幅则分别为5.9%、6.7%和9.8%。显然,从物力投入的增幅来看,城镇的初中物力投入生均水平增长速度高于小学,并且其所有生均物力资源指标均高于农村初中,城乡差距尤为明显。相对而言,城乡小学物力投入水平差距略小,2016年农村生均校舍面积、生均教学用房面积和生均图书册数高于城镇小学,但生均计算机台数和教学仪器设备资产值仍低于城镇小学。

4.1.3 人力投入现状

教育人力资源是指用于教育领域的人力总称。包括教师、教育机构和学校管理人员、教学辅助人员、工勤人员等。其中最重要的是教师,是教育资源的重要组成部分,是教育首要的、能动的、起决定作用的因素。

1. 全国义务教育人力投入情况

截至2016年,全国各级各类学校专任教师1578万。学前教育223万人、高中阶段(含中等职业教育)258万人、高等教育(含高等职业教育)160万人、特殊教育5万人。义务教育阶段教师共928万人,占教师总数的58.9%,其中,小学教职工553.73万人,比上年增加4.79万人;专任教师578.91万人,比上年增加10.40万人。初中教职工399.75万人,比上年增加2.12万人;专任教师348.78万人,比上年增加1.22万人。[①]教师队伍建设取得历史性的成就,助推着我国从教育大国向教育强国迈进。

表4-16 全国义务教育人力资源投入情况(单位:万人)

年份	小学		初中	
	教职工数	专任教师数	教职工数	专任教师数
2006	612.00	558.76	—	346.35
2007	613.38	561.26	—	346.43
2008	613.29	562.19	—	346.90
2009	613.55	563.34	—	351.34
2010	610.98	561.71	—	352.34
2011	558.49	560.49	394.42	352.45
2012	553.85	558.55	393.91	350.44

---

① 教育部. 2016年全国教育事业发展统计公报[EB/OL]. http://www.moe.gov.cn/jyb_sjzl/sjzl_fztjgb/201707/t20170710_309042.html, 2017-07-10.

续表

年份	小学		初中	
	教职工数	专任教师数	教职工数	专任教师数
2013	549.49	558.46	392.88	348.10
2014	548.89	563.39	395.57	348.84
2015	548.94	568.51	397.63	347.56
2016	553.73	578.91	399.75	348.78

资料来源：2007—2017年《中国教育统计年鉴》

近年来，全国义务教育阶段教师资源配置情况得到较大改善。其中，小学生师比由2006年的19.17∶1降低到2016年17.12∶1，年均降幅1.11%；初中生师比由17.15∶1降低到12.41∶1，年均降幅3.17%。

与此同时，教师素质不断提高，高学历教师比例增加。根据表4-17可知，2016年小学专任教师学历合格率99.94%，比2006年提高1.07个百分点；初中专任教师学历合格率99.76%，比2006年提高3.42个百分点。其中，有93.65%的小学教师取得专科以上学历、82.47%的初中教师取得本科以上学历，分别比2006年高出31.58和41.37个百分点。

表4-17 全国义务教育人力资源投入情况

年份	小学			初中		
	生师比	专任教师学历合格率	高学历教师比例	生师比	专任教师学历合格率	高学历教师比例
2006	19.17	98.87%	62.07%	17.15	96.34%	41.10%
2007	18.82	99.10%	66.88%	16.52	97.19%	47.26%
2008	18.38	99.27%	70.88%	16.07	97.79%	53.22%
2009	17.88	99.40%	74.83%	15.47	98.29%	59.44%
2010	17.70	99.52%	78.29%	14.98	98.65%	64.05%
2011	17.71	99.72%	82.05%	14.38	98.91%	68.22%
2012	17.36	99.81%	84.91%	13.59	99.12%	71.63%
2013	16.76	99.83%	87.33%	12.76	99.28%	74.87%
2014	16.78	99.88%	89.84%	12.57	99.53%	77.89%
2015	17.05	99.91%	91.89%	12.41	99.66%	80.23%
2016	17.12	99.94%	93.65%	12.41	99.76%	82.47%

资料来源：根据2007—2017年《中国教育统计年鉴》相关数据整理、计算所得

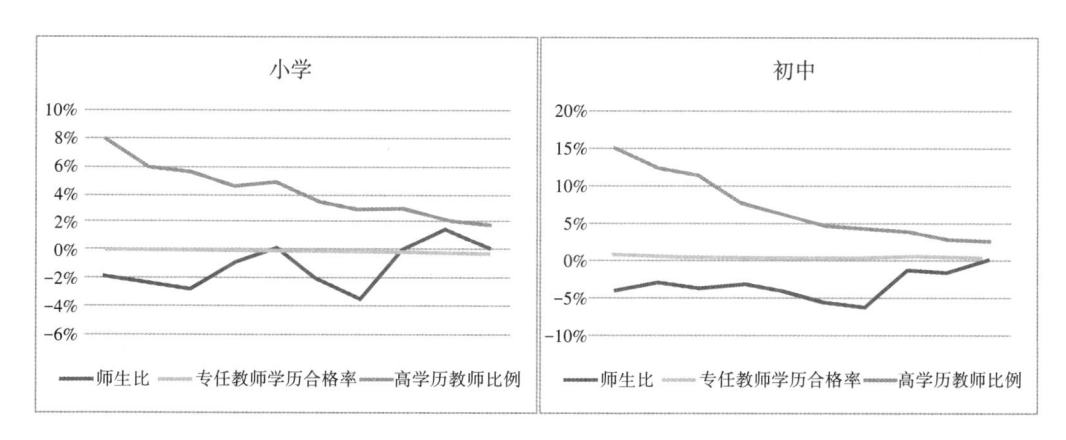

图4-10 全国小学和初中人力资源投入增长变化

2.城乡义务教育人力投入情况

从表4-18可以看出,2006—2016年城镇中小学教师配置和教师学历情况不断改善和提高。小学阶段生师比由19.52∶1下降至18.41∶1,年均下降0.58个百分点;初中阶段生师比由17.89∶1持续下降至12.72∶1,年均降幅达3.34个百分点。小学专任教师学历合格率从2006年99.61%上升到2016年99.97%,专任教师中高学历教师所占比重持续提高,2016年专科及以上学历教师占教师总数的96.03%,较2006年的76.47%提高了近20个百分点;初中专任教师学历合格率从2006年的97.52%上升到了2016年99.80%,2016年本科及以上学历教师占教师总数的84.01%,比2006年49.61%提高了34.4个百分点。

表4-18 城镇义务教育人力资源投入情况

年份	小学 生师比	小学 专任教师学历合格率	小学 高学历教师比例	初中 生师比	初中 专任教师学历合格率	初中 高学历教师比例
2006	19.52	99.61%	76.47%	17.89	97.52%	49.61%
2007	19.50	99.69%	79.72%	16.84	98.00%	54.88%
2008	19.29	99.75%	82.65%	16.54	98.38%	60.11%
2009	18.90	99.81%	85.54%	15.98	98.75%	65.50%
2010	18.92	99.84%	87.66%	15.50	98.99%	69.27%
2011	18.54	99.87%	88.44%	14.63	99.10%	71.27%
2012	18.39	99.92%	90.35%	13.92	99.26%	74.23%
2013	18.14	99.93%	91.96%	13.18	99.41%	77.21%
2014	18.20	99.95%	93.59%	12.97	99.61%	79.95%
2015	18.43	99.96%	94.91%	12.75	99.71%	81.98%
2016	18.41	99.97%	96.03%	12.72	99.80%	84.01%

资料来源:根据2007—2017年《中国教育统计年鉴》相关数据整理、计算所得

目前,大部分农村学校在办学条件等硬件方面基本实现了义务教育公共服务均等化目标,但是教育质量差距仍然明显,而教育质量的差距归根到底还是师资力量的差距。因此,国家先后出台了一系列政策措施,不断加强农村教师队伍建设。

一是免费师范生政策。截至2016年,教育部6所部属师范大学累计招收9.4万多名免费师范生,已有6.3万多名毕业生走上教师岗位,其中90.5%以上到中西部任教。同时,全国28个省份实行了地方师范生免费教育,每年培养约有4.1万人。

二是"特岗计划"(农村义务教育阶段学校教师特设岗位计划)。截至2016年,中央财政累计投入资金217.9亿多元,在国家层面招聘农村特岗教师28万名,同时也示范引领了14个省份实施地方的特岗计划,补充了大批农村教师。

三是"国培计划"(中小学教师国家级培训计划)。截至2016年,中央财政累计投入资金117亿元,完成对640多万名中西部农村教师的一轮培训,进一步提高了农村教师队伍整体素质。

尤其是2015年国务院办公厅颁布实施《乡村教师支持计划(2015—2020年)》以来,乡村教师队伍建设进入了全面提质增速的新阶段。

由表4-19可知,2006—2016年农村义务教育学校的生师比低于城镇学校,小学生师比由18.96:1下降至14.64:1,年均下降2.52个百分点;初中生师比由17.10:1持续下降至10.98:1,年均降幅达4.28个百分点。与此同时,农村中小学专任教师学历改善情况优于城镇,城乡差距进一步缩小。2016年,农村小学和初中专任教师学历合格率为99.87%和99.57%,比2006年分别提高了1.44和4.78个百分点,城乡差距为0.1和0.23个百分点;农村小学和初中高学历教师比例为89.06%和75.19%,比2006年分别提高35.46和45.22个百分点,城乡差距为14.88和13.69个百分点。

表4-19 农村义务教育人力资源投入情况

年份	小学			初中		
	生师比	专任教师学历合格率	高学历教师比例	生师比	专任教师学历合格率	高学历教师比例
2006	18.96	98.43%	53.61%	17.10	94.80%	29.97%
2007	18.38	98.72%	58.53%	16.14	95.98%	35.97%
2008	17.75	98.93%	62.82%	15.41	96.87%	42.33%
2009	17.15	99.12%	67.25%	14.67	97.52%	49.39%
2010	16.77	99.28%	71.15%	14.12	98.66%	55.16%
2011	16.64	99.52%	73.78%	13.58	98.32%	58.72%

续表

年份	小学			初中		
	生师比	专任教师学历合格率	高学历教师比例	生师比	专任教师学历合格率	高学历教师比例
2012	15.88	99.65%	77.13%	12.46	98.63%	62.59%
2013	14.63	99.67%	80.20%	11.14	98.82%	66.06%
2014	14.41	99.76%	83.59%	10.93	99.18%	69.46%
2015	14.57	99.82%	86.48%	10.89	99.42%	72.57%
2016	14.64	99.87%	89.06%	10.98	99.57%	75.19%

资料来源：根据2007—2017年《中国教育统计年鉴》相关数据整理、计算所得

4.2 城乡财政教育投入的充足、公平和效率评价

美国著名教育学者本森（Charles Benson）认为，教育财政体制的好坏一般有三个评价标准：教育经费的供给是否充足、教育资源的配置是否公平和教育资源的配置是否有效率[124]。据此，本部分将从充足性、公平性和效率性三个维度对我国城乡财政教育投入的绩效进行评价。

4.2.1 财政教育投入充足性评价

充足的教育资源是教育事业发展的基础和保证，充分满足整个教育教学活动对人力、物力和财力资源的需求，才能培养出更多的高素质的各类专业人才。在判断教育投入是否充足的同时通常与一定的教育目标联系，如一定的教育服务或者一定的教育成果、效益。如果教育资源投入能够实现既定的教育目标，则认为教育投入应当是充足的。因此，教育投入的充足性通常是指为满足特定的教育需求目标而按照一定标准设立的最低投入水平。财政教育投入的充足性作为衡量政府教育投入努力程度的标准之一，不仅可以对财政教育投入保障机制进行综合评价和判断，也可以为未来教育财政制度的改革与设计提供具有一定参考价值的量化标准。

1. 研究方法

教育投入的充足关键在于教育经费的充足，在国内外的研究中，实际上主要是对教育经费充足性的研究。衡量教育经费充足性的角度和指标很多，如联合国教科文组织（UNESCO）和世界银行，以及经济合作与发展组织（OECD）国家对教育经费充足的测度方

法，一般采用教育成就指标来描述教育经费的充足程度，认为更充足的教育经费必然会带来更好的教育成就，包括较高的入学率、毛入学率，以及较低的性别差异等。本森认为，教育经费的增长能满足义务教育支出成本的变化即为充足。Clune则认为，公共财政为公共教育所提供的财政资源，足够令每一个学生都能达到政府规定的学生最低达标成绩或者其他一些特定的教育结果，才能算是充足的。邬志辉将教育投入与教育效果联系起来给出了教育经费充足的标准，即使得每一个普通学生都能够享受到规定标准的教育服务，同时为特殊需要的学生提供额外需要的教育经费，使之能够享受到特殊规定标准的教育服务，同时指出义务教育财政充足是义务教育经费充足的必要条件。

总的来说，在判断教育投入是否充足时通常都要与一定的教育目标相联系，例如满足一定的教育服务需求目标或者是取得一定的教育成果、效益目标。如果教育资源投入后能够实现既定的目标，那么就可以认为教育投入应当是充足的。故而对于城乡一体化的财政教育投入充足性的评价与考察，就必须与城乡教育一体化这一特定目标相联系，能够满足该目标的投入水平才能视为财政教育投入充足。因此，在衡量财政教育投入的充足性时，理论上应该首先按照城乡教育一体化发展的需要来确定最低投入标准，然后将现实的财政教育投入水平与相应的标准进行比较，以此作为评价依据。但是，缩小城乡教育差距，实现城乡一体化，并不是削峰填谷、城乡一样化，而应是造峰抬谷，实现城镇教育与农村教育的共同发展。

有鉴于此，本研究认为，在我国城乡财政教育投入充足性评价中可以充分借鉴与参考一些发达国家的教育投入经验，通过与各国相关指标的横向比较来衡量我国城镇与农村教育投入的充足程度。横向比较法，也称国际比较法，该方法的理论依据是，尽管各国的社会制度、经济发展水平，以及经济结构、教育结构不同，但教育发展离不开充足的教育投入这一规律在任何国家的任何时期都会发生作用，将充足的教育资源用于每一名学生的教育、培训，才能使其最终成为合格的劳动者或者专门人才。所以，本文研究的具体方法是：首先选取OECD国家的生均公共教育支出和生均公共教育支出占人均GDP比重两个指标，然后作为我国财政教育投入充足性的衡量标准，以此评价我国财政教育投入的充足程度。

2. 充足性评价

（1）研究指标与数据的选取

本研究选取2016年全国30个省份（西藏数据不全未选入）的普通小学和普通初中生均预算教育经费支出、生均预算教育经费指数（生均预算教育经费支出占人均GDP的比重）作为评价指标，并以2013年OECD主要国家生均公共教育支出和生均教育经费指数的平均水平作为基准,估算我国各地区义务教育阶段生均预算教育经费支出的缺口,以此衡量与评价我国财政教育投入的充足性。

(2)实证结果评价

表4-20 2013年主要OECD国家小学、初中教育投入情况

指标	类别	澳大利亚	法国	德国	日本	瑞士	英国	美国	OECD平均
生均公共教育支出(美元)	小学	8289	7201	8103	8748	10664	10669	10959	8477
	初中	11431	9947	9967	10084	11306	13092	11947	9980
生均教育经费指数(%)	小学	18	18	18	24	24	27	21	22
	初中	24	25	23	28	25	34	23	26

资源来源:OECD数据库。注:生均教育经费指数=生均公共教育支出/人均GDP*100%。

通过对2013年美国、英国、德国、法国等几个主要OECD国家的小学和初中生均公共教育经费支出的平均(如表4-20所示),以此基础作为我国小学和初中的教育投入充足性标准。

表4-21 我国普通小学、初中财政教育投入情况

省份	生均预算教育经费支出(美元) 小学	初中	生均预算教育经费指数(%) 小学	初中
北京	4046.67	7192.35	22.55	40.08
天津	2752.72	4606.66	15.89	26.60
河北	1103.16	1601.05	17.02	24.70
山西	1427.10	1860.99	26.68	34.79
内蒙古	1991.29	2491.28	18.35	22.96
辽宁	1470.16	2070.29	19.23	27.07
吉林	1980.20	2548.37	24.42	31.42
黑龙江	2142.78	2362.22	35.20	38.81
上海	3337.09	4594.66	19.02	26.18
江苏	1883.44	3203.29	12.91	21.96
浙江	1967.06	2861.16	15.39	22.38
安徽	1300.81	1899.88	21.84	31.90
福建	1459.92	2247.61	12.98	19.98
江西	1222.45	1626.54	20.10	26.74
山东	1325.57	2210.96	12.81	21.37

续表

省份	生均预算教育经费支出(美元) 小学	生均预算教育经费支出(美元) 初中	生均预算教育经费指数(%) 小学	生均预算教育经费指数(%) 初中
河南	770.79	1197.31	12.03	18.68
湖北	1517.05	2600.30	18.10	31.03
湖南	1193.67	1807.76	17.09	25.89
广东	1540.96	2136.55	13.83	19.17
广西	1183.56	1480.44	20.67	25.86
海南	1719.40	2213.86	25.75	33.16
重庆	1428.54	1909.37	16.22	21.68
四川	1377.08	1850.52	22.87	30.73
贵州	1465.71	1553.39	29.28	31.04
云南	1356.15	1649.65	28.97	35.24
陕西	1713.25	2157.30	22.31	28.09
甘肃	1583.02	1791.34	38.04	43.04
青海	2081.10	2519.21	31.76	38.44
宁夏	1335.69	1827.72	18.80	25.72
新疆	1891.14	2741.98	30.97	44.90

资源来源：根据2017年《中国统计年鉴》《中国教育经费统计年鉴》计算所得。注：按2016年平均汇率6.6423将人民币折算为美元。

表4-22 我国农村小学、初中财政教育投入情况

省份	生均预算教育经费支出(美元) 小学	生均预算教育经费支出(美元) 初中	生均预算教育经费指数(%) 小学	生均预算教育经费指数(%) 初中
北京	4715.86	9044.54	26.28	50.40
天津	2197.85	3713.70	12.69	21.44
河北	1089.57	1502.28	16.81	23.17
山西	1623.02	1920.39	30.34	35.90
内蒙古	2323.02	2624.79	21.41	24.19
辽宁	1585.29	1856.06	20.73	24.27
吉林	2181.37	2747.18	26.90	33.87
黑龙江	2518.80	2532.22	41.38	41.60
上海	3127.40	4238.79	17.82	24.15

续表

省份	生均预算教育经费支出(美元) 小学	生均预算教育经费支出(美元) 初中	生均预算教育经费指数(%) 小学	生均预算教育经费指数(%) 初中
江苏	1772.52	3093.58	12.15	21.21
浙江	2000.25	2841.02	15.65	22.22
安徽	1333.32	1977.03	22.39	33.19
福建	1485.63	2343.31	13.21	20.83
江西	1243.70	1599.64	20.45	26.30
山东	1266.45	2186.72	12.24	21.13
河南	759.85	1156.89	11.85	18.05
湖北	1496.15	2553.53	17.85	30.47
湖南	1132.35	1760.50	16.22	25.21
广东	1396.55	1818.56	12.53	16.32
广西	1176.48	1381.64	20.55	24.13
海南	1932.64	2393.60	28.95	35.85
重庆	1424.15	1864.63	16.17	21.17
四川	1413.19	1857.63	23.47	30.85
贵州	1484.12	1515.19	29.65	30.27
云南	1358.33	1582.66	29.02	33.81
陕西	1860.28	2228.02	24.22	29.01
甘肃	1679.25	1826.57	40.35	43.89
青海	2263.71	2614.40	34.54	39.89
宁夏	1360.42	1774.42	19.15	24.97
新疆	1859.91	2523.87	30.46	41.33

资源来源:根据2017年《中国统计年鉴》《中国教育经费统计年鉴》计算所得。注:按2016年平均汇率6.6423将人民币折算为美元。

表4-21和表4-22为2016年我国小学及初中生均预算教育经费支出和生均预算教育经费指数。从表中可以看出,全国普通小学和普通初中的财政投入水平与经济发展水平有着密切的联系。例如,人均GDP最高的北京、上海和天津,其小学和初中的生均预算教育经费支出也排名前3位。显然,经济越发达的地区,地方政府实力越强,对城乡教育投入就可以越大。农村中小学财政投入水平则与地区经济发展水平的联系不如城镇密切。

为了进一步衡量和评价我国城乡财政教育投入的充足性,我们通过横向比较,分别将我国小学和初中教育投入指标与OECD平均水平做差值计算,得到以下结果(见表4-23、4-24)。

表4-23 我国普通小学、初中财政教育投入与OECD平均水平比较

省份	生均预算教育经费支出差额(美元) 小学	生均预算教育经费支出差额(美元) 初中	生均预算教育经费指数差额(%) 小学	生均预算教育经费指数差额(%) 初中
北京	-4430.33	-2787.65	0.55	14.08
天津	-5724.28	-5373.34	-6.11	0.60
河北	-7373.84	-8378.95	-4.98	-1.30
山西	-7049.90	-8119.01	4.68	8.79
内蒙古	-6485.71	-7488.72	-3.65	-3.04
辽宁	-7006.84	-7909.71	-2.77	1.07
吉林	-6496.80	-7431.63	2.42	5.42
黑龙江	-6334.22	-7617.78	13.20	12.81
上海	-5139.91	-5385.34	-2.98	0.18
江苏	-6593.56	-6776.71	-9.09	-4.04
浙江	-6509.94	-7118.84	-6.61	-3.62
安徽	-7176.19	-8080.12	-0.16	5.90
福建	-7017.08	-7732.39	-9.02	-6.02
江西	-7254.55	-8353.46	-1.90	0.74
山东	-7151.43	-7769.04	-9.19	-4.63
河南	-7706.21	-8782.69	-9.97	-7.32
湖北	-6959.95	-7379.70	-3.90	5.03
湖南	-7283.33	-8172.24	-4.91	-0.11
广东	-6936.04	-7843.45	-8.17	-6.83
广西	-7293.44	-8499.56	-1.33	-0.14
海南	-6757.60	-7766.14	3.75	7.16
重庆	-7048.46	-8070.63	-5.78	-4.32
四川	-7099.92	-8129.48	0.87	4.73
贵州	-7011.29	-8426.61	7.28	5.04
云南	-7120.85	-8330.35	6.97	9.24
陕西	-6763.75	-7822.70	0.31	2.09

续表

省份	生均预算教育经费支出差额(美元)		生均预算教育经费指数差额(%)	
	小学	初中	小学	初中
甘肃	-6893.98	-8188.66	16.04	17.04
青海	-6395.90	-7460.79	9.76	12.44
宁夏	-7141.31	-8152.28	-3.20	-0.28
新疆	-6585.86	-7238.02	8.97	18.90
平均值	-6758.08	-7552.87	-0.63	2.99

资料来源：根据表4-20和表4-22计算所得。

表4-24 我国农村小学、初中财政教育投入与OECD平均水平比较

省份	生均预算教育经费支出差额(美元)		生均预算教育经费指数差额(%)	
	小学	初中	小学	初中
北京	-3761.14	-935.46	4.28	24.40
天津	-6279.15	-6266.30	-9.31	-4.56
河北	-7387.43	-8477.72	-5.19	-2.83
山西	-6853.98	-8059.61	8.34	9.90
内蒙古	-6153.98	-7355.21	-0.59	-1.81
辽宁	-6891.71	-8123.94	-1.27	-1.73
吉林	-6295.63	-7232.82	4.90	7.87
黑龙江	-5958.20	-7447.78	19.38	15.60
上海	-5349.60	-5741.21	-4.18	-1.85
江苏	-6704.48	-6886.42	-9.85	-4.79
浙江	-6476.75	-7138.98	-6.35	-3.78
安徽	-7143.68	-8002.97	0.39	7.19
福建	-6991.37	-7636.69	-8.79	-5.17
江西	-7233.30	-8380.36	-1.55	0.30
山东	-7210.55	-7793.28	-9.76	-4.87
河南	-7717.15	-8823.11	-10.15	-7.95
湖北	-6980.85	-7426.47	-4.15	4.47
湖南	-7344.65	-8219.50	-5.78	-0.79

续表

省份	生均预算教育经费支出差额(美元) 小学	生均预算教育经费支出差额(美元) 初中	生均预算教育经费指数差额(%) 小学	生均预算教育经费指数差额(%) 初中
广东	-7080.45	-8161.44	-9.47	-9.68
广西	-7300.52	-8598.36	-1.45	-1.87
海南	-6544.36	-7586.40	6.95	9.85
重庆	-7052.85	-8115.37	-5.83	-4.83
四川	-7063.81	-8122.37	1.47	4.85
贵州	-6992.88	-8464.81	7.65	4.27
云南	-7118.67	-8397.34	7.02	7.81
陕西	-6616.72	-7751.98	2.22	3.01
甘肃	-6797.75	-8153.43	18.35	17.89
青海	-6213.29	-7365.60	12.54	13.89
宁夏	-7116.58	-8205.58	-2.85	-1.03
新疆	-6617.09	-7456.13	8.46	15.33
平均值	-6708.29	-7544.22	0.18	2.97

资料来源：根据表4-21和表4-22计算所得

由表4-23可以看出，全国普通小学与初中的生均预算教育经费支出均低于世界OECD平均水平。全国普通小学与OECD国家小学的平均差额达到了6758.08美元，其中，差距最小的是北京，差额也有4430.33美元，而差距最大的河南，差额则达到了7706.21美元。普通初中与OECD国家初中的差距更大，平均差额达7552.87美元，其中，差距最小和最大的仍分别是北京和河南，差额最小2787.65美元，差额最大8782.69美元。在综合了地区经济发展水平后的生均预算教育经费指数方面，普通小学生均预算教育经费指数的平均值低于OECD平均水平0.63个百分点，但全国共有12个省份的普通小学超过OECD水平，其中，指数最高的甘肃超出16.04个百分点。普通初中生均预算教育经费指数比OECD国家初中平均高出2.99个百分点，全国共有18个省份均超过OECD水平，其中新疆高出18.90个百分点。

表4-24是我国农村小学、初中财政教育投入与OECD国家平均水平之间的比较，可以看出，我国农村中小学财政教育投入的充足程度略好于全国平均水平，这应该利益于政府为缩小城乡差距，不断加大农村教育投入的扶持政策。但是，农村小学和初中的生均预算教育经费支出同样远远低于OECD国家的平均水平。农村小学生均预算教育经费支出

平均差额为6708.29美元,其中,差距最小的也是北京,差额为3761.14美元,差距最大的河南则为7717.15美元。农村初中平均差额为7544.22美元,其中,差距最小和最大的仍分别是北京和河南,差额最小935.46美元,差额最大8823.11美元。农村小学和初中生均预算教育经费指数表现较好,农村小学平均高出OECD国家0.18个百分点,全国有13个省份的指数超过OECD水平;其中,黑龙江高出19.38个百分点,农村初中平均高出OECD国家2.97个百分点,全国有15个省份超过OECD水平,其中,北京高出24.40个百分点。

综上所述,通过以主要OECD国家生均公共教育支出平均水平为标准进行的充足性评价可以发现,我国财政教育投入存在严重的不足,生均教育经费远远低于发达国家水平,教育投入不足必将制约城乡教育的发展;虽然生均教育经费指数的表现较好,但是由于我国人均GDP远低于这些发达国家,且各地区人均GDP差异明显,因此表现良好的生均指数却恰恰反映出我国财政教育投入水平较低,且地区差异明显。为了推动城乡教育一体化目标的实现,必须进一步加大财政教育投入,保证教育经费的充足。

4.2.2 财政教育投入公平性评价

教育公平是现代教育追求的一个核心目标,也是整个社会的公平价值在教育领域的体现和延伸。一般将教育公平分为起点公平、过程公平和结果公平。起点公平为受教育者权利和受教育机会公平,是教育公平的前提;过程公平为教育资源配置公平,是教育公平的条件和保证;结果公平为教育质量公平,是教育公平的目标。而随着2006年新《义务教育法》实施和2011年全面实现"两基"目标,我们有理由认为,法律赋予的教育权利相同和上学机会相同的目标已基本实现,也就是说当前我国教育公平的重点应该是实现过程公平,即教育资源公平分配。

因此,本研究对于城乡一体化财政教育投入公平性的考察核心在于城乡教育资源是否公平配置,通过分析财政教育投入的地区分布差异和城乡分布差异来判断公平性。

1.研究方法

差异分析的指标一般分为两类:绝对差异指标和相对差异指标。绝对差异指标是指变量值偏离参照值的绝对量,而相对差异指标是某变量值偏离参照值的相对量。本研究主要选择了以下指标来分析城乡之间和地区之间教育投入差异。

(1)相对比率:用于直观地反映各年份城乡之间教育投入的相对差异,其计算公式为

$$R = Y_u / Y_r$$

式中,R为相对比率,Y_u为城镇教育投入指标,Y_r为农村教育投入指标。

(2)偏离度:用于反映各地区农村教育投入水平与城镇教育投入水平的偏离程度,当偏离度为0时,是绝对公平,偏离度越大,就越不公平。其计算公式为

$$A = |Y_u - Y_r|/Y_r$$

式中,A 为偏离度,Y_u 为城镇教育投入指标,Y_r 为农村教育投入指标。

(3)极差:用于反映各地区教育投入水平指标的最大值和最小值之间的绝对差异,反映的是绝对差异的极端情况,其计算公式为

$$R = Y_{max} - Y_{min}$$

式中,R 为极差,Y_{max} 为教育投入指标的最大值,Y_{min} 为教育投入的最小值。

(4)极差率:用于反映相对差异,与极差相结合,可以全面反映各地区教育投入差异的极端情况,当极差率等于1时,是绝对公平,极差率越大就越不公平。其计算公式为

$$I = Y_{max}/Y_{min}$$

式中,I 为极差率,Y_{max} 为教育投入指标的最大值,Y_{min} 为教育投入的最小值。

(5)变异系数:用于反映各地区教育投入的校对差异,其计算公式为

$$V = \sqrt{\frac{\sum_j (Y_j - \bar{Y})^2}{N}} \Big/ \bar{Y} \quad (j = 1, 2, \cdots, N)$$

式中,V 是变异系数,Y_j 为某一地区教育投入指标,$\bar{Y}$ 为各地区教育投入指标的均值,N 为地区个数。

(6)洛伦兹曲线:用于直观地反映各地区教育投入指标的集中或分散程度。一般来说,洛伦兹曲线的弯曲程度可以反映教育部投入的不平等程度,弯曲程度越大,越不公平。洛伦兹曲线横轴表示按教育投入指标值由小到达排列的区域个数累计百分率,纵轴表示与地区排列相对应的各地区教育投入指标值的累计百分率。

2.公平性评价

(1)研究指标与数据选取

本研究在对城乡一体化教育投入公平性分析时,主要选择城镇普通小学、普通初中以及农村小学、普通初中的生均教育经费支出和生均预算内教育经费支出作为研究指标。通过对城镇与农村之间、地区之间的生均教育经费的比较分析,可以获得城乡之间、地区之间的教育投入差异程度,用于评价教育城乡一体化背景下的教育投入的公平性。

研究选用了2006—2016年我国大陆30个省份(除西藏外)的生均教育经费支出和生均预算内教育经费支出的数据。

(2)实证结果分析

①相对比率法、偏离系数法

首先运用相对比率法、偏离系数法对2006—2016年全国城镇与乡村生均教育经费支出之间的差异进行比较,以直观地反映全国城乡间教育投入公平性的基本状况。计算结

果如表4-25所示。

表4-25 城乡生均教育经费支出差异比较

年份	初中				小学			
	城镇/元	农村/元	相对比率	偏离度	城镇/元	农村/元	相对比率	偏离度
2006	3032.09	2190.33	1.38	0.38	2575.26	1846.71	1.39	0.39
2007	3938.60	2926.58	1.35	0.35	3168.38	2463.72	1.29	0.29
2008	4841.21	4005.82	1.21	0.21	3804.39	3116.82	1.22	0.22
2009	5863.84	5023.54	1.17	0.17	4593.05	3842.28	1.20	0.20
2010	6860.31	5874.07	1.17	0.17	5364.30	4560.33	1.18	0.18
2011	8399.39	7439.43	1.13	0.13	6393.90	5719.00	1.12	0.12
2012	10383.79	9581.89	1.08	0.08	7634.71	7132.70	1.07	0.07
2013	11564.64	10996.02	1.05	0.05	8531.20	8152.16	1.05	0.05
2014	13080.05	11499.04	1.14	0.14	9710.98	8845.37	1.10	0.10
2015	14755.38	13082.53	1.13	0.13	10713.40	9909.21	1.08	0.08
2016	16301.47	14391.64	1.13	0.13	11657.22	10766.04	1.08	0.08

资料来源：根据2007—2017年《中国教育经费统计年鉴》相关数据整理、计算所得

从表4-25的相对比率和偏离度可以看出，2006—2016年，城乡小学和初中的生均教育经费存在一定的差距，但是整体差距在不断缩小。城镇与农村小学生均教育经费的相对比率平均为1.16，最高为1.39；初中平均为1.18，最高为1.38。小学和初中的变化趋势基本相同，生均教育经费的城乡差异从2006年起持续减小，到2013年至城乡基本相等，但2014年以后城乡生均教育经费差距又有所扩大。

②极差、极差率、变异系数和麦克伦指数法

以下分别运用极差、变异系数、麦克伦指数法对2006—2016年我国大陆30个省份（除西藏外）的农村普通初中和普通小学，城镇普通初中和普通小学生均教育经费支出进行了分析，计算结果如表4-26和表4-27。

表4-26 农村生均教育经费支出差异比较

年份	初中 极差	初中 变异系数	初中 麦克伦指数	小学 极差	小学 变异系数	小学 麦克伦指数
2006	11364.27	0.75	0.79	8492.94	0.85	0.59
2007	16489.15	0.71	0.80	10593.61	0.84	0.62
2008	19300.83	0.67	0.85	12888.60	0.83	0.64
2009	22931.53	0.69	0.92	15390.19	0.80	0.60
2010	31772.18	0.67	0.95	20316.13	0.81	0.60
2011	43007.84	0.63	0.96	24091.16	0.78	0.60
2012	45138.88	0.63	0.80	24246.50	0.72	0.62
2013	57285.72	0.68	0.87	27671.88	0.72	0.64
2014	56214.81	0.73	0.84	31841.56	0.72	0.65
2015	61263.27	0.73	0.79	30009.91	0.67	0.70
2016	76964.39	0.72	0.77	38009.08	0.72	0.76

资料来源:根据2007—2017年《中国教育经费统计年鉴》相关数据整理、计算所得

从表4-26计算的极差上看,2006—2016年各地区农村教育经费支出的总量差异在不断增加,2006年农村初中和小学生均教育经费最多的省市和最少的省市之间分别相差11364.27元、8492.94元,而到了2016年,这一差距扩大到76964.39元和38009.08元,差距扩大5.8倍和3.5倍,农村初中生均教育经费差距明显高于农村小学。从变异系数和麦克伦指数看,2006年到2011年农村初中生均教育经费差异的变化较为理想,不仅总体差距在缩小(变异系数减小),且中位数以下50%区域的局部差距也在缩小(麦克伦指数变大),但2012年以后差距又有所扩大(变异系数扩大、麦克伦指数减小)。农村小学生均教育经费差距缩小的趋势较为明显,变异系数从2006年0.85持续下降至2015年0.67,说明总体差距不断缩小;麦克伦指数从2006年0.59上升至2006年0.76,说明局部差距缩小,但2016年农村小学生均教育经费的地区差距又有所扩大。

表4-27 城镇生均教育经费支出差异比较

年份	初中 极差	初中 变异系数	初中 麦克伦指数	小学 极差	小学 变异系数	小学 麦克伦指数
2006	12035.00	0.88	0.68	10186.30	0.85	0.65
2007	14578.82	0.86	0.69	11808.64	0.83	0.66
2008	16545.47	0.81	0.72	13637.65	0.82	0.68
2009	19602.10	0.80	0.76	14960.31	0.80	0.71
2010	26554.38	0.82	0.75	16507.52	0.79	0.66
2011	32386.94	0.81	0.70	21206.14	0.79	0.66
2012	34990.90	0.77	0.71	22651.21	0.74	0.67
2013	40886.53	0.78	0.73	26545.55	0.74	0.70
2014	48231.53	0.78	0.75	28903.05	0.72	0.72
2015	48927.11	0.75	0.78	27374.56	0.66	0.76
2016	55956.96	0.76	0.76	31005.94	0.69	0.74

资料来源：根据2007—2017年《中国教育经费统计年鉴》相关数据整理、计算所得

根据表4-27的极差来看，2006—2016年城镇生均教育经费支出的地区差异在不断增加，2006年城镇初中和小学生均教育经费最多的省市和最少的省市之间分别相差12035.00元、10186.30元，而到了2016年，差距扩大了3.6倍和2.0倍，达到55956.96元和31005.94元，城镇初中生均教育经费差距明显高于城镇小学。从变异系数和麦克伦指数看，城镇初中生均教育经费差异从2006年到2016年有所下降，但总体差异和局部差异的波动均较大。城镇小学生均教育经费差距的变化趋势则与农村小学相似，2006—2015年变异系数持续下降，仅在2016年有所上升，说明总体差距不断缩小；麦克伦指数在2010年和2016年较上年有所下降，总体上局部差距在缩小。

③洛伦兹曲线

根据上述指标分析可知，我国教育投入的不均衡不仅表现为城乡教育投入的不均衡，地区教育投入的不均衡已经成为影响教育公平的更大的障碍。基于进一步准确分析地区教育投入不均衡程度的需要，本研究引入洛伦兹曲线进行分析。

2016年农村小学和初中以及城镇小学和初中生均教育经费支出的洛伦兹曲线如图4-11所示。从洛伦兹曲线可以看出，相对于绝对平等线，曲线均存在一定程度的弯曲，说明2016年农村初中、农村小学、城镇初中、城镇小学生均教育经费支出都存在明显的地区

差异,并且无论是农村初中还是城镇初中的洛伦兹曲线弯曲程度均超过农村小学和城镇小学,说明初中生均教育经费支出的地区差异大于小学的地区差异。

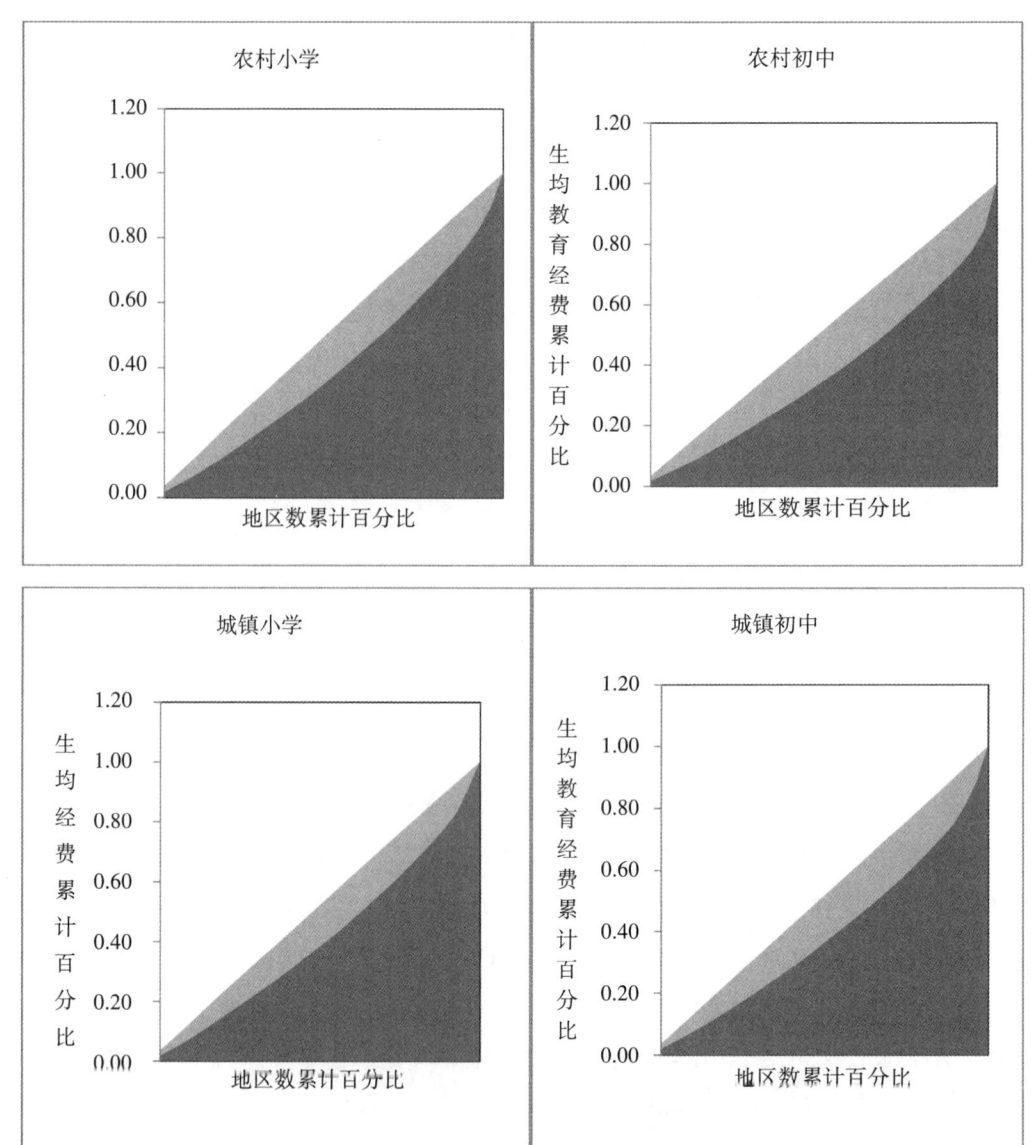

图4-11 农村、城镇的小学和初中生均教育经费的洛伦兹曲线(2016年)

综合上述的各个指标分析表明,近年来,随着国家城乡教育一体化战略的实施,我国城乡间财政教育投入的差距不断缩小,教育发展不均衡的现象得到了极大的改善。但是,城乡教育发展不均衡的局面并未完全扭转,教育投入的不公平在城乡之间以及地区之间仍有所体现。因此,如何保障财政教育投入的公平性,促进城乡教育均衡发展成为当前迫切需要解决的问题。

4.2.3 财政教育投入效率性评价

效率是实现经济活动的根本准则。教育投入效率,也可称为教育投资效率,教育内部效率等,是指教育投入与产出的比例关系。从经济学意义上看,教育过程类似于生产过程需要资源的投入、使用和产出。教育的投入体现为教育过程所需的人力、物力和财力等各种资源,教育的产出则体现为教育过程所培养出来的一定数量和质量的学生。因此教育的效率性可以用教育投入的人力、物力、财力和教育产出之比来反映。一定的教育投入产出量越大,则教育效率越高。

教育资源具有稀缺性,因此为提高我国城乡一体化建设过程中的教育城乡一体化的发展程度,不能单纯依靠增加教育投入的这一"外延型"的手段,还需要采用提高教育资源的利用效率这一"内涵型"方式,这样才能有效解决教育处城乡一体化过程中面临的教育城乡差距过大,整体教育成功偏低的问题。

1. 研究方法

教育投入效率性的研究是通过对教育投入与产出的对比关系来衡量其有效率的高低。教育投入即对教育过程的资源投入和资源消耗,包括人力、物力、财力等多种资源,而教育的产出包括成果数量和成果质量。

目前在相对效率研究问题上主要的方法有综合评分法、层次分析法、TOPSIS法、主成分分析法、因子分析法、灰色关联分析和数据包络分析方法等。已有的研究表明数据包络分析(DEA)方法更适用于对多投入、多产出的而效率评价。因此本研究将运用DEA方法对我国城乡教育投入的效率性进行分析和评价。

数据包络分析(Data Envelopment Analysis,DEA)由运筹学教 Charnes,Cooper 和 Rhodes 等首先提出来一种效率评级方法,在处理多指标投入和多指标产出方面具有独特优势。DEA方法是以相对效率概念为基础发展起来的,它是根据多项投入指标和多项产出指标,借助于线性规划的方法,将决策单元(Decision Making Unit,DMU)投影到DEA前沿面上,通过比较DMU偏离DEA前沿面的程度来综合评价DMU的相对有效性,同时又可获得许多有用的管理信息。

DEA方法是将同一类型的"部门"或"单位"作为DMU,然后依据观测到的输入数据和输出数据进行评价。输入数据是指DMU所投入或消耗的某些资源数量,例如教育经费、师资数量等,输出数据则是指消耗投入资源所获得的产出和成果,例如学生数、升学率等。利用各DMU相关输入输出数据组成的生产可能集得到有效前沿面,然后衡量各个DMU与该有效前沿面的远近程度,以此判断该DMU的投入产出的有效性。

假设我们将 n 个地区进行农村教育投入效率的评价,每个地区都有 M 种投入变量和 S

种产出变量，X_{ij} 表示第 j 个地区的第 i 种投入的总量，Y_{ij} 表示第 j 个地区的第 r 种产出的总量。这样第 j 个地区的投入可表示为 $X_j = (x_{1j}, x_{2j}, \cdots, x_{mj})^T$，产出可表示为 $Y_j = (y_{1j}, y_{2j}, \cdots, y_{mj})^T$，令 V 为投入向量 X 的权系数向量，U 为产出向量 Y 的权系数向量，以第 j 个地区的效率评价为目标函数，以全部单元的侠侣指数为约束，得到最优化的 C^2R 模型：

$$\begin{cases} \text{Max} \dfrac{U^T Y_0}{V^T Y_0} = h_0 \\ S.t. \dfrac{U^T Y_j}{V^T Y_j} \leq 1 \\ u \geq 0, v \geq 0, j = 1, 2, \cdots, n \end{cases}$$

利用 Charness-Cooper 变换，将上述非线性变化为预支等价的线性规划模型：

$$\begin{cases} \text{Min}\left[\theta - \varepsilon\left(e^T s^{-0} + e^T s^{+0}\right)\right] \\ S.t. \sum_{j=1}^{n} \lambda_j x_{ij} + s^- = \theta x_0 \\ \sum_{j=1}^{n} \lambda_j y_{rj} - s^+ = y_0 \\ \theta, \lambda_i, s^-, s^+ \geq 0, j = 1, 2, \cdots, n \end{cases}$$

令 $\lambda^*, S^{+*}, S^{-*}, \theta^*$ 为给定问题的最优解，若 $\theta^*=1$，且 $S^{-*}=0$，则称第 j 个地区为 DEA 有效；$\theta^*=1$，且 $S^{-*} \neq 0$ 或者 $S^{+*} \neq 0$，则称第 j 个地区的 DEA 若有效；若 $\theta^* < 1$，则称第 j 地区为 DEA 无效。

通过线性规划模型计算出来的 θ 值是 DMU 总体有效性的绩效值，隐含着 DMU 规模报酬固定的假设，但这一假设相当严格，有许多因素都可能导致某个 DMU 不能再这种假设下进行。因此，在固定规模报酬（CRS）的基础上，Banker 等提出了 C^2R 模型的改进方法，即 B^2C 模型。改进方案中考虑了可变规模报酬（VRS）的情况，通过在 C^2R 的模型中增加凸性假设 $\sum_{j=1}^{n} \lambda_j = 1$，即可得到 VRS 模式下的 B^2C 模型：

$$\begin{cases} \text{Min}\left[\theta - \varepsilon\left(e^T s^{-0} + e^T s^{+0}\right)\right] \\ S.t. \sum_{j=1}^{n} \lambda_j x_{ij} + s^- = \theta x_0 \\ \sum_{j=1}^{n} \lambda_j y_{rj} - s^+ = y_0 \\ \sum_{j=1}^{n} \lambda_j = 1 \\ \theta, \lambda_i, s^-, s^+ \geq 0, j = 1, 2, \cdots, n \end{cases}$$

该模型计算得到的效率是纯技术效率(简称PTE)。

利用C^2R和B^2C模型可以分别计算出各地区的技术效率(TE)和纯技术效率(PTE),两者相除即可得出各地区的规模效率(SE),即SE=TE/PTE。根据这些指标,我们可以对各地区城镇和乡村教育投入效率进行总体评价。

2.效率性评价

(1)研究指标及数据选取

采用DEA分析方法评价农村教育投入效率性时,合理选取投入与产出指标是正确利用DEA方法进行评价的关键。对财政教育投入效率性考察的核心与目标是在一定投入规模下,最大化实现其教育产出程度。本研究构建了财政教育投入效率评价指标体系,如表4-28所示。

表4-28 财政教育投入效率评价的指标体系

类别		指标
投入指标	财力投入指标	义务教育财政投入总额/万元
	人力投入指标	专职教师/万人
	物力投入指标	校舍面积/万平方米、固定资产/万元
产出指标	直接产出指标	小学毕业生人数/万人、初中生毕业生人数/万人
	产出效果指标	文盲率/%

①投入指标。基本的教育投入应包括人、财、物三个方面,因此分别选取财政教育经费总额(X_1)、专任教师数量(X_2)、校舍面积(X_3)与固定资产(X_4)作为投入指标。其中四个指标均为各地区普通小学和普通初中的合计数。

②产出指标。研究选取小学合格毕业生人数(Y_1)、初中合格毕业生人数(Y_2)和文盲率(Y_3)作为产出指标。其中,文盲率用15岁及以上人口中文盲半文盲人口比例反映,因其为反向指标,采用1减去其实际数值的方法进行正向化处理后再参与计算。

本研究以2006—2016年我国大陆30个省份(西藏数据不全,故不进入分析)的农村和城镇义务教育为研究对象,数据来源于相关年份的《中国教育统计年鉴》《中国教育经费统计年鉴》《中国人口年鉴》。

(2)实证结果分析

①农村义务教育财政投入效率评价

运用DEAP2.1软件,将表4-28各个投入产出指标的相关数据代入求解,得到2006—2016年各地区农村财政教育投入的效率评价结果,其中,固定规模报酬(CRS)模式下的技术效率值,纯技术效率值与规模效率值分别如表4-29、表4-30和表4-31所示。

表4-29 农村义务教育投入的技术效率

地区	2007	2008	2009	2010	2011	2012	2013	2014	2015	2016	均值
北京	0.73	1.00	0.90	1.00	0.58	0.61	0.63	0.61	0.54	0.58	0.72
天津	1.00	1.00	1.00	1.00	0.83	0.84	0.84	0.86	0.86	1.00	0.92
河北	0.83	0.72	0.66	0.59	0.57	0.63	0.72	0.71	0.73	0.85	0.70
山西	0.75	0.74	0.76	0.73	0.66	0.89	0.87	0.85	0.78	0.86	0.79
内蒙古	0.54	0.57	0.54	0.48	0.60	0.49	0.54	0.57	0.50	0.56	0.54
辽宁	0.87	0.85	0.83	0.81	0.71	0.74	0.82	0.83	0.81	0.89	0.82
吉林	0.77	0.82	0.75	0.71	0.75	0.74	0.80	0.76	0.69	0.79	0.76
黑龙江	0.77	0.79	0.78	0.74	0.80	0.86	0.97	0.75	0.81	0.91	0.82
上海	1.00	1.00	1.00	1.00	1.00	1.00	1.00	1.00	1.00	1.00	1.00
江苏	0.99	0.90	0.82	0.84	0.66	0.65	0.62	0.57	0.63	0.72	0.74
浙江	0.82	0.88	0.84	0.87	0.79	0.77	0.75	0.75	0.76	0.85	0.81
安徽	1.00	1.00	1.00	1.00	0.99	0.93	0.76	0.75	0.75	0.77	0.89
福建	0.82	0.78	0.72	0.76	0.77	0.77	0.73	0.70	0.71	0.76	0.75
江西	0.77	0.85	0.89	0.96	0.99	1.00	0.98	0.86	0.81	0.87	0.90
山东	0.74	0.71	0.69	0.71	0.77	0.79	0.86	0.86	0.85	0.87	0.78
河南	1.00	1.00	1.00	0.98	0.98	0.99	1.00	0.84	1.00	1.00	0.98
湖北	1.00	1.00	1.00	1.00	1.00	0.86	0.75	0.68	0.69	0.72	0.87
湖南	0.73	0.66	0.65	0.77	0.81	0.85	0.88	0.87	0.89	0.97	0.81
广东	1.00	1.00	1.00	1.00	1.00	1.00	0.89	0.75	0.67	0.68	0.90
广西	0.82	0.79	0.78	0.78	0.79	0.81	0.89	0.86	0.87	0.94	0.83
海南	0.73	0.80	0.78	0.67	0.82	0.92	0.87	0.83	0.70	0.75	0.79
重庆	0.86	0.91	0.89	0.86	0.80	0.75	0.77	0.75	0.73	0.82	0.81
四川	0.89	0.87	0.88	0.91	0.93	0.91	0.81	0.77	0.74	1.00	0.87
贵州	1.00	1.00	1.00	1.00	1.00	1.00	1.00	1.00	1.00	1.00	1.00
云南	0.76	0.74	0.77	0.79	0.86	0.87	0.85	0.87	0.92	0.90	0.83
陕西	0.96	0.89	0.85	0.86	0.71	0.62	0.59	0.65	0.66	0.74	0.75
甘肃	0.93	0.97	0.94	0.98	0.95	0.93	0.94	0.84	0.80	0.80	0.91
青海	0.76	0.79	0.83	0.80	0.74	0.80	0.78	0.76	0.74	0.78	0.78
宁夏	0.80	0.93	0.85	0.80	0.97	0.85	0.78	1.00	0.89	1.00	0.89

续表

地区	2007	2008	2009	2010	2011	2012	2013	2014	2015	2016	均值
新疆	1.00	1.00	0.93	0.88	0.90	0.91	0.96	0.97	0.88	0.89	0.93
均值	0.85	0.87	0.84	0.84	0.82	0.83	0.82	0.79	0.78	0.84	0.83
有效省数	8	9	7	7	4	3	3	3	3	6	—

表4-30 农村义务教育投入的纯技术生产效率

地区	2007	2008	2009	2010	2011	2012	2013	2014	2015	2016	均值
北京	1.00	1.00	1.00	1.00	1.00	0.61	1.00	1.00	1.00	1.00	0.96
天津	1.00	1.00	1.00	1.00	1.00	0.90	1.00	1.00	1.00	1.00	0.99
河北	0.92	1.00	0.77	0.77	0.73	0.74	0.82	1.00	0.98	1.00	0.87
山西	1.00	1.00	0.86	0.95	0.88	1.00	1.00	1.00	0.86	1.00	0.95
内蒙古	0.54	0.57	0.55	0.50	0.60	0.49	0.63	0.67	0.50	0.56	0.56
辽宁	1.00	1.00	1.00	1.00	1.00	0.83	0.92	1.00	1.00	1.00	0.98
吉林	0.83	0.86	1.00	1.00	1.00	1.00	0.88	0.87	0.93	1.00	0.94
黑龙江	0.97	1.00	0.93	1.00	1.00	0.97	1.00	0.88	0.97	0.95	0.97
上海	1.00	1.00	1.00	1.00	1.00	1.00	1.00	1.00	1.00	1.00	1.00
江苏	1.00	1.00	0.83	0.86	0.66	0.65	0.67	0.59	0.64	0.73	0.76
浙江	0.85	0.89	1.00	1.00	1.00	0.78	0.79	0.77	0.78	0.85	0.87
安徽	1.00	1.00	1.00	1.00	1.00	0.94	0.77	0.84	0.90	0.86	0.93
福建	1.00	1.00	0.72	1.00	0.77	0.77	0.75	0.71	0.72	0.76	0.82
江西	0.82	0.89	1.00	1.00	1.00	1.00	1.00	1.00	0.97	0.95	0.96
山东	0.80	0.73	0.77	0.82	0.87	0.89	0.92	1.00	0.95	1.00	0.87
河南	1.00	1.00	1.00	1.00	1.00	1.00	1.00	1.00	1.00	1.00	1.00
湖北	1.00	1.00	1.00	1.00	1.00	0.86	0.79	0.72	0.71	0.72	0.88
湖南	0.88	0.75	0.75	0.88	0.85	0.88	1.00	1.00	1.00	1.00	0.90
广东	1.00	1.00	1.00	1.00	1.00	1.00	1.00	0.86	0.87	0.78	0.95
广西	0.90	0.85	0.84	0.94	0.86	0.87	1.00	1.00	1.00	1.00	0.93
海南	0.75	0.80	0.79	0.68	0.82	0.93	1.00	1.00	0.77	0.76	0.83
重庆	0.86	0.91	0.90	0.86	0.80	0.75	0.83	0.81	0.73	0.84	0.83
四川	0.92	0.89	0.88	0.91	0.95	0.94	0.85	0.84	0.82	1.00	0.90

续表

地区	2007	2008	2009	2010	2011	2012	2013	2014	2015	2016	均值
贵州	1.00	1.00	1.00	1.00	1.00	1.00	1.00	1.00	1.00	1.00	1.00
云南	0.76	0.74	0.77	0.80	0.90	0.91	0.92	1.00	1.00	1.00	0.88
陕西	1.00	1.00	1.00	1.00	0.75	0.63	0.66	0.72	0.70	0.74	0.82
甘肃	0.93	0.97	0.94	0.98	0.95	0.93	0.96	0.85	0.80	0.80	0.91
青海	0.77	0.79	0.84	0.81	0.78	0.81	0.79	0.77	0.74	0.79	0.79
宁夏	0.80	0.93	0.85	0.81	0.99	0.86	0.88	1.00	0.91	1.00	0.90
新疆	1.00	1.00	1.00	1.00	1.00	1.00	1.00	1.00	1.00	1.00	1.00
均值	0.91	0.92	0.90	0.92	0.91	0.86	0.89	0.90	0.87	0.90	0.90
有效省数	14	15	14	16	14	8	13	15	10	16	—

表4-31 农村义务教育投入的规模效率

地区	2007	2008	2009	2010	2011	2012	2013	2014	2015	2016	均值
北京	0.73	1.00	0.90	1.00	0.58	1.00	0.63	0.61	0.54	0.58	0.76
天津	1.00	1.00	1.00	1.00	0.83	0.93	0.84	0.86	0.86	1.00	0.93
河北	0.90	0.72	0.85	0.76	0.79	0.85	0.87	0.71	0.74	0.85	0.81
山西	0.75	0.74	0.88	0.77	0.75	0.89	0.87	0.85	0.91	0.86	0.83
内蒙古	0.99	1.00	0.98	0.94	0.99	1.00	0.86	0.85	1.00	1.00	0.96
辽宁	0.87	0.85	0.83	0.81	0.71	0.88	0.90	0.83	0.81	0.89	0.84
吉林	0.93	0.95	0.75	0.71	0.75	0.74	0.91	0.87	0.73	0.79	0.81
黑龙江	0.79	0.79	0.84	0.74	0.80	0.88	0.97	0.86	0.84	0.96	0.85
上海	1.00	1.00	1.00	1.00	1.00	1.00	1.00	1.00	1.00	1.00	1.00
江苏	0.99	0.90	0.99	0.98	1.00	1.00	0.92	0.97	0.98	1.00	0.97
浙江	0.97	0.98	0.84	0.87	0.79	1.00	0.95	0.97	0.97	1.00	0.93
安徽	1.00	1.00	1.00	1.00	0.99	0.99	0.99	0.89	0.84	0.90	0.96
福建	0.82	0.78	1.00	0.76	1.00	1.00	0.98	0.98	0.98	1.00	0.93
江西	0.94	0.95	0.89	0.96	0.99	1.00	0.98	0.86	0.84	0.91	0.93
山东	0.93	0.97	0.90	0.86	0.89	0.89	0.93	0.86	0.89	0.87	0.90
河南	1.00	1.00	1.00	0.98	0.98	0.99	1.00	0.84	1.00	1.00	0.98
湖北	1.00	1.00	1.00	1.00	1.00	1.00	0.95	0.94	0.98	0.99	0.99

续表

地区	2007	2008	2009	2010	2011	2012	2013	2014	2015	2016	均值
湖南	0.83	0.88	0.86	0.88	0.95	0.96	0.88	0.87	0.89	0.97	0.90
广东	1.00	1.00	1.00	1.00	1.00	1.00	0.89	0.86	0.78	0.87	0.94
广西	0.91	0.93	0.93	0.83	0.92	0.93	0.89	0.86	0.87	0.94	0.90
海南	0.97	1.00	0.99	0.97	1.00	0.99	0.87	0.83	0.91	0.99	0.95
重庆	0.99	1.00	0.99	1.00	1.00	1.00	0.93	0.94	0.99	0.97	0.98
四川	0.97	0.97	0.99	1.00	0.97	0.97	0.95	0.92	0.91	1.00	0.97
贵州	1.00	1.00	1.00	1.00	1.00	1.00	1.00	1.00	1.00	1.00	1.00
云南	1.00	1.00	1.00	0.98	0.96	0.95	0.92	0.87	0.92	0.90	0.95
陕西	0.96	0.89	0.85	0.86	0.95	0.98	0.90	0.90	0.96	0.99	0.92
甘肃	1.00	1.00	1.00	1.00	1.00	1.00	0.98	0.98	1.00	1.00	1.00
青海	0.99	1.00	1.00	1.00	0.95	0.99	1.00	0.99	0.99	0.99	0.99
宁夏	1.00	1.00	1.00	1.00	0.98	0.99	0.89	1.00	0.98	1.00	0.98
新疆	1.00	1.00	0.93	0.88	0.90	0.91	0.96	0.97	0.88	0.89	0.93
均值	0.94	0.94	0.94	0.92	0.91	0.96	0.92	0.89	0.90	0.94	0.93
有效省数	10	11	10	9	6	5	3	3	5	9	—

①技术效率。由固定规模报酬下CCR模型计算的技术效率实际是技术与规模的综合效率，表示最大产出下，最小要素投入的成本，可以衡量在投入导向下，农村教育是否有投入要素的浪费。由表4-29可以看出，2007—2016年我国农村义务教育的投入总体效率维持基本不变状态，2007年全国农村平均技术效率为0.85，到2016年，变为了0.84，中间年份虽有所波动，但波动幅度小。处于技术效率前沿面的省份有降低趋势，2007年有8个省份处于技术效率前沿面上，但是中间到2012—2015年，处于技术效率前沿面的省份仅仅有3个省份。而在这10年间均能够同时实现就是和规模效率的省份仅仅有上海和贵州两个省份。同时各省农村义务教育投入的技术效率存在一定差异。

②纯技术效率。由不变规模报酬CCR模型计算纯粹技术效率表示在同一规模的最大产出下，最小的要素投入成本，可以衡量在投入导向下，技术无效率到底有多少是纯粹技术无效率造成的，该指标侧重于反映相关制度运行的效率和管理水平。由表4-30可以看出，2007—2016年中国农村义务教育财政投入的纯技术效率总体也是维持基本不变的状态，但是在其中2012年，农村义务教育的纯技术效率水平下降到了0.86。每年（除2012年）能够实现纯技术效率有效的省份接近一半。在这10年均能保持有效的仅上海、河南、

贵州、新疆四个省份,占总体的13%。说明各省(区、市)纯技术效率并不稳定,存在一定的波动。

③规模效率。规模效率表示在最大产出下,技术效率的生产边界的投入量与最优规模下的投入量的比值,可以衡量在投入导向下,农村财政教育投入是否处于最优规模。由表4-31可以看出,各省(区、市)农村义务教育财政投入的规模效率总体基本保持不变。但每年处在生产规模前沿面的省份数量具有较大波动。特别是在2013、2014年份达到规模效率的省份仅3个。显然,我国农村教育投入效率的提升主要受制于规模效率。

(3)城镇义务教育财政投入效率评价

表4-32 城镇义务教育投入的技术效率

地区	2007	2008	2009	2010	2011	2012	2013	2014	2015	2016	均值
北京	0.57	0.56	0.57	0.58	0.56	0.57	0.59	0.65	0.65	0.67	0.60
天津	0.67	0.62	0.66	0.68	0.72	0.89	0.83	0.87	0.94	0.93	0.79
河北	0.86	0.81	0.82	0.80	0.70	0.75	0.82	0.81	0.82	0.94	0.82
山西	0.80	0.80	0.86	0.87	0.80	0.90	0.95	0.84	0.84	0.92	0.86
内蒙古	0.76	0.78	0.76	0.73	0.73	0.74	0.73	0.72	0.72	0.72	0.75
辽宁	0.72	0.71	0.75	0.75	0.72	0.69	0.73	0.76	0.77	0.85	0.75
吉林	0.77	0.76	0.74	0.80	0.75	0.77	0.89	0.93	0.84	0.93	0.83
黑龙江	0.74	0.73	0.76	0.77	0.73	0.78	0.88	0.87	0.91	1.00	0.82
上海	0.58	0.56	0.55	0.60	0.62	0.60	0.61	0.59	0.62	0.65	0.61
江苏	0.81	0.78	0.77	0.76	0.73	0.70	0.65	0.62	0.63	0.69	0.72
浙江	0.80	0.79	0.81	0.81	0.78	0.74	0.72	0.71	0.72	0.77	0.78
安徽	1.00	1.00	1.00	0.97	0.94	0.90	0.82	0.82	0.82	0.87	0.92
福建	0.84	0.76	0.76	0.74	0.73	0.72	0.71	0.72	0.79	0.87	0.77
江西	0.86	1.00	0.92	0.91	1.00	1.00	1.00	1.00	1.00	1.00	0.96
山东	0.74	0.69	0.70	0.73	0.72	0.72	0.71	0.69	0.71	0.78	0.72
河南	0.97	1.00	1.00	0.98	0.96	0.94	1.00	0.94	1.00	1.00	0.98
湖北	0.89	0.85	0.88	0.88	0.85	0.74	0.73	0.65	0.70	0.72	0.80
湖南	0.84	0.76	0.74	0.76	0.75	0.78	0.78	0.79	0.83	0.92	0.80
广东	0.92	0.92	0.95	0.95	0.96	0.92	0.87	0.81	0.79	0.81	0.88
广西	1.00	1.00	1.00	1.00	0.96	1.00	1.00	1.00	1.00	1.00	1.00

续表

地区	2007	2008	2009	2010	2011	2012	2013	2014	2015	2016	均值
海南	1.00	1.00	1.00	1.00	1.00	1.00	1.00	1.00	0.95	1.00	1.00
重庆	0.89	0.92	0.97	1.00	1.00	0.99	0.93	0.90	0.79	0.81	0.91
四川	1.00	1.00	1.00	1.00	1.00	1.00	0.96	0.89	0.85	0.91	0.96
贵州	1.00	1.00	1.00	1.00	1.00	1.00	1.00	1.00	1.00	1.00	1.00
云南	0.86	0.86	0.86	0.88	0.88	0.89	0.87	0.89	0.95	0.97	0.89
陕西	0.96	0.94	0.92	0.93	0.84	0.96	0.90	0.86	0.79	1.00	0.91
甘肃	1.00	1.00	1.00	1.00	0.96	0.99	1.00	1.00	0.98	0.80	0.98
青海	1.00	1.00	1.00	1.00	1.00	1.00	1.00	1.00	1.00	0.99	1.00
宁夏	1.00	1.00	1.00	1.00	1.00	1.00	1.00	1.00	1.00	1.00	1.00
新疆	0.81	0.78	0.95	0.79	0.75	0.74	0.76	0.81	0.80	1.00	0.82
均值	0.85	0.85	0.86	0.86	0.84	0.85	0.85	0.84	0.84	0.88	0.85
有效省数	7	10	9	8	6	7	8	7	6	9	—

表4-33 城镇义务教育投入的纯技术效率

地区	2007	2008	2009	2010	2011	2012	2013	2014	2015	2016	均值
北京	1.00	1.00	1.00	1.00	1.00	1.00	1.00	1.00	1.00	0.71	0.97
天津	1.00	1.00	1.00	1.00	1.00	1.00	1.00	1.00	1.00	0.93	0.99
河北	0.96	0.92	0.99	0.95	0.82	0.79	0.85	0.87	0.90	0.97	0.91
山西	1.00	1.00	1.00	1.00	1.00	1.00	1.00	1.00	1.00	0.94	0.99
内蒙古	0.90	0.87	0.82	0.83	0.76	0.97	0.84	0.74	0.82	0.73	0.84
辽宁	1.00	1.00	1.00	1.00	0.93	1.00	1.00	1.00	1.00	0.94	0.98
吉林	1.00	1.00	1.00	1.00	1.00	1.00	1.00	1.00	0.98	0.95	0.99
黑龙江	0.94	1.00	0.97	1.00	0.96	1.00	1.00	0.96	1.00	1.00	0.98
上海	1.00	0.97	1.00	0.77	0.79	0.80	0.83	0.79	0.79	0.66	0.84
江苏	0.86	0.83	0.81	0.80	0.84	0.73	0.70	0.69	0.70	0.72	0.77
浙江	0.81	0.81	0.85	0.83	0.81	0.78	0.76	0.73	0.75	0.79	0.80
安徽	1.00	1.00	1.00	1.00	1.00	0.95	0.85	0.85	0.89	0.89	0.95
福建	0.86	0.78	0.77	0.83	0.84	0.73	0.72	0.73	0.81	0.87	0.80

续表

地区	2007	2008	2009	2010	2011	2012	2013	2014	2015	2016	均值
江西	0.98	1.00	1.00	1.00	1.00	1.00	1.00	1.00	1.00	1.00	1.00
山东	0.98	0.75	0.75	0.77	0.81	0.80	0.79	0.85	0.80	0.81	0.81
河南	1.00	1.00	1.00	1.00	1.00	1.00	1.00	1.00	1.00	1.00	1.00
湖北	0.93	0.92	0.94	0.94	0.94	0.77	0.75	0.66	0.73	0.73	0.84
湖南	0.96	0.81	0.82	0.85	0.82	0.83	0.86	0.87	1.00	0.96	0.88
广东	1.00	1.00	1.00	1.00	1.00	1.00	1.00	1.00	1.00	1.00	1.00
广西	1.00	1.00	1.00	1.00	1.00	1.00	1.00	1.00	1.00	1.00	1.00
海南	1.00	1.00	1.00	1.00	1.00	1.00	1.00	1.00	1.00	1.00	1.00
重庆	0.91	0.93	0.97	1.00	1.00	1.00	1.00	0.90	0.83	0.83	0.93
四川	1.00	1.00	1.00	1.00	1.00	1.00	1.00	1.00	0.97	0.97	0.99
贵州	1.00	1.00	1.00	1.00	1.00	1.00	1.00	1.00	1.00	1.00	1.00
云南	0.86	0.86	1.00	1.00	1.00	0.99	0.91	0.89	0.98	0.98	0.94
陕西	1.00	1.00	1.00	1.00	1.00	1.00	0.98	0.97	1.00	1.00	1.00
甘肃	1.00	1.00	1.00	1.00	0.99	1.00	1.00	1.00	0.98	0.82	0.98
青海	1.00	1.00	1.00	1.00	1.00	1.00	1.00	1.00	0.99	1.00
宁夏	1.00	1.00	1.00	1.00	1.00	1.00	1.00	1.00	1.00	1.00	1.00
新疆	1.00	0.98	0.96	0.98	1.00	1.00	0.90	0.95	0.90	1.00	0.97
均值	0.96	0.95	0.95	0.95	0.94	0.94	0.92	0.91	0.93	0.91	0.94
有效省数	18	18	18	20	18	18	17	15	15	10	

表4-34 城镇义务教育投入的规模效率

地区	2007	2008	2009	2010	2011	2012	2013	2014	2015	2016	均值
北京	0.57	0.56	0.57	0.58	0.56	0.57	0.59	0.65	0.65	0.94	0.62
天津	0.67	0.62	0.66	0.68	0.72	0.89	0.83	0.87	0.94	0.99	0.79
河北	0.90	0.88	0.82	0.84	0.86	0.95	0.97	0.93	0.91	0.97	0.91
山西	0.80	0.80	0.86	0.87	0.80	0.90	0.95	0.84	0.84	0.98	0.86
内蒙古	0.84	0.90	0.93	0.88	0.96	0.76	0.87	0.98	0.88	0.98	0.90
辽宁	0.72	0.71	0.75	0.75	0.77	0.69	0.73	0.76	0.77	0.91	0.76

续表

地区	2007	2008	2009	2010	2011	2012	2013	2014	2015	2016	均值
吉林	0.77	0.76	0.74	0.80	0.75	0.77	0.89	0.93	0.85	0.98	0.83
黑龙江	0.79	0.73	0.78	0.77	0.76	0.78	0.88	0.90	0.91	1.00	0.84
上海	0.58	0.57	0.55	0.78	0.78	0.74	0.73	0.75	0.79	0.99	0.74
江苏	0.95	0.94	0.95	0.95	0.88	0.95	0.93	0.90	0.90	0.95	0.94
浙江	0.99	0.97	0.96	0.97	0.97	0.94	0.95	0.97	0.95	0.98	0.97
安徽	1.00	1.00	1.00	0.97	0.94	0.95	0.97	0.96	0.93	0.98	0.97
福建	0.98	0.97	0.98	0.90	0.88	0.98	0.99	0.98	0.98	1.00	0.97
江西	0.87	1.00	0.92	0.91	1.00	1.00	1.00	1.00	1.00	1.00	0.96
山东	0.75	0.92	0.94	0.96	0.89	0.90	0.90	0.82	0.89	0.97	0.89
河南	0.97	1.00	1.00	0.98	0.96	0.94	1.00	0.94	1.00	1.00	0.98
湖北	0.95	0.93	0.94	0.94	0.91	0.96	0.98	0.99	0.96	0.98	0.95
湖南	0.87	0.94	0.91	0.89	0.91	0.94	0.91	0.90	0.83	0.96	0.91
广东	0.92	0.92	0.95	0.95	0.96	0.92	0.87	0.81	0.79	0.81	0.88
广西	1.00	1.00	1.00	1.00	0.96	1.00	1.00	1.00	1.00	1.00	1.00
海南	1.00	1.00	1.00	1.00	1.00	1.00	1.00	1.00	0.95	1.00	1.00
重庆	0.98	0.99	1.00	1.00	1.00	0.99	0.93	1.00	0.95	0.98	0.98
四川	1.00	1.00	1.00	1.00	1.00	1.00	0.96	0.89	0.88	0.94	0.97
贵州	1.00	1.00	1.00	1.00	1.00	1.00	1.00	1.00	1.00	1.00	1.00
云南	1.00	1.00	0.86	0.88	0.88	0.90	0.95	1.00	0.97	0.99	0.95
陕西	0.96	0.94	0.92	0.93	0.84	0.96	0.92	0.88	0.79	1.00	0.92
甘肃	1.00	1.00	1.00	1.00	0.97	0.99	1.00	1.00	1.00	0.98	0.99
青海	1.00	1.00	1.00	1.00	1.00	1.00	1.00	1.00	1.00	1.00	1.00
宁夏	1.00	1.00	1.00	1.00	1.00	1.00	1.00	1.00	1.00	1.00	1.00
新疆	0.81	0.80	0.98	0.80	0.75	0.74	0.85	0.85	0.88	1.00	0.85
均值	0.89	0.90	0.90	0.90	0.89	0.90	0.92	0.92	0.91	0.98	0.91
有效省数	8	11	9	8	6	7	8	7	7	10	—

①技术效率。与中国农村义务教育投入技术效率类似，从表4-32可以看出，我国城镇义务教育投入技术效率总体水平基本不变，但相对高于农村义务教育投入的技术效率。在这10年期间处在技术效率前沿面的省份虽然高于农村义务教育处于技术效率前沿面

的省份数量,但是仍不超过10个。在这10年均能在技术效率前沿面的省份仅宁夏、贵州两个省份。同时各省(区、市)城镇义务教育投入的技术效率存在一定差异,且差异大于各省(区、市)农村义务教育投入的技术效率差异。

②纯技术效率。从表4-33可以看出,城镇义务教育投入的纯技术效率在这10年期间有轻微的下降,从2007年的0.96下降到2016年的0.91,且能够实现纯技术效率的省份在更大程度的下降,从2007年有18个省份实现城镇义务教育投入纯技术效率,到2014年下降到15个省份,到2016年又下降到了10个省份。在这10年均能保持纯技术效率有效的省份仅仅宁夏、贵州、海南、广西、广东、河南6个省份,占总体的20%。这说明各省份纯技术效率并不是很稳定,存在一定的波动。另一方面整体上说明我国城镇纯技术效率高于农村教育投入的纯技术效率。

③规模效率。这可以衡量出在投入导向下,城镇教育投入是否处在最有规模。从表4-34可以看出,我国城镇义务教育投入的规模效率在2007年到2016年在逐步上升,从2007年的0.89上升到2015年的0.98,同时各省份之间的标准差在逐渐缩小。这说明我国城镇义务教育投入规模效率在逐步提高,并且省份之间的差异在缩小。但是在各年能够处于规模效率生产前沿面的省份不足三分之一,在这10年都能够达到规模有效的省份仅有宁夏、青海、贵州三个省份,表明各省份城镇规模效率并不稳定。

整体对比我国各省(区、市)城乡义务教育财政投入的技术效率、纯技术效率以及规模效率可以得出,城镇义务教育财政投入的技术效率略高于农村的,主要是因为城镇教育投入的纯技术效率高于农村的造成的,这表明我国农村教育投入效率提升现阶段主要是受制于相关制度运行的效率和管理水平。另一方面,我国的城镇义务教育财政投入的规模效率低于农村,这表明我国城镇义务教育财政投入相对于农村存在着投入要素的浪费。

4.3 财政教育投入的问题分析

随着教育优先发展、城乡一体化等国家重大战略的实施与深入,我国教育事业已经取得了举世瞩目的成就,教育普及程度不断提升、教育总体发展水平进入中高收入国家行列。这一系列成就的取得,意味着财政教育投入持续增加,教育发展保障水平的不断提高。但是成绩的背后,我们还必须清醒地认识到,我国教育事业的改革与发展还存在许多不可忽视的矛盾与困难。财政教育投入总体水平相对偏低,投入结构不尽合理,资源配置效率不高,极大地制约着财政保障教育优质均衡发展的能力。

4.3.1 公共财政总体投入不足

1. 国家财政性教育经费投入总体水平偏低

2012年,我国财政性教育经费占GDP比重首次达到4%,使得这十几年来一直难以攻克的目标变成现实,这被视为具有里程碑意义的事件。

但是,4%目标的实现只是一个起点,不是终点,这个比重仍然偏低,远低于发达国家的水平,也低于世界平均水平。如果将之与其他国家的公共教育投入水平向比较,可以看出与国际水平的差异。根据表4-35所列的OECD国家公共财政教育支出占GDP比重的数据可以看出,2015年OECD国家公共教育支出占GDP比重的平均值约5%。而我国在2015年和2016年财政性教育经费占GDP比重为4.24%、4.22%,与OECD国家的公共教育投入水平相比,仍然存在着较大的差距。根据联合国教科文组织的《全球教育监测报告》统计,2014年全球范围内平均数为4.6%,2015年全球范围的中位数为4.7%。

表4-35 2015年OECD国家公共教育支出占GDP的比重

国家和地区	所占比重(%)	国家和地区	所占比重(%)
澳大利亚	6.0	韩国	5.8
奥地利	4.9	拉脱维亚	4.9
比利时	5.7	立陶宛	3.9
加拿大	6.0	卢森堡	3.5
智利	5.2	墨西哥	5.3
捷克共和国	3.8	荷兰	5.4
爱沙尼亚	4.7	新西兰	6.3
芬兰	5.7	挪威	6.4
法国	5.2	波兰	4.6
德国	4.2	葡萄牙	5.2
希腊	3.8	斯洛伐克共和国	4.4
匈牙利	3.8	斯洛文尼亚	4.3
冰岛	5.8	西班牙	4.4
爱尔兰	3.5	瑞典	5.3
以色列	6.0	土耳其	4.8
意大利	3.9	英国	6.2
日本	4.1	美国	6.1

资料来源:根据OECD官网(http://www.oecd.org/)相关数据整理所得

4%实现后,后4%时代怎么办成为社会讨论的热点话题。其中一种具有代表性的观点认为,4%仅是初步达到基本标准,政府未来还需要在此基础上不断提高教育投入水平,2020年的财政性教育经费占GDP的比重应该是4.5%到5%之间。[①]因此,财政性教育经费占GDP的4%不应当成为我国财政性教育投入的终极目标,国家依旧有必要大力提高公共教育投入水平,才能真正实现从教育大国迈向教育强国的宏伟蓝图。

2.人均财政教育经费投入不足

我国财政教育投入的不足,除了投入总量不足外,还表现为人均公共教育经费不足。如图4-12所示,美国2010年人均教育经费是中国的20倍,虽然差距逐年降低,但是2016年美国人均教育经费仍超过中国十倍左右。虽然我国每年教育经费总投入按照平均16%左右的速度增长,2016年已达到38888.39亿元,但是由于我国人口众多,人均获得的教育经费仅为2812元左右,与美国等发达国家相比还有不小的差距。

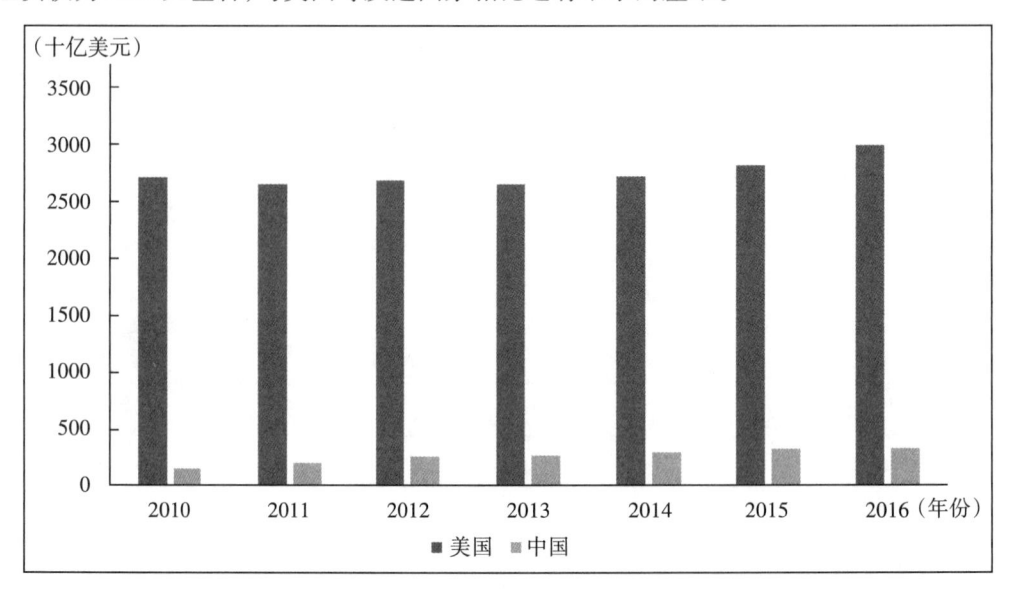

图4-12 中美人均教育投入对比

根据财政教育投入充足性评价结果显示(见表4-23、表4-24),我国生均预算教育经费严重不足,与OECD成员国的生均经费相去甚远。2016年我国小学平均生均预算教育经费支出1718.92美元,OECD平均水平8477美元,仅为OECD国家的1/5;初中平均生均预算教育经费支出2427.13美元,OECD平均水平9980美元,仅为OECD国家的1/4。该差距表明,当前我国财政教育投入政策的重点应是逐步提高各级教育的生均经费水平。因为生均教育经费投入不足,势必会直接导致学校教育事业费不足或者基建经费不足,影响正常教学活动、不利于教育质量提高。

[①] 郑祖伟.如何切好经费"蛋糕"[N].现代教育报,2012-03-08.

4.3.2 财政教育投入配置不均衡

1. 城乡生均义务教育经费差距较大

随着国家逐年增加教育经费投入,特别是对农村义务教育投入力度的加大,农村义务教育生均教育经费不断增加。但是,农村中小学的生均预算教育经费和生均公用经费均低于全国平均水平,而且差距还在不断扩大。如图4-13所示,2006年农村小学生均预算教育经费支出与全国平均水平的差额为140.27元,2016年差额扩大为339.01元;2006年农村初中生均预算教育经费支出与全国平均水平的差额为199.18元,2016年差额已扩大到998.96元。同时,农村小学生均公用经费与全国平均水平的差额更是由2006年的22.41元持续增加到208.62元,差距拉大了9倍多;农村初中生均公用经费与全国平均水平的差额由2006年32.38元扩大为2016年的304.86元,差距同样拉大了9倍多。生均教育经费的差距在很大程度上制约着城乡教育一体化的实现。

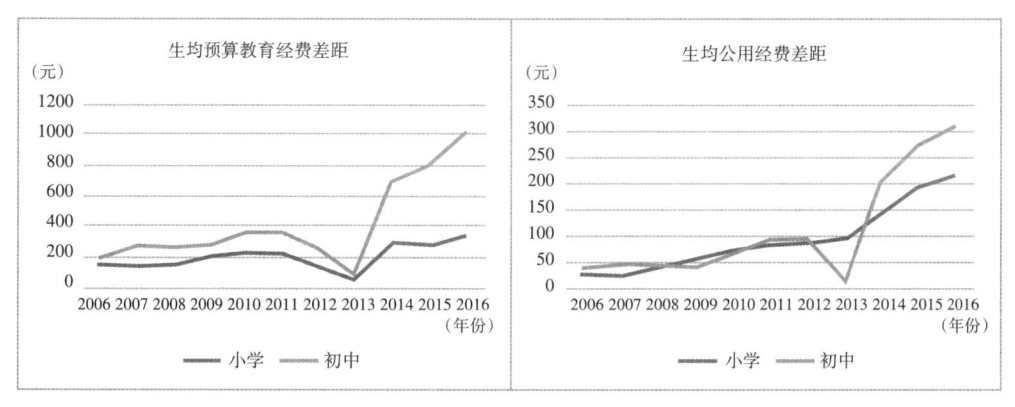

图4-13 农村小学、初中生均公用经费与全国生均水平的差距

2. 城乡义务教育办学条件失衡

办学条件不仅直接影响教育教学的质量,同时也关系到学生基本技能的培养以及全面发展。随着教育投入的倍增,农村义务教育办学条件已经发生了根本性改变,办学条件的城乡差距已逐渐由全面差距转变为部分差距。

表4-36 城乡小学办学条件差距

年份	生均校舍面积(米²)	生均教学用房面积(米²)	生均图书(册)	生均计算机数(台)	生均教学仪器设备资产值(万元)
2006	−0.445	−0.545	3.692	0.049	0.051
2007	−0.566	−0.639	3.278	0.049	0.048
2008	−0.765	−0.742	2.718	0.050	0.047

续表

年份	生均校舍面积（米²）	生均教学用房面积（米²）	生均图书(册)	生均计算机数(台)	生均教学仪器设备资产值(万元)
2009	-0.836	-0.752	3.391	0.067	0.053
2010	-0.853	-0.780	2.988	0.079	0.049
2011	-1.337	-1.080	2.496	0.049	0.046
2012	-1.719	-1.212	1.931	0.048	0.064
2013	-2.521	-1.555	0.514	0.042	0.069
2014	-2.901	-1.653	0.013	0.033	0.062
2015	-3.157	-1.712	-0.264	0.025	0.059
2016	-3.503	-1.826	-0.798	0.011	0.049

资料来源：根据2007—2017年《中国教育统计年鉴》相关数据整理、计算所得。注：表内值均由城镇减农村得到。

表4-37 城乡初中办学条件差距

年份	生均校舍面积（米²）	生均教学用房面积（米²）	生均图书(册)	生均计算机数(台)	生均教学仪器设备资产值(万元)
2006	1.176	0.712	2.058	0.025	0.032
2007	1.282	0.739	2.175	0.026	0.030
2008	1.324	0.755	2.200	0.027	0.032
2009	1.366	0.845	2.384	0.041	0.035
2010	1.326	0.831	2.236	0.053	0.035
2011	1.647	0.945	3.388	0.035	0.043
2012	1.668	0.995	3.962	0.038	0.053
2013	1.499	0.984	4.089	0.039	0.058
2014	1.509	0.990	4.706	0.041	0.061
2015	1.380	0.961	5.055	0.040	0.062
2016	1.347	0.911	5.309	0.039	0.064

资料来源：根据2007—2017年《中国教育统计年鉴》相关数据整理、计算所得。注：表内值均由城镇减农村得到。

由表4-36可以看出，农村小学的办学条件有了明显地改善。农村小学生均校舍面积和生均教学用房面积均优于城镇，且优势还在不断扩大。从2006—2016年，农村与城镇小学生均校舍面积和生均教学用房面积差额由0.445m²、0.545m²上升至3.503m²、1.826m²。

农村小学生均图书持续增加,并且2015年以后实现了对城镇小学生均图书数量的超越。农村小学生均计算机台数和生均教学仪器设备值与城镇小学相比仍然存在着差距。

由表4-37可以发现,农村初中的办学条件与城镇存在着明显地差距。农村初中无论是生均校舍面积和教学用房面积,还是生均图书、计算机和教学仪器设备值都低于城镇初中,而且这些办学条件的差距还在进一步扩大。2006—2016年,城乡初中生均校舍面积和教学用房面积的差额分别从1.176m²、0.712m²上升至1.347m²、0.911m²;生均图书册数差额从2.058册增加到5.309册;生均计算机数差额由0.025台增加到0.039台;生均教学仪器设备资产值差额由0.032万元增加到0.064万元。

3.城乡义务教育师资差距较大

教育事业的发展关键在教师,教育均衡发展的核心也在于教师资源的均衡。但是,由于学校薪酬待遇、工作环境、办学条件等方面的差异,导致城乡教师在年龄结构、学历层次、职称结构等方面存在着不小的差距。

就城乡义务教育阶段教师的学历层次来看(如表4-38所示),城乡小学和初中的专任教师学历合格率和高学历教师比例都存在着差距。2016年,城镇小学专任教师学历合格率,即高中及以上学历的专任教师比例为99.97%,农村为99.87%,城乡差距为0.1个百分点;城镇初中专科及以上学历的专任教师比例为99.80%,农村为99.57%,城乡差距为0.23个百分点。2016年城镇小学教师中拥本科及以上学历的高学历教师占96.03%,而农村小学本科及以上学历的教师占89.06%,城乡差距为6.97个百分点;城镇初中教师拥有本科及以上学历的教师占84.01%,而农村初中高学历教师占比为75.19%,城镇高于农村8.82个百分点。由此可见,城乡义务教育学校教师学历水平差距依然明显,尤其是边远贫困地区,城乡师资的质量差异更为明显。相比城市学校,农村初中的高学历、高职称教师的比例较低,而低学历、低职称教师的比例则较高,农村小学教师则呈现老龄化现象,而且严重缺乏音乐、美术、体育和信息技术等专业教师。

表4-38 城乡义务教育师资差距

年份	专任教师学历合格率(%)		高学历教师比例(%)	
	小学	初中	小学	初中
2006	1.18	2.72	22.87	19.64
2007	0.97	2.02	21.19	18.91
2008	0.82	1.51	19.83	17.78
2009	0.69	1.22	18.30	16.11
2010	0.57	0.33	16.51	14.11

续表

年份	专任教师学历合格率(%)		高学历教师比例(%)	
	小学	初中	小学	初中
2011	0.35	0.78	14.66	12.54
2012	0.27	0.64	13.22	11.64
2013	0.25	0.59	11.76	11.15
2014	0.19	0.43	10.01	10.48
2015	0.14	0.30	8.42	9.40
2016	0.10	0.23	6.97	8.82

资料来源:根据2007—2017年《中国教育统计年鉴》相关数据整理、计算所得。注:表内值均由城镇减农村得到。

4.3.3 财政教育投入效率不高

教育资源稀缺,教育投入不足,是当前教育事业发展所面临的问题。除了不断提高教育投入以适应日益增长的教育需求以外,另外一条有效途径就是充分有效的利用现有的教育资源,以培养更多更好的学生,满足更大的需求。但是由于长期以来教育投入缺乏统一的规划和不完善的保障机制,我国财政教育投入存在低水平重复投资建设的情况,越是在一些经济条件比较好的地区或城镇学校这种现象就越突出。由于教师工资具有一定的刚性,一些学校为了加快教育资金的使用进度,常常会将经费支出预算优先安排用于设备采购或设施更新,然而有些设备或者设施利用率却不高。所以往往出现原本还可以再使用若干年的教学设施设备,但是考虑到已经安排的预算,也不得不提前将其更换为新的教学设施设备。这类为了用钱而用钱的现象其实屡见不鲜,使得教育投入与产出明显不成正比,教育资源使用效率降低,造成了大量的资源浪费。

根据前文对于财政教育投入效率评价结果可知(如表4-29、表4-32所示),我国近年来城乡财政教育投入的效率并不高,无论农村还是城镇义务教育财政投入能够处于技术效率前沿面的省份数量从未超过10个,且农村技术效率总体低于城镇,存在效率上的城乡差异。如图4-14所示,2016年,农村义务教育财政投入技术效率处于前沿面的省份共有6个,比上年增加3个,全国平均技术效率值为0.84,而技术效率最低的内蒙古仅为0.56。城镇义务教育财政投入技术效率处于前沿面的省份共有9个,比上年多3个,全国平均技术效率值为0.88,而技术效率最低的上海为0.65。通过对2016年城乡技术效率值的比较可以发现,城镇财政教育投入的总体效率水平高于农村,全国共有16个省份的城镇效率值高于农村,有5个省份城乡持平,另有9个省份的农村效率值高于城镇。

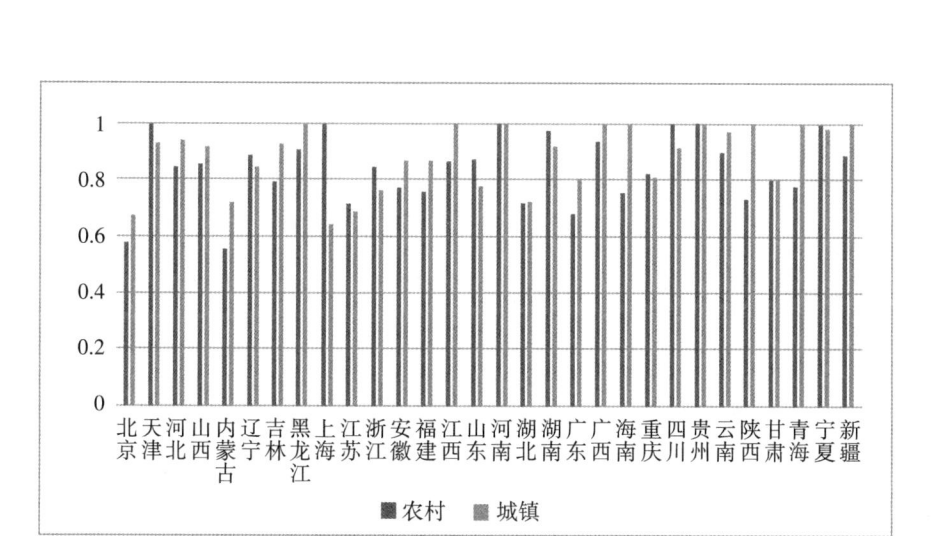

图4-14 2016年城乡义务教育财政投入效率比较

第5章　财政教育投入城乡一体化水平测度与评价

本章将着重研究财政教育投入的城乡一体化问题,目的就是希望通过构建财政教育投入城乡一体化评价指标体系,从财力、物力和人力三个维度综合测度当前教育资源在各地区城乡教育中投入的一体化程度,以期为我国城乡教育一体化发展提供可供参考的实证依据和政策建议。

5.1　财政教育投入城乡一体化指标体系设计

5.1.1 指标体系设计思路

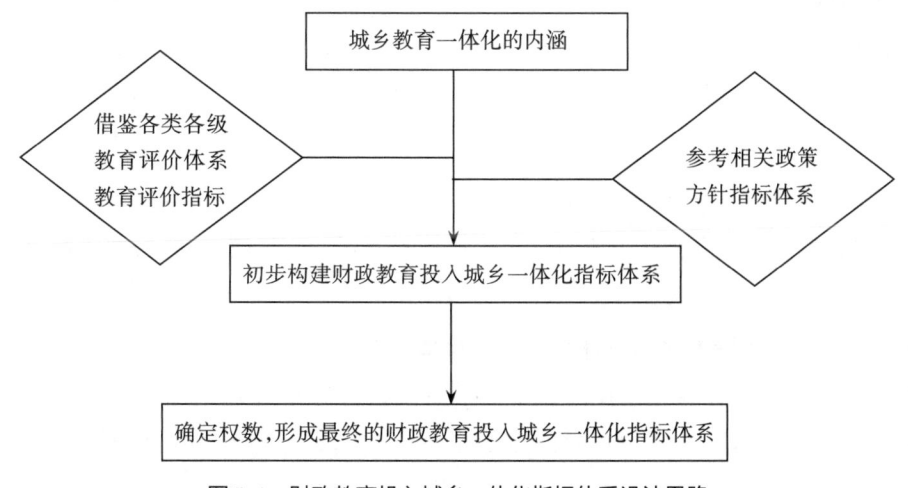

图5-1　财政教育投入城乡一体化指标体系设计思路

衡量财政教育投入城乡一体化发展水平,首先需要明确城乡教育一体化的内涵,将城乡教育一体化作为目标和方向,构造与设计财政教育投入城乡一体化的评价体系。其次充分借鉴各类各级教育评价指标体系并结合全国及各地区城乡教育发展的实际情况,并参考各级政府部门在统筹城乡教育一体化上所制定的政策方针,初步建立目标层、准则层和指标层;最后根据拟定的指标体系确定指标体系的权数形成最终的财政教育投入城乡一体化指标体系。财政教育投入城乡一体化指标体系设计思路如图5-1所示。

5.1.2 指标体系遴选原则

构造一套科学合理的指标体系有助于客观、全面地反映财政教育投入城乡一体化的真实状况。根据城乡教育一体化的相关理论,构建财政教育投入城乡一体化的指标体系应从以下几个原则出发:

1.目的性原则

指标体系构建应符合各级政府部门在推进城乡教育统筹发展制定出台的一系列方针政策和发展规划要求,在满足评价要求的基础上充分反映城乡教育一体化的目标,并通过监测评价,准确反映政府在推进财政教育投入城乡一体化中面临的问题和需要改进的环节。

2.客观性原则

即应从客观实际出发,全面准确地反映财政教育投入城乡之间的差异,构建指标体系也要考虑这一现实问题,从实际出发,对财政教育投入城乡一体化水平做出客观真实的评价。

3.可操作性原则

一是构建的指标体系需要便于城乡之间对教育投入情况进行比较;二是指标之间没有重复性且不会引起歧义;三是指标需要具有代表性,能反映客观真实的事实。具有可操作性的指标体系能提高监测和评价的效率和准确性。

4.系统性原则

即应从财政教育投入的系统整体出发,指标体系能够真实反映城乡教育投入中的人力、物力和财力各个方面及其主要特征。各指标既相互独立又彼此联系,共同构成一个系统化的指标体系。

5.1.3 财政教育投入城乡一体化指标体系构建

依据城乡教育一体化发展阶段特征,在充分参考、借鉴国内外相关研究成果[130]以及相关数据的可得性、可比性、可公开性的基础上,本课题初步设计了城乡教育投入一体化评价指标体系。首先,由于各地区以及农村和城镇学校规模大小不等,学生数量多少不一,为了增加指标的可比性,在衡量教育资源投入水平时,使用生均指标和比率指标而不是总量指标。其次,采用能够反映城乡教育投入水平差异的参数为指标,按照农村指标数除以城镇指标数表征其一体化程度,即城乡教育差异越小,则一体化程度越高。最后,义务教育是农村地区最主要的教育形式,故采用义务教育阶段的普通小学和普通初中的城乡差异均值代表的城乡教育一体化水平。

城乡教育一体化评价指标体系主要从人、财、物三个维度进行架构,即财力投入一体化指标、物力投入一体化指标和人力投入一体化指标(见表5-1)。

表5-1 城乡教育投入一体化指标体系

目标层	准则层	指标层
A城乡教育投入一体化	B1城乡教育财力投入一体化	B11生均教育经费城乡差异
		B12生均教育事业费城乡差异
		B13生均公用经费城乡差异
	B2城乡教育物力投入一体化	B21生均校舍建筑面积城乡差异
		B22生均教学用房面积城乡差异
		B23生均图书藏量城乡差异
		B24生均计算机台数城乡差异
		B25生均教学仪器设备资产值城乡差异
	B3城乡教育人力投入一体化	B31师生比城乡差异
		B32专任教师学历合格率城乡差异
		B33高学历专任教师比例城乡差异

1.城乡教育财力投入一体化指标

充足的教育经费投入是城乡教育事业发展的基础条件,也是物力和人力投入一体化的保证。比较生均经费的差异程度能够直接反映出财力投入的一体化水平,故而选取生均教育经费城乡差异、生均公用经费城乡差异、生均教育事业费城乡差异三个指标来反应城乡教育财力投入一体化水平。

2.城乡教育物力投入一体化指标

物力投入指的是办学基本条件,是学校开展教学工作以及师生学习和生活不可缺少的物质基础,将直接影响到教学工作能否顺利开展和教学质量能否保证。具体指标主要包括:生均校舍建筑面积的城乡差异、生均教学用房面积城乡差异、生均图书藏量城乡差异、生均计算机台数城乡差异、生均教学仪器设备资产值城乡差异。

3.城乡教育人力投入一体化指标

人力资源的投入主要反应在师资队伍上,城乡教师队伍的配置状况是决定城乡教育质量和一体化程度的关键因素。主要从师资数量和质量两方面来评价城乡师资水平的一体化程度,具体指标包括:师生比城乡差异、专任教师学历合格率城乡差异和高学历专任教师比例城乡差异。其中,师生比城乡差异,反映城乡教师数量的一体化水平;专任教师学历合格率和高学历专任教师比例的城乡差异反映了城乡师资水平的一体化水平。

5.2 财政教育投入城乡一体化水平测算模型构建

5.2.1 数据来源及处理

1.数据来源

本研究关于全国财政教育投入城乡一体化水平测度的相关数据来源于相关年份的《中国教育经费统计年鉴》《中国教育统计年鉴》《中国财政年鉴》及《中国统计年鉴》等;关于成都县(市)域财政教育投入一体化水平测度的相关数据则来源于2011年至2017年各年的《成都市教育统计资料汇编》。

2.数据处理

本研究中全国层面的城乡划分标准将参考《中国教育统计年鉴》,"城"包括城区(含主城区、城乡结合区)和镇区(含镇中心区、镇乡结合区、特殊区域),"乡"是指乡村(含乡中心区、村庄)。

市域层面的城乡划分中,将成都市的中心城区界定为"城",其余区县界定为"乡"。原始数据是分区县的,本文根据指标体系中对"城""乡"概念的界定,将各区县原始数据进行了统计分化处理,最终得到各指标中"城""乡"分类数据。其中,在统计数据时,"双流区"和"郫都区"分别于2015年和2016年撤县设区,由原来的"双流县"和"郫县"改为"双流区"和"郫都区"。天府新区于2010年开始规划建设,2013年成都市教育局对其拟建学校进行了布点规划并于同年纳入成都市教育统计范围。简阳市于2016年并入成都市代管并于同年纳入成都市教育统计范围。

对于监测点的数据需要首先运用比值法进行处理,其处理时有一定的约束条件,其公式如下:

$$G_i = g_i / g_i'$$

其中,G_i为第i个监测点的乡城比率,g_i第i个监测点的农村数值,g_i'为第i个监测点的城市数值。

当 $g_i < g_i'$ 时，$G_i \in (0, 1)$；

当 $g_i \geqslant g_i'$ 时，$G_i = 1$。

5.2.2 评价方法选择

1. 多指标综合评价方法

因为财政教育投入城乡一体化体系指标的复杂性，本研究采用多指标综合评价方法对财政教育投入城乡一体化水平进行评价分析。多指标综合评价方法是一个把某一评价对象多个不同方面且量纲不同的统计指标，转化为无量纲的相对评价值，并综合这些评价值得出对该评价对象的一个整体评价的方法，这种评价方法不仅可以对财政教育投入城乡一体化进行整体评价，还可以对财政教育投入城乡一体化的不同方面进行评价。

多指标综合评价方法的基本步骤如下：

①建立评价指标体系；

②确定每个指标在评价指标中的权数；

③进行数据搜集和整理；

④对搜集的指标值进行处理，计算监测点得分；

⑤计算综合评价指数；

⑥得出评价结果。

其中多指标综合评价方法中评价指标与权重系数的确定对综合评价的结果有很大的影响，按照权数确定方法的不同，多指标综合评价方法中权数确定方法可以分为主观赋权法、客观赋权法、组合赋权法和交互式赋权法四大类。

(1) 主观赋权法主要采用定性判断，由评价者根据经验主观判断而赋权的一类方法，主观赋权法主观性强，人为干扰因素强但易于操作。主观赋权法主要有：层次分析法、模糊评价法、指数加权法等。

(2) 客观赋权法是根据指标之间的相关关系或各项指标的变异系数来确定权数进行评价的方法，客观赋权法不含人的主观因素，但需要依赖于大量的数据，计算方法也比较复杂，不能体现评价者对不同指标的重视程度且不易于操作。客观赋权法主要有：熵值法、主成分分析法、聚类分析法、判别分析法等。

(3) 组合赋权法是主观赋权法和客观赋权法的组合方法，主观赋权法易于操作，但人为因素太强，客观赋权法太过于依赖于数据和数学方法，这两种方法都会导致权重设定得不合理。组合赋权法通过综合使用这两种方法，使权重的设定更加层次熵法合理。组合赋权法主要有：方差最大化赋权法、最佳协调赋权法、组合最小二乘法等。

(4)交互式赋权法是充分利用已知信息,由分析者和评价者互相协调多次循环调整修正最终设定最优权重的方法,目前这种方法还处于研究阶段,应用还不广泛。

2.层次分析法AHP

本研究使用的是主观赋权法中的层次分析法(Analytic Hierarchy Process,简称AHP),该方法是由美国运筹学家匹兹堡大学教授萨蒂于20世纪70年代初提出的一种层次权重决策分析方法。层次分析法是指将一个复杂的多目标决策问题作为一个系统,进而分解成若干层次,它将定性和定量的方法相结合,在各个因素之间两两比较,然后利用计算判断矩阵的特征向量确定下层指标对上层指标的贡献程度,从而得到基层指标对总目标而言的重要性。层次分析法适用于将非定量问题的定性分析转化为定性与定量相结合的系统分析,可以将决策者的定性思维过程数量化、模型化,也能将复杂的数学问题简单化。层次分析法用必要的标度和适当的方法来确定权重,避免了主观臆断,提高了可信度。

层次分析法的计算步骤如下:

(1)构造两两比较判断矩阵

根据已经建立的评价体系,分别对同一层次的指标进行两两比较,确定各层各因素的相对重要性。比较第i个元素与第j个元素相对于上一层次某个因素的重要性,使用数量化的相对权重a_{ij}来描述,设有n个元素参与比较,则$A=(a_{ij})_{n\times n}$称为成对比较矩阵。用托马斯塞蒂的"1-9标度方法"对a_{ij}进行赋值,标度法如表5-2所示。

表5-2 1-9标度方法

重要程度	定义描述
1	i因素与j因素相比具有同样的重要性
3	i因素与j因素相比,影响稍强
5	i因素与j因素相比,影响强
7	i因素与j因素相比,影响明显地强
9	i因素与j因素相比,影响绝对极强
2,4,6,8	表示相邻两标度折中时的标度
1,1/2,1/3...1/9	i因素与j因素的影响之比与上面的结果相反("强"改为"弱")

(2)计算判断矩阵的相对权重

将判断矩阵每一列作归一化处理得到$\overline{a_{ij}}$,即:

$$\overline{a_{ij}} = \frac{a_{ij}}{\sum_{k=1}^{m} a_{kj}}, (i=1,2,\cdots m, j=1,2,\cdots n)$$

求出每一行各元素之和 $\overline{w_i}$,即:

$$\overline{w_i} = \sum_{j=1}^{m} \overline{a_{ij}}, (i = 1, 2, \cdots n)$$

最后,对 $\overline{w_i}$ 进行归一化处理,得到 w_i,即:

$$w_i = \frac{\overline{w_i}}{\sum_{i=1}^{m} \overline{w_i}}, (i = 1, 2, \cdots m)$$

w_i 即为所求特征向量的分量,即本层次各相关因素对上一层要素的相对权重。根据以上算法,可以计算出各层指标的权重集。最终确定各个指标的权重如表5-3所示。

5.2.3 模型构建

多指标综合评价方法在构建指标体系、确定各指标的权重后,需要将经过处理的指标数据的值乘以指标权重,加总得到一个综合评价指数,具体的计算过程如下:

$$I = \sum_{i=1}^{n} G_i w_i$$

其中,I 为财政教育投入城乡一体化综合得分;G_i 为监测点 i 的监测得分,w_i 为监测点 i 的权重值,且 $\sum_{i=1}^{n} w_i = 1$。

其中,指标层指标的计算公式为:

$$C = \sum (各监测值 \times 各监测点权重)$$

准则层指标的分值为各指标层指标的和,即:

$$B1 = C1 + C2 + C3$$
$$B2 = C4 + C5 + C6 + C7 + C8$$
$$B3 = C9 + C10 + C11$$

财政教育投入城乡一体化综合得分 $A = B1 + B2 + B3$。

根据所得的财政教育投入城乡一体化综合得分就可以对财政教育投入城乡一体化程度进行分析,得出评价结果。

根据原始数据计算的城乡差异比值以及层次分析法计算的权重,可以计算城乡教育投入一体化的最终评价值,计算公式如下:

$$f(x) = \sum_{i=1}^{n} w_i x_i$$

式中,$f(x)$ 为地区城乡教育投入一体化的综合评价值,w_i 为第 i 个指标的权重,n 为城乡教育投入一体化所用指标的个数。

表5-3 城乡教育投入一体化指标权重

目标层	准则层	权重	指标层	权重
A城乡教育投入一体化	B1城乡教育财力投入一体化	0.2667	B11生均教育经费城乡差异	0.0802
			B12生均教育事业费城乡差异	0.0802
			B13生均公用经费城乡差异	0.1070
	B2城乡教育物力投入一体化	0.3552	B21生均校舍建筑面积城乡差异	0.0418
			B22生均教学用房面积城乡差异	0.0418
			B23生均图书藏量城乡差异	0.0418
			B24生均计算机台数城乡差异	0.1045
			B25生均教学仪器设备资产值城乡差异	0.1254
	B3城乡教育人力投入一体化	0.3774	B31师生比城乡差异	0.0617
			B32专任教师学历合格率城乡差异	0.1121
			B33高学历专任教师比例城乡差异	0.2037

5.3 财政教育投入城乡一体化水平测度与评价

5.3.1 全国各地区财政教育投入城乡一体化水平评价

1. 总体评价

根据上述综合评价模型,将中国30个省市(除西藏外)2006年和2016年的数据进行计算后得到各省市的城乡教育投入一体化评价值(如表5-4所示)。由于2006年是我国义务教育发展的关键时间节点,因此,将其视为城乡义务教育一体化进程的起点以及考察一体化进步程度的基期。

通过表5-4可以发现,2016年全国各省市城乡义务教育投入一体化指数分布在0.9288~1.3752之间,跨幅为0.4464,接近50%。其中,一体化程度最高的是北京,其次是海南和内蒙古,它们的一体化指数均超过了1.3;而天津和新疆则是一体化程度最低的两个省市,其指数均未超过1,而且也是2016年全国仅有的一体化指数未达到1的两个省市。

根据图5-2所示,2016年各地区城乡义务教育投入一体化水平较2006年都有不同程度的提高,平均增幅达22.8%,说明我国城乡义务教育一体化的战略已经取得了初步的成效。其中,安徽和广东的一体化水平进步最大,增幅均超过40%,分别45.7%和42.9%;而新疆的一体化水平提升最小,增幅仅1.3%。由此可以发现,新疆是全国城乡义务教育投入一体化发展最为滞后的地区,亟待进一步加大农村教育资源的投入,提升一体化水平。

表5-4 全国各地区城乡义务教育投入一体化指数及排名

地区	财力投入一体化 2006	财力投入一体化 2016	物力投入一体化 2006	物力投入一体化 2016	人力投入一体化 2006	人力投入一体化 2016	城乡义务教育投入一体化 2006	城乡义务教育投入一体化 2016	2016排名
北京	0.9587	1.2509	1.8673	1.8053	1.0246	1.0577	1.3066	1.3752	1
海南	0.8730	1.0958	1.6259	1.8778	0.8173	1.0444	1.1196	1.3545	2
内蒙古	1.0756	1.0915	1.3999	1.7905	0.9234	1.0720	1.1336	1.3327	3
山西	0.8749	1.0499	1.1296	1.6919	0.8273	1.0663	0.9475	1.2844	4
福建	0.8573	0.9344	1.5240	1.6868	0.8555	1.0211	1.0936	1.2346	5
陕西	0.9118	1.0028	1.0899	1.4696	0.8046	1.0612	0.9347	1.1909	6
宁夏	0.8813	0.8999	0.9793	1.5118	0.8525	1.0344	0.9053	1.1682	7
青海	0.8832	1.0406	1.4415	1.4204	0.9215	1.0064	1.0962	1.1628	8
吉林	0.8621	1.0179	0.8664	1.3667	0.9509	1.0651	0.8973	1.1598	9
黑龙江	0.8350	1.1103	0.8958	1.2624	0.8565	1.0694	0.8648	1.1491	10
甘肃	0.8867	1.0154	1.0674	1.3438	0.7594	1.0260	0.9029	1.1362	11
安徽	0.8514	0.9953	0.7074	1.3453	0.7816	1.0152	0.7740	1.1273	12
江西	0.9238	0.9823	0.9433	1.3572	0.8318	0.9943	0.8961	1.1202	13
四川	0.9009	0.9712	1.0882	1.3540	0.8232	0.9825	0.9382	1.1116	14
湖北	0.8015	0.9530	0.9102	1.3292	0.7963	0.9863	0.8382	1.0993	15
湖南	0.8425	0.8664	1.2308	1.3786	0.8744	0.9961	0.9926	1.0975	16
重庆	0.8413	0.8898	0.9151	1.3450	0.8561	1.0101	0.8732	1.0971	17
河北	0.9136	0.9564	1.0852	1.2602	0.8991	1.0077	0.9692	1.0838	18
浙江	0.8952	0.9392	0.9554	1.1926	0.9008	1.0138	0.9188	1.0575	19
辽宁	0.8985	0.8819	0.7688	1.2246	0.7246	1.0170	0.7869	1.0548	20
河南	0.8451	0.9378	0.7724	1.1978	0.7787	0.9962	0.7943	1.0523	21
贵州	0.8262	0.9489	0.8235	1.1560	0.7644	1.0027	0.8020	1.0430	22
广东	0.6786	0.8416	0.6927	1.2428	0.7950	0.9896	0.7276	1.0401	23
上海	0.7573	0.7496	1.2324	1.2778	0.9212	1.0165	0.9881	1.0381	24
云南	0.8730	0.8888	0.7528	1.1580	0.7971	0.9930	0.8017	1.0239	25
山东	0.8340	0.9111	0.7533	1.1405	0.8577	0.9775	0.8143	1.0178	26
广西	0.8623	0.8729	0.8384	1.1732	0.7939	0.9625	0.8281	1.0135	27
江苏	0.7785	0.8594	0.7930	1.1304	0.8056	1.0012	0.7940	1.0093	28
天津	0.6712	0.6391	1.0142	1.1641	0.8817	0.9775	0.8726	0.9534	29
新疆	0.8353	0.8120	1.0658	0.9967	0.8338	0.9472	0.9167	0.9288	30

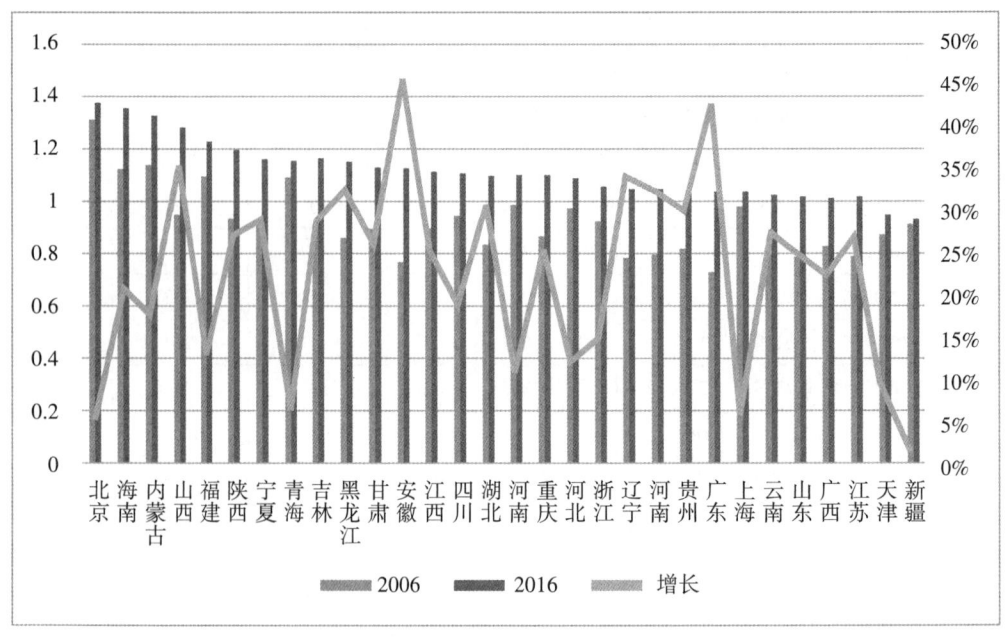

图5-2 城乡义务教育投入一体化水平变化情况

由图5-3可以看出,按照传统三大经济地带的划分,中部无疑是在城乡义务教育投入一体化进程中取得最大成效的地区,由2006年一体化指数最低的地区成为2016年一体化指数最高的地区,成功实现"中部塌陷"向"中部崛起"的转变。按照八大综合经济区的划分,2016年黄河中游和南部沿海是一体化程度最高的地区,而东部沿海是一体化程度最低的地区,东北则成为一体化水平提升最大的地区。

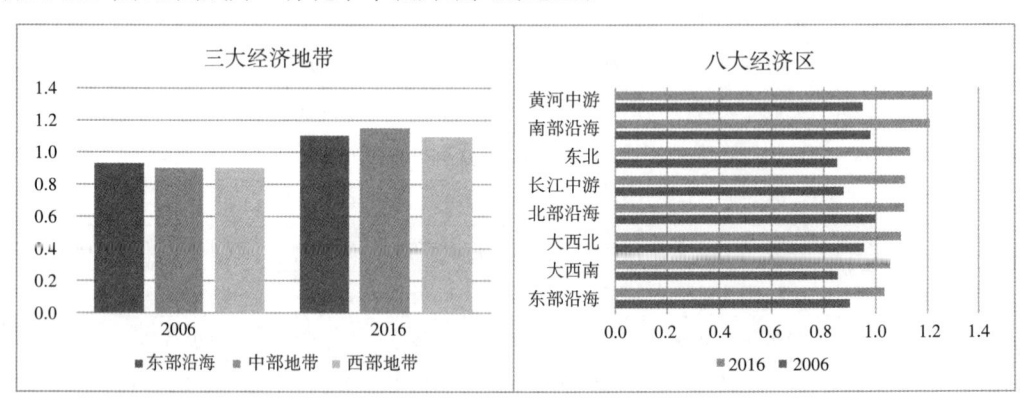

图5-3 不同经济地带城乡义务教育投入一体化水平比较

2.准则层评价

第一,财力投入一体化水平。2016年,全国城乡义务教育财力投入一体化水平最高的是北京、黑龙江和海南三个省市,同时它们也是自2006年来增幅最大的三个省市,充分反映了这三个省市在义务教育经费投入方面所做出的巨大努力。但是,由图5-4a也可以发现,相比2006年,2016年天津、新疆、辽宁和上海四个省市的财力投入一体化水平不仅没有上升,反而下降了,其中,天津的下降幅度达4.78%,2016年财力投入指数只有0.6391,仅为北京的1/2。

第二,物力投入一体化水平。相比较而言,各省市在教育基本条件方面的投入力度是最大的,除新疆外,其余29个省市的物力投入一体化指数在2016年全部超过1,并且全国平均增幅达35%。其中,安徽的增幅高达90.2%,广东的增幅为79.4%,另外还有辽宁等6个省市的增幅超过50%。全国只有新疆、北京和青海3个省市的物力投入一体化水平较2006年有所下降。

第三,人力投入一体化水平。全国城乡义务教育人力投入一体化的整体情况较好,所有30个省市的人力投入一体化指数都有所增长,平均增幅为20.7%。2006年全国仅有北京的人力投入一体化指数超过1,而2016年已经有19个省市的指数超过1,其余省市的指数也都在0.94以上。这说明随着城乡义务教育一体化发展,农村教师资源投入与城镇的差异不断缩小。

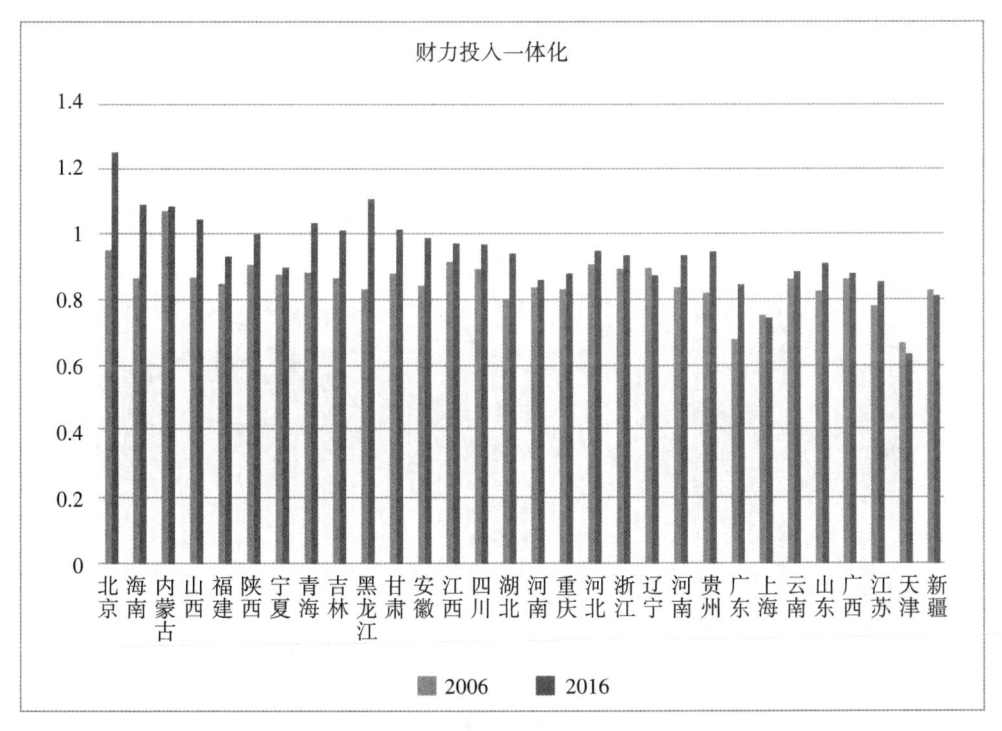

图 5-4a

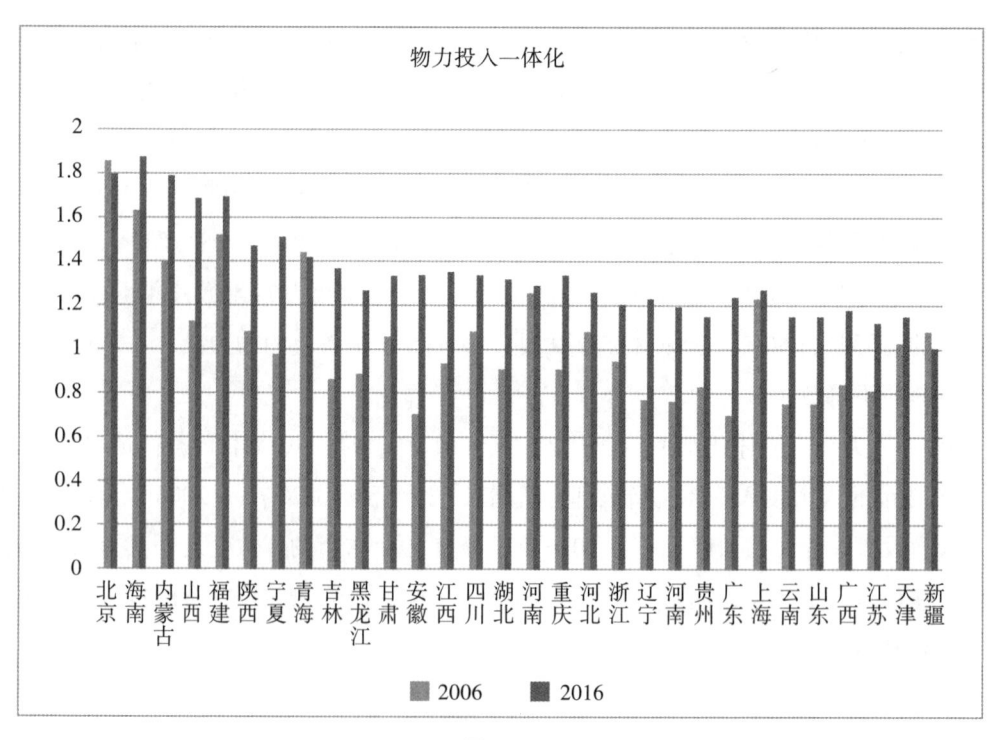

图5-4b

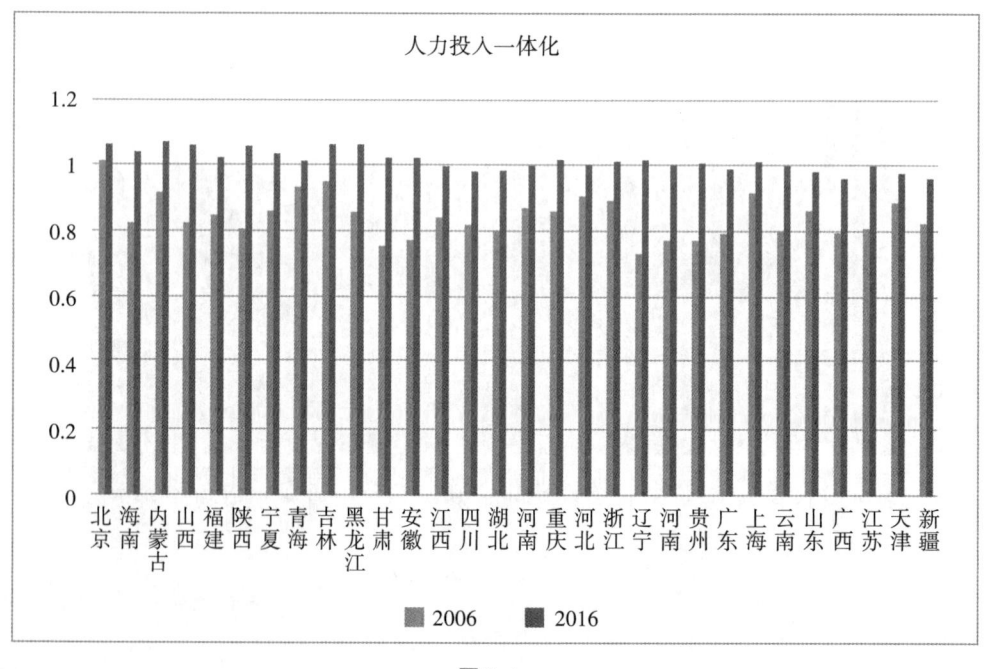

图5-4c

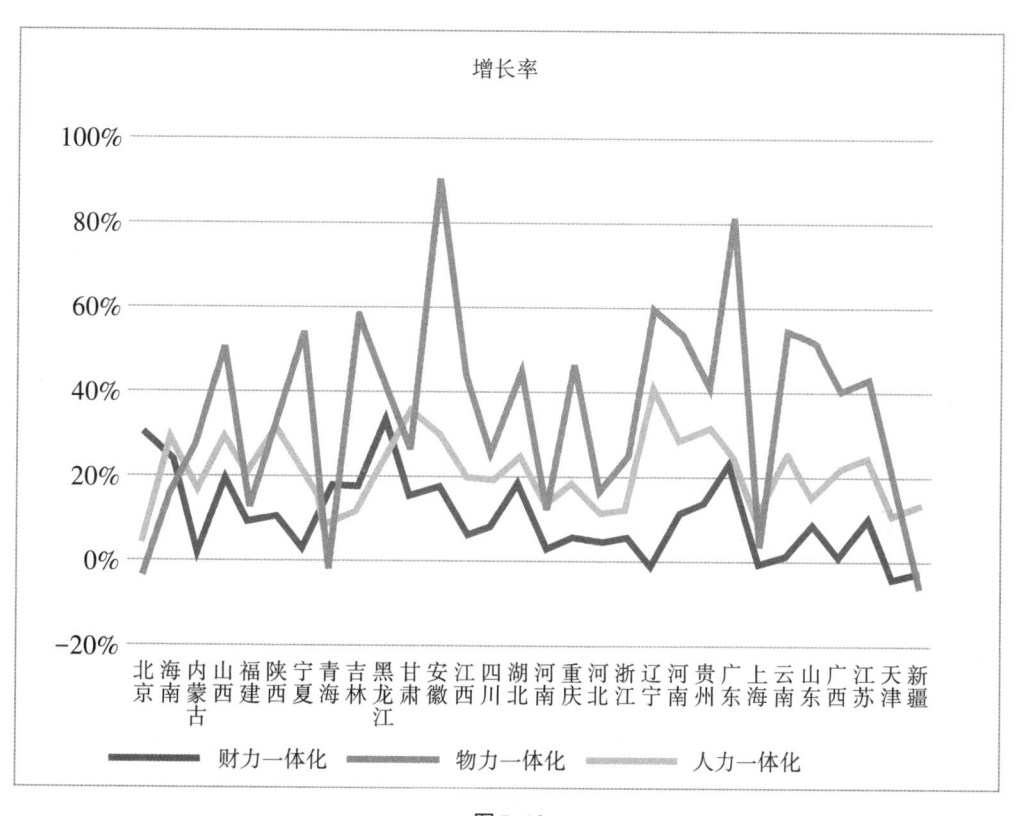

图5-4d

图5-4 城乡义务教育财力、物力、人力投入一体化水平变化情况

3.指标层评价

表5-5呈现了全国11个指标层指数情况,根据"人、财、物"三类对指标层指数进行分类评价。

第一,财力投入一体化水平包括"生均教育经费城乡差异""生均预算教育事业费城乡差异"和"生均预算公用经费城乡差异"三个指标的指数情况。生均教育经费城乡差异指数2016年最高的是北京,达到了1.103,其余城市该指数都在0.8以下,最低的是贵州,仅有0.261;相比于2006年,2016年内蒙古和新疆的生均教育经费城乡差异指数出现了下降,下降幅度分别为5.89%和13.70%,增幅最大的是重庆,增幅达到246.15%,全国平均增幅为61.29%。生均预算教育事业费城乡差异指数2016年相比于2006年有较多城市出现了下降,分别是内蒙古、山西、陕西、安徽和新疆,增幅最大的是重庆,增幅达到202.74%,全国平均增幅为45.44%。生均预算公用经费城乡差异指数2016年全国所有城市都没达到1以上,最高的北京为0.967;2016年与2006年相比全国财力投入三个指标中平均增幅最小的是生均预算公用经费城乡差异,为27.25%,主要原因是大多数城市出现了下降,且降幅较大,降幅最大的新疆降幅达到44.40%,增幅最大的仍旧是重庆,为183.33%。

表5-5 2006年及2016年全国各地区城乡义务教育投入一体化指标层指数

地区	生均教育经费城乡差异 2006	生均教育经费城乡差异 2016	生均预算教育事业费城乡差异 2006	生均预算教育事业费城乡差异 2016	生均预算公用经费城乡差异 2006	生均预算公用经费城乡差异 2016	生均校舍建筑面积城乡差异 2006	生均校舍建筑面积城乡差异 2016	生均教学用房面积城乡差异 2006	生均教学用房面积城乡差异 2016	生均图书藏量城乡差异 2006	生均图书藏量城乡差异 2016	生均计算机台数城乡差异 2006	生均计算机台数城乡差异 2016	生均教学仪器设备资产值城乡差异 2006	生均教学仪器设备资产值城乡差异 2016	师生比城乡差异 2006	师生比城乡差异 2016	教师学历合格率城乡差异 2006	教师学历合格率城乡差异 2016	高学历教师比例城乡差异 2006	高学历教师比例城乡差异 2016
北京	0.618	1.103	0.787	1.079	0.726	0.967	2.016	2.532	2.142	2.376	2.026	1.920	1.584	1.845	2.589	1.712	1.410	1.392	0.998	0.999	0.903	0.992
海南	0.213	0.537	0.258	0.532	0.303	0.486	1.330	3.573	1.459	3.063	1.322	1.932	0.856	2.354	1.255	1.910	1.044	1.909	0.972	0.996	0.458	0.842
内蒙古	0.535	0.503	0.586	0.504	0.532	0.469	1.946	2.523	1.733	1.713	1.447	1.385	1.151	1.881	1.196	2.627	1.623	1.720	0.969	1.000	0.638	0.958
山西	0.443	0.474	0.541	0.483	0.492	0.450	1.524	2.660	1.450	2.082	1.489	1.606	1.034	2.081	0.661	1.382	1.118	1.837	0.968	0.996	0.564	0.868
福建	0.217	0.485	0.245	0.511	0.263	0.455	1.865	2.577	1.759	2.193	1.178	1.520	0.837	1.721	0.866	1.373	1.151	1.549	0.986	0.999	0.568	0.882
陕西	0.411	0.427	0.477	0.434	0.444	0.390	1.485	2.715	1.465	2.442	1.336	1.644	0.899	1.593	0.740	1.316	1.169	1.821	0.964	0.999	0.516	0.917
宁夏	0.409	0.471	0.447	0.490	0.391	0.395	1.159	1.987	1.153	1.721	1.109	1.482	0.674	1.651	0.564	1.443	1.047	1.428	0.982	0.999	0.693	0.940
青海	0.303	0.397	0.338	0.396	0.373	0.358	1.985	2.216	1.809	1.782	1.365	1.259	1.439	1.139	1.090	1.490	1.173	1.238	0.990	1.001	0.782	0.924
吉林	0.336	0.580	0.390	0.605	0.369	0.575	1.064	1.932	1.222	1.734	1.075	1.275	0.678	1.411	0.269	1.117	1.366	1.745	0.988	0.999	0.731	0.908
黑龙江	0.417	0.571	0.459	0.591	0.533	0.624	1.142	1.911	1.286	1.989	1.259	1.282	0.657	1.087	0.478	0.892	1.131	1.819	0.979	0.996	0.634	0.890
甘肃	0.255	0.383	0.282	0.388	0.328	0.378	1.237	2.183	1.215	1.816	1.097	1.409	0.765	1.162	0.504	1.050	0.921	1.599	0.955	0.996	0.437	0.882
安徽	0.305	0.317	0.366	0.324	0.439	0.318	1.086	1.594	1.017	1.453	0.955	1.295	0.423	1.228	0.282	1.131	0.846	1.305	0.981	0.996	0.578	0.912
江西	0.209	0.319	0.246	0.324	0.284	0.330	1.572	2.034	1.497	1.779	1.604	1.316	0.607	1.069	0.362	1.213	1.033	1.310	0.967	0.997	0.529	0.838
四川	0.161	0.323	0.185	0.330	0.202	0.321	1.467	1.997	1.353	1.661	1.422	1.672	0.937	1.184	0.583	1.097	0.939	1.288	0.967	1.000	0.529	0.836
湖北	0.294	0.473	0.341	0.478	0.359	0.457	1.339	2.047	1.121	1.596	0.947	1.210	0.456	1.348	0.649	1.028	0.930	1.310	0.964	0.998	0.546	0.842
湖南	0.251	0.302	0.287	0.309	0.234	0.278	1.889	2.057	1.777	1.873	1.830	1.653	1.126	1.280	0.968	0.967	1.303	1.339	0.973	0.996	0.545	0.835
重庆	0.117	0.405	0.146	0.442	0.144	0.408	1.149	1.740	1.032	1.364	1.016	1.343	0.712	1.393	0.373	1.197	0.758	1.252	0.979	0.996	0.608	0.925
河北	0.296	0.333	0.323	0.337	0.327	0.366	1.276	1.615	1.425	1.544	1.636	1.400	0.982	1.238	0.877	1.077	1.170	1.165	0.986	0.999	0.666	0.931
浙江	0.330	0.539	0.353	0.551	0.331	0.492	1.087	1.285	1.048	1.151	1.134	1.235	0.786	1.080	0.683	1.080	1.056	1.152	0.987	0.999	0.734	0.972
辽宁	0.534	0.606	0.576	0.628	0.811	0.532	0.969	1.478	1.019	1.538	0.691	1.161	0.607	0.956	0.531	0.878	1.026	1.350	0.973	0.998	0.451	0.912
河南	0.218	0.312	0.254	0.322	0.307	0.318	0.895	1.539	0.950	1.449	1.130	1.272	0.397	0.904	0.380	0.904	0.910	1.227	0.972	0.997	0.467	0.867
贵州	0.162	0.261	0.172	0.264	0.220	0.241	1.020	1.563	1.133	1.465	1.009	1.190	0.579	1.324	0.433	0.881	0.870	1.166	0.957	0.998	0.434	0.914
广东	0.198	0.541	0.218	0.577	0.275	0.634	0.861	1.634	0.852	1.677	0.780	1.308	0.401	1.253	0.274	0.812	0.833	1.272	0.972	1.000	0.540	0.885
上海	0.438	0.751	0.494	0.792	0.458	0.575	1.082	1.453	1.149	1.507	1.004	1.439	0.792	1.007	1.274	1.198	1.067	1.144	0.986	1.000	0.829	0.990
云南	0.181	0.305	0.204	0.312	0.215	0.259	1.448	1.663	1.174	1.350	0.902	1.220	0.359	1.213	0.432	0.863	1.027	1.178	0.962	0.995	0.505	0.906
山东	0.295	0.424	0.331	0.438	0.267	0.440	1.014	1.289	1.009	1.238	0.962	1.098	0.499	0.849	0.333	0.818	1.126	1.187	0.986	0.998	0.556	0.878
广西	0.149	0.298	0.159	0.308	0.185	0.259	1.390	1.670	1.287	1.355	0.977	0.978	0.340	1.161	0.381	0.966	0.886	1.080	0.972	0.996	0.459	0.859
江苏	0.259	0.458	0.309	0.480	0.279	0.438	0.948	1.142	0.912	1.184	0.990	1.288	0.689	1.208	0.396	0.892	0.894	1.136	0.985	1.000	0.616	0.955
天津	0.327	0.574	0.364	0.609	0.399	0.351	1.239	1.180	1.376	1.361	1.531	1.213	1.110	1.161	0.691	0.966	0.990	0.990	0.972	0.998	0.735	0.948
新疆	0.489	0.422	0.594	0.423	0.545	0.303	1.092	1.296	1.255	1.107	1.155	0.923	0.783	0.953	0.880	0.888	1.175	1.319	0.984	0.999	0.608	0.806

第二,物力投入一体化水平包括"生均校舍建筑面积城乡差异""生均教学用房面积城乡差异""生均图书藏量城乡差异""生均计算机台数城乡差异"和"生均教学仪器设备资产值城乡差异"的指数情况。生均校舍建筑面积城乡差异指数2006年全国所有城市都已在0.85以上,2016年与2006年相比,除天津出现略微下降以外,其余城市都上升了,增幅最大的是海南,达到了168.65%,全国平均增幅为46.55%。生均教学用房面积城乡差异指数在2006年全国所有城市也均达到了0.85以上,2016年与2006年相比,内蒙古、青海、天津和新疆指数出现了下降,增幅最大的是海南,达到109.94%,全国平均增幅为31.72%。生均图书藏量城乡差异指数2016年较2006年大多城市出现了下降,包括北京、内蒙古、青海、江西、湖南、河北、天津和新疆,其余城市虽然上涨但涨幅不高,全国平均涨幅为16.65%。生均计算机台数城乡差异指数2016年较2006年全国除青海,其余城市都有不同程度的提高,且大多数城市提高明显,全国平均涨幅达到90%。生均教学仪器设备资产值城乡差异指数2016年与2006年相比大多数城市也有较大幅度的上涨,全国平均涨幅为104.76%,但北京一反常态成为此项指标降幅最高的城市,下降幅度达到33.87%。

第二,人力投入一体化水平包括"师生比城乡差异""教师学历合格率城乡差异"和"高学历教师比例城乡差异"的指数情况。师生比城乡差异指数全国来看,2016年较2006年大部分城市指数出现上涨,下降的城市下降幅度也都在2%以内。教师学历合格率城乡差异指数2016年较2006年全国所有城市指数都出现上涨,但上涨幅度不高,都在5%以内。高学历教师比例城乡差异指数2016年较2006年全国所有城市指数也都出现上涨,且上涨幅度较大,全国平均涨幅达到56%,涨幅最高的是贵州,涨幅达到110.56%。

由上述分析发现,财力投入指标方面表现最好的是重庆,2016年较2006年三个财力投入指标指数增幅都为最高,而新疆是全国城乡义务教育财力投入发展最不稳定的地区,2016年较2006年三个财力指标指数都出现了下降。物力投入指标方面,2016年较2006年海南在"生均校舍建筑面积城乡差异""生均教学用房面积城乡差异"两个指标指数上增幅都为最大。人力投入指标方面表现良好,2016年较2006年全国所有城市相关指数几乎都呈上涨趋势且出现下降的城市下降幅度都不高。

4.聚类分析

为进一步分析各地区的城乡义务教育投入的一体化水平,对全国30个省(自治区、直辖市)的一体化指数进行K-means聚类分析,结果如表5-6所示。

表5-6　2016年各地区城乡义务教育投入一体化聚类结果

类别	地区
第一类	北京 山西 内蒙古 海南
第二类	吉林 黑龙江 福建 陕西 甘肃 青海 宁夏
第三类	河北 辽宁 浙江 安徽 江西 河南 湖北 湖南 重庆 四川
第四类	天津 上海 江苏 山东 广东 广西 贵州 云南 新疆

第一类包括北京、山西、内蒙古和海南,是城乡义务教育投入一体化程度最高的省市。这4个省市分属不同的地区,经济实力和财政实力有着明显差异,说明城乡义务教育投入一体化水平与地区财力并没有直接联系。这与王维对我国各省份基本公共教育服务水平评价结果相符合。由表5-7的相关性分析也证实了这一点,城乡义务教育投入一体化指数和人均GDP、人均财政收入没有显著的相关性。因此,教育资源的生均投入水平将直接影响各地城乡义务教育投入一体化程度,教育资源的合理与均衡配置才能保障一体化水平的提升。

表5-7　Pearson相关系数表

		一体化指数	人均GDP	人均财政收入
一体化指数	Pearson相关性	1	0.002	0.063
	显著性(双侧)		0.991	0.739
	N	30	30	30
人均GDP	Pearson相关性	0.002	1	0.903**
	显著性(双侧)	0.991		0.000
	N	30	30	30
人均财政收入	Pearson相关性	0.063	0.903**	1
	显著性(双侧)	0.739	0.000	
	N	30	30	30

注:*在0.05水平(双侧)上显著相关。**在0.01水平(双侧)上显著相关。

第二类包括吉林、黑龙江、福建等7个省市,属于城乡义务教育投入一体化水平的第二梯队。其中,甘肃应该是在城乡义务教育投入一体化进程中努力程度最高的省份,因为无论是在地区经济实力,还是政府财力方面甘肃都排在全国最后,而农村学生比例却排在全国第三位。可想而知,能够进入第二梯队已经实属不易。

第三类包括河北、辽宁、浙江等11个省市,属于城乡义务教育投入一体化程度一般的第三梯队。虽然这些省市整体的一体化水平不高,但是它们却是一体化指数增长最快的,平均增幅达到25%;其中,安徽是全国增幅最大的省份。

第四类包括天津、上海、江苏等9个省市,属于城乡义务教育投入一体化程度最低的第四梯队。这些省市之中,上海、天津、江苏、广东和山东属于经济发达省市,人均GDP和人均财政收入均列全国前茅,但是一体化水平显然差强人意。新疆、广西、云南和贵州则属于农村学生比例较大省份,均排在全国前5以内,而人均GDP和人均财政收入则列全国最低的10个省市之中,相对而言,要想进一步提高城乡义务教育投入一体化水平就需要克服更多的困难。

5.3.2 成都县(市)域财政教育投入城乡一体化水平评价

1. 总体评价

根据上述综合评价模型,将成都市2011年至2017年的数据进行计算后得到城乡义务教育投入一体化评价值(如表5-8所示)。

表5-8　2011年至2017年成都城乡义务教育投入一体化指数

时间	准则层指数			城乡义务教育投入一体化
	财力投入一体化	物力投入一体化	人力投入一体化	
2011	0.8598	0.8120	0.9045	0.8591
2012	0.8338	0.8534	0.9079	0.8681
2013	0.9054	0.9428	0.9595	0.9385
2014	0.7760	1.0334	0.9746	0.9418
2015	0.7895	1.0614	0.9821	0.9582
2016	0.8683	1.0249	0.9890	0.9689
2017	0.9027	1.0079	0.9920	0.9731

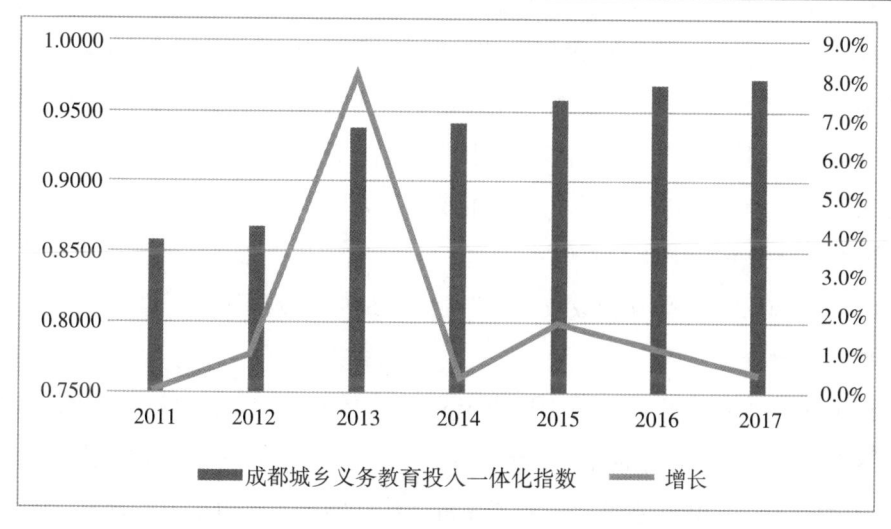

图5-6　成都城乡义务教育投入一体化水平变化情况

根据成都市城乡义务教育投入一体化指数结果分析可以发现,成都城乡义务教育投入一体化在2011年至2017年评价值在0.8591~0.9731之间,2016年相比于2006年,增幅为13.26%。根据图5-6所示,2011年至2017年一体化指数每年增幅不大,但2013年变化显著,增幅为8.10%。

2. 准则层评价

第一,财力投入一体化水平。2011年至2017年成都城乡义务教育财力投入一体化指数没有明显的上升趋势,呈波动变化。2017年与2011年相比,一体化指数增幅为4.99%。成都市在教育财力投入方面做了不少努力,以"支持城区、补助近郊、扶持远郊"为主要思路,将新增教育经费大量用于农村教育,加大市本级向农村的转移支付力度。2012年新增近40亿资金用于统一并提高城乡学生生均公用经费拨款标准等6项举措,2016年提出"两免一补"政策。但城乡义务教育财力投入一体化难以得到平稳发展的原因一是因为农村人口向城市地区大规模迁移,财力投入无法跟上城市整体教育规模扩张速度;二是城市与农村教育差异大的现象仍存在,如何将经费用在最适合的地方这一问题还没得到有效的解决,城区和农村的财力投入协调发展需要更全面的方针和策略。

第二,物力投入一体化水平。城乡义务教育物力投入一体化指数虽然在2016年和2017年均有略微回落,但总体处于上升状态且在2013年变化显著,2013年一体化指数较上一年上涨10.48%。成都市在物力投入方面特别重视"教育现代化"的重要性,2013年成都市建设统筹城乡教育综合改革试验区第二阶段总体方案(2013-2017年)》提到:全面推进教育现代化需要以教育信息化带动教育现代化,用现代化的技术手段改进教育、提升教育水平。通过统筹改善城乡学校技术装备全面提升了成都城乡教育物力一体化水平。

第三,人力投入一体化水平。三个准则层指标中2011年至2017年评价值最稳定的是城乡义务教育人力投入一体化,指数分布在0.9045~0.9920之间,且有逐年上涨的趋势,2017年较2011年上涨9.67%。成都市按照城乡一体化的思路,通过建立激励导向机制、建立经费保障机制、完善教师培训机制等长效机制,促进干部教师的全域流动共享,实现了教育人才资源的城乡合理配置。2013年成都市开始执行圈层融合战略和委托管理实验来推进城乡义务教育优质均衡化发展,这一举措从根本上推动了城乡义务教育人力投入一体化发展,2013年一体化指数较上一年上涨5.68%,实现了高水平的发展。

3. 指标层评价

表5-9和5-10呈现了11个指标层指标和22个监测点的指数情况,具体显示出城乡教育一体化发展进程中的薄弱部分,为今后成都财政教育投入的重点指明了方向。

第一,财力投入一体化水平指标分类评析。从准则层指标指数可以看出,"人、财、物"

的投入中指数最低且发展最不稳定的是财力投入部分。根据表5-9分别分析"生均教育经费城乡差异""生均预算教育事业费城乡差异"和"生均预算公用经费城乡差异"三个指标的指数情况,发现除了生均教育经费城乡差异指数在2011年至2017年在总体上升以外,生均预算教育事业费城乡差异指数在2013年陡升后没有维持上升趋势,在2014年突然下降随后缓慢上升,但2017年仍没有上升至超过2013年。生均预算公用经费城乡差异指数从2011年开始逐年下降,2016年反弹并开始上升,但2017年比2011年仍下降了0.1685,降幅为18.79%。

表5-9 2011年至2017年成都市城乡义务教育投入一体化指标层指数

时间	生均教育经费城乡差异	生均预算教育事业费城乡差异	生均预算公用经费城乡差异	生均校舍建筑面积城乡差异	生均教学用房面积城乡差异	生均图书藏量城乡差异	生均计算机台数城乡差异	生均教学仪器设备资产值城乡差异	师生比城乡差异	教师学历合格率城乡差异	高学历教师比例城乡差异
2011	0.8286	0.8337	0.8971	1.1362	0.8241	0.9007	0.798	0.6812	1.0235	0.9577	0.8388
2012	0.8575	0.8675	0.7853	1.0783	0.9234	0.9588	0.8502	0.722	1.0024	0.9535	0.8537
2013	1.0064	1.0334	0.728	1.067	0.9756	1.0577	0.9758	0.8238	1.0529	0.9992	0.9089
2014	0.9206	0.8782	0.5861	1.1271	1.0515	1.0989	1.0332	0.9737	1.0519	1.0000	0.9367
2015	0.9402	0.9182	0.5749	1.0778	1.0249	1.104	1.1068	1.0152	1.0397	0.9999	0.9544
2016	0.9856	0.9453	0.717	1.0259	1.0394	1.1062	1.0601	0.9626	1.1104	0.9998	0.9458
2017	1.0104	1.0193	0.7286	1.0553	1.0136	1.0444	1.0297	0.9592	1.0586	1.0000	0.9669

从表5-10来看,初中阶段的生均教育经费城乡差异乡城比率和生均预算教育事业费城乡差异乡城比率在2017年都达到了城乡均衡;但在生均预算公用经费城乡差异上还处于较不均衡的状态,2017年"乡城比率"只有0.8281。而小学阶段在生均教育经费城乡差异乡城比率和生均预算教育事业费城乡差异乡城比率在2013年达到均衡后,2014年在城乡之间又拉开了差距;在生均预算公用经费城乡差异乡城比率上一直处于不均衡的状态,2017年乡城比率为0.6291,说明生均预算公用经费支出在小学阶段城乡差距较大。从监测点指数上来看,2014年为一个重要的转折点,在生均教育经费城乡差异监测点指数、生均预算教育事业费城乡差异监测点指数和生均预算公用经费城乡差异监测点指数上小学和初中阶段都在这一年有较大幅度的下降。

表3-10　2011年至2017年成都市城乡义务教育投入一体化乡城比率和监测点指数

监测点	2011 乡城比率	2011 监测点指数	2012 乡城比率	2012 监测点指数	2013 乡城比率	2013 监测点指数	2014 乡城比率	2014 监测点指数	2015 乡城比率	2015 监测点指数	2016 乡城比率	2016 监测点指数	2017 乡城比率	2017 监测点指数
小学生均教育经费城乡差异	0.8895	0.8895	0.8866	0.8866	1.0194	1.0194	0.9057	0.9057	0.9241	0.9241	0.9341	0.9341	0.9866	0.9866
初中生均教育经费城乡差异	0.7677	0.7677	0.8284	0.8284	0.9933	0.9933	0.9355	0.9355	0.9562	0.9562	1.0371	1.0371	1.0342	1.0342
小学生均预算教育事业费城乡差异	0.8593	0.8593	0.9217	0.9217	1.0241	1.0241	0.8739	0.8739	0.9164	0.9164	0.9097	0.9097	0.9699	0.9699
初中生均预算教育事业费城乡差异	0.8080	0.8080	0.8133	0.8133	1.0426	1.0426	0.8825	0.8825	0.9199	0.9199	0.9809	0.9809	1.0687	1.0687
小学生均预算公用经费城乡差异	0.8090	0.8090	0.8128	0.8128	0.6861	0.6861	0.5534	0.5534	0.5580	0.5580	0.6737	0.6737	0.6291	0.6291
初中生均预算公用经费城乡差异	0.9853	0.9853	0.7577	0.7577	0.7699	0.7699	0.6187	0.6187	0.5918	0.5918	0.7602	0.7602	0.8281	0.8281
小学生均校舍建筑面积城乡差异	1.0094	1.0094	0.9801	0.9801	0.9916	0.9916	1.0487	1.0487	0.9753	0.9753	0.9426	0.9426	0.9575	0.9575
初中生均校舍建筑面积城乡差异	1.2630	1.2630	1.1765	1.1765	1.1425	1.1425	1.2055	1.2055	1.1802	1.1802	1.1092	1.1092	1.1531	1.1531
小学生均教学用房面积城乡差异	1.1116	1.1116	1.3001	1.3001	1.3102	1.3102	1.3849	1.3849	1.3109	1.3109	1.2824	1.2824	1.2601	1.2601
初中生均教学用房面积城乡差异	0.5367	0.5367	0.5468	0.5468	0.6409	0.6409	0.7182	0.7182	0.7389	0.7389	0.7965	0.7965	0.7671	0.7671
小学生均图书藏量城乡差异	1.2149	1.2149	1.3499	1.3499	1.4205	1.4205	1.4473	1.4473	1.4121	1.4121	1.3648	1.3648	1.2984	1.2984
初中生均图书藏量城乡差异	0.5866	0.5866	0.5677	0.5677	0.6948	0.6948	0.7505	0.7505	0.7959	0.7959	0.8476	0.8476	0.7904	0.7904
小学生均计算机台数城乡差异	1.0763	1.0753	1.1970	1.1958	1.3106	1.3094	1.3608	1.3595	1.4157	1.4144	1.3079	1.3066	1.2801	1.2789
初中生均计算机台数城乡差异	0.5197	0.5192	0.5034	0.5029	0.6411	0.6405	0.7056	0.7050	0.7980	0.7972	0.8123	0.8115	0.7793	0.7785
小学生均教学仪器设备资产值城乡差异	0.9187	0.9187	1.0165	1.0165	1.1064	1.1064	1.2823	1.2823	1.2985	1.2985	1.1876	1.1876	1.1925	1.1925
初中生均教学仪器设备资产值城乡差异	0.4436	0.4436	0.4275	0.4275	0.5412	0.5412	0.6650	0.6650	0.7319	0.7319	0.7375	0.7375	0.7259	0.7259
小学师生比城乡差异	1.2708	1.2688	1.2988	1.2967	1.3395	1.3373	1.3120	1.3099	1.2676	1.2655	1.3144	1.3122	1.2568	1.2547
初中师生比城乡差异	0.7763	0.7750	0.7060	0.7048	0.7664	0.7652	0.7917	0.7904	0.8117	0.8104	0.9065	0.9051	0.8605	0.8591
小学教师学历合格率城乡差异	0.9995	0.9986	0.9999	0.9990	0.9999	0.9990	1.0000	0.9991	1.0000	0.9991	0.9999	0.9990	0.9999	0.9990
初中教师学历合格率城乡差异	0.9159	0.9150	0.9071	0.9062	0.9984	0.9976	0.9999	0.9990	0.9998	0.9989	0.9997	0.9988	1.0000	0.9991
小学高学历教师比例城乡差异	0.8663	0.8659	0.8925	0.8920	0.9093	0.9089	0.9370	0.9365	0.9581	0.9576	0.9622	0.9617	0.9779	0.9774
初中高学历教师比例城乡差异	0.8113	0.8109	0.8149	0.8145	0.9085	0.9081	0.9363	0.9359	0.9508	0.9503	0.9295	0.9290	0.9559	0.9554

城乡教育财力投入一体化作为整个财政教育投入城乡一体化的短板,说明在城乡教育财力投入上还存在许多问题,特别是在预算教育事业费和预算公用经费支出上。2013年成都市委市政府出台《成都市建设统筹城乡教育综合改革试验区第二阶段总体方案(2013—2017年)》相关文件及任务分工,在教育质量及推进教育现代化上做出了许多努力。但2014年在城乡教育财力投入一体化方面没有保持应有的冲劲,且整体来看教育财力投入上城乡仍有一定差距,建议政府在继续加大教育经费的总投入的基础上更加注重城乡教育经费的优化配置并重点提高预算公用经费的支出水平。

第二,物力投入一体化水平指标分类评析。从准则层指标指数来看,城乡义务教育物力投入一体化指数总体处于上升状态,根据表5-9分别分析"生均校舍建筑面积城乡差异""生均教学用房面积城乡差异""生均图书藏量城乡差异""生均计算机台数城乡差异"和"生均教学仪器设备资产值城乡差异"的指数情况。生均校舍建筑面积城乡差异指数比较平稳,没有明显的上升趋势;而生均教学用房面积城乡差异指数和生均教学仪器设备资产值城乡差异指数在2011年至2016年都是逐年上升的状态,在2017年有所回落;生均教学用房面积城乡差异指数和生均计算机台数城乡差异指数在2012年和2017年都略微有所下降,但总体还是上升的。

从表5-10来看,小学阶段在办学条件上几乎都达到了城乡均衡,2011年至2017年五个指标层指标的"乡城比率"都在0.90以上;而初中在"生均教学用房面积城乡差异""生均图书藏量城乡差异""生均计算机台数城乡差异"和"生均教学仪器设备资产值城乡差异"上都未能达到均衡,但监测点指数都在上升,仅在2017年有小幅度的下降。五个指标中"生均校舍建筑面积城乡差异"在小学阶段和初中阶段大体上达到了均衡,农村初中生均校舍建筑面积从2011年开始就大于城区,这与城区土地资源紧张、农村学生数量减少有一定关系,在学校布局规划上应注意城乡间的合理分配。

义务教育阶段城乡整体办学条件在成都"教育现代化""信息化带动城乡一体化"等政策的制定和实施下得到了极大改善,但初中阶段在整体城乡教育物力投入上还存在较大的城乡差距,建议在今后的发展中重视农村普通初中的办学条件的改善和提升,将小学标准化建设的经验推广到初中阶段。

第三,人力投入一体化水平指标分类评析。从准则层指标指数来看,城乡义务教育人力投入一体化指数最高且一直为上升趋势,根据表5-9分别分析"师生比城乡差异""教师学历合格率城乡差异"和"高学历教师比例城乡差异"的指数情况。师生比城乡差异指数在2017年有所下降,整体呈上升趋势;教师学历合格率城乡差异指数整体比较稳定;高学历教师比例城乡差异指数上升明显,2017年比2011年提升0.1281,增幅为15.27%。

根据表5-10分阶段的监测点指标乡城比率和监测点指数分析，义务教育阶段"教师学历合格率城乡差异"从2013年开始均达到均衡状态；小学阶段的"师生比城乡差异"也从2011年开始达到均衡状态，但初中阶段仍表现出极大的城乡差异，其乡城比率除2016年达到0.9065以外，其余均在0.90以下；小学和初中阶段的"高学历教师比例城乡差异"城乡差距明显缩小，在2017年小学和初中阶段的乡城比率达到了0.9779和0.9559，与2011年相比分别上升了0.1116和0.1446。

城乡义务教育人力投入一体化指标实现高均衡率，主要依靠于成都市委市政府出台的多项相关政策。2012以来，成都市各县结成10对"一对一"教育联盟，480所义务教育学校参与结对，覆盖面达42%，2993名城市骨干教师与4546名农村学校教师结成师徒，全面推动城乡教育互动发展。成都市实施教育圈层融合战略。2013年成都市委市政府出台《成都市建设统筹城乡教育综合改革试验区第二阶段总体方案（2013—2017年）》相关文件及任务分工提出建立教师专业成长平台建设计划，建立教师专业标准，严格教师准入制度，完善教师考评体系，实行教师资格定期注册制度，建立教师转岗和退出机制。多项政策措施的提出将城区的教育人力投入资源引导到了农村，极大地提高了农村教育人力投入质量。但初中的教育人力投入仍旧存在一定的城乡差距，特别是在"师生比城乡差异"上，证明农村初中中还需更多的教师人数配置。

财政教育投入城乡一体化指标分类分析发现，在财政教育投入方面，"城乡教育财力投入"作为"人、财、物投入"中得分最低的部分，小学和初中阶段"生均预算教育事业费城乡差异"和"生均预算公用经费城乡差异"均需得到进一步的重视；在"城乡教育物力投入"和"城乡教育人力投入"上，小学阶段监测点指数和乡城比率较高，但初中阶段还存在较大的城乡差距，应是下一步优化城乡一体化配置的重点。

习近平总书记在党的十九大报告中强调指出"优先发展教育事业"和"推动城乡义务教育发展，高度重视农村义务教育"的背景下，国务院出台了《关于统筹推进县域内城乡义务教育一体化改革发展的若干意见》，成都市人民政府也于2017年底至2018年初集中对这一政策做出了集中的解读。成都在2013年成为全国首个整体实现县域义务教育基本均衡发展的副省级城市，目前的任务是要从"基本均衡"向"优质均衡"迈进，从城乡学校教师队伍建设、义务教育发展监督等方面进行攻坚。成都"财政教育投入城乡一体化"在"人力、物力和财力"方面确实取得了很大的进步，但还未一体化程度实现"全面统筹"，需要从薄弱点出发，制定更优化的财政教育投入城乡配置方案。

第6章 财政教育投入城乡一体化发展的制约因素分析

通过前文对我国财政教育投入的现状与绩效的分析评价,结合全国省域及成都县域财政教育投入的城乡一体化水平的测度结果发现,虽然近年来政府在教育投入的规模、广度等方面取得了巨大的进步,但是财政教育投入在充足性、公平性、效率性上仍然存在着明显的不足,对于城乡教育一体化进程的保障能力还有待进一步提高。究其原因,经济社会体制、教育财政体制、教育管理体制等多方面因素极大地制约着财政对于促进教育均衡发展的功能发挥。

6.1 城乡二元化体制的制约

6.1.1 经济结构的二元化削弱了农村教育发展的经济基础

城乡二元结构问题是制约我国经济与社会发展的主要制度障碍。城乡二元结构的形成与固化主要源于新中国成立初期的工业化战略,在当时"一穷二白"的条件下为了尽快实现工业化发展目标,只能从农村获取资金和原材料积累,通过"以农补工"来支持我国工业化发展。城乡二元经济结构使工业化发展进程对资金积累的基本需求得到了保证,为我国工业体系的建立和工业现代化发展奠定了基础。客观上讲,这种以牺牲农村、牺牲农民利益的巨大代价换来的工业化成就有其存在的合理性,城乡二元经济社会体制的形成也有其难以避免的历史原因。但是如果从农村和农民角度考虑,从公平的角度分析,那么这样的工业化进程却严重损害了农村和农民的利益,对农村和农民而言是极不公平的。这种二元经济结构使从事现代工业生产的城市居民和从事传统农业生产的农民之间越来越不公平,而且不公平的范围不断延伸,城市居民可以比农民获得更多的收入,享受到更多的社会福利,城市与农村的差距越来越大。

随着改革开放和经济的发展,包括户籍制度在内的各种二元特征的制度的变革使城乡分割程度不断减弱,但是已经形成的城乡分割二元经济依旧存在。改革开放以来,国民经济迅猛发展,城乡居民收入不断增加。农村居民人均纯收入从1978年的133.6元上升到2017年的13432元,提高了99.5倍;城镇居民人均可支配收入从2000年的343.4元,上升到2017年的36396元,提高了105.0倍。但是从城乡人均可支配收入的差距来看,由1978年209.8元攀升至2017年21252.8元,城乡收入差距扩大100倍。尽管党和国家高度重视"三农"问题,不断加大对农业和农村的投入力度,促进了农村经济社会快速发展,农民持续增收。但是农村经济基础差、底子薄,相对于城镇的发展速度,农民人均纯收入增长仍然是一种低水平的增长。这与我国长期形成的城乡二元经济制度息息相关。

经济基础是财政教育投入的根源。我国实行分级的财政教育投入体系,各级、各地政府承担各自的教育经费,教育投入的多少受制于当地的经济发展水平。因此,经济发展不平衡,教育投入主体之间自然存在财力的差距,而这种差距会放大地投射到教育资源上,导致教育资源分配的不均衡。在城乡封闭的二元体系下运行的教育投入不可避免地出现城乡二元特征。在这种二元经济条件下,由二元分割的主体进行教育投入,必然导致城乡间教育资源分配的不均衡,而这又将进一步引发一系列城乡教育之间的不均衡问题。

6.1.2 社会结构的二元化形成了城乡教育差距的社会基础

以户籍制度为基础的社会二元结构,在城乡两部分居民间设置了城乡身份壁垒,两种身份在社会地位上的差别导致农村居民利益的边缘化。刚性的户籍制度,再加上根深蒂固的城乡认识差异以及二元化的社会保障制度,多重因素共同交织在一起形成城乡割裂的二元社会结构,在其影响下,国家公共政策的制定总是以城市为价值取向,农村则常常被边缘化,农村和农民群体的需求自然难以在政策中得到充分的体现。在二元社会结构下,整个国家的发展重心聚焦于城市,农村始终处于弱势地位,农村不断为城市输送各种资源,包括教育资源在内的各种社会资源不断向城市集中。

在城市优先的惯性思维影响下,政策制定者往往优先考虑城市群体的教育利益,并且在教育政策中以公共利益的名义和形式得到优先体现,城市群体成为其中最大的受益者,而农村、农民则成为最大的牺牲者与最小的受惠者,二元化特征逐渐在教育领域形成。二元社会结构下,社会群体被户籍强制分割并固化为城市居民和农民,不仅限制了人力资本的自由流动,也是形成城乡教育差距的基础。城市优先的教育政策设定了"农转非"的渠道和条件,通过学历、升学资格等手段进行筛选,农村优秀人力资本被赋予进入城市的资格,相当部分的农村学生则在层层淘汰中被滞留在农村,而最终的结果是农村受教育程度高的精英人才不断向城市单向迁移。城市优先政策造成的制度性落差抬高了城市教育的优势地位,农村教育则不得不屈居附属和次要的地位,缺乏足够的、有效的制度保障,进一步加剧城乡教育资源配置的不均衡,农民享受不到应有的优质教育资源,强化了城乡教育的分化。

随着我国工业化进程渐入尾声,国民经济发展进入工业对农业反哺时期,必须突破由城乡二元社会经济结构给城乡教育均衡化发展带来的阻碍,全面推进我国城乡教育投入一体化进程,确保城乡基本公共教育资源投入的均等化。

6.2 教育财政体制的制约

6.2.1 财权与事权不匹配

财政管理体制是确定各级政府之间财政关系的根本制度。我国财政管理体制经历了多次改革与调整,直到1994年"分税制"的实施才最终确立了我国现行财政管理体制的基本框架。教育财政体制也随之不断演变。从"分级办学、分级管理"到"地方负责,分级管理",再到"以县为主",纵观整个教育财政体制的发展历程,财政教育投入的主体责任一直落在县、乡两级政府上,尽管2006年以后采取"省级统筹,以县为主"的管理体制,加大了省级政府的统筹力度,解除了乡镇政府的办学压力,但财政教育投入以县级政府为主的格局并未彻底改变。

当前教育财政体制存在的最大问题是财力、财政事权与支出责任的不匹配。

首先,"分税制"改革和"营改增"之后,中央政府拥有绝大部分财政收入,财力相对充足,本应具有更大的支出责任,但是实际只承担着很小一部分教育事权和支出责任。中央政府将教育的支出责任层层下移到财力较弱的基层政府。分税制使地方政府的财政自主性受到极大限制,财力弱化,却仍然需要承担绝大部分教育财政事权和支出责任。

其次,按照"以县为主、省级统筹"的教育财政体制要求,省级政府应该承担教育经费统筹的责任。然而在现实中,省级政府统筹城乡、区域教育协调发展的功能并未得到有效发挥。在现有的法律文本和政策文件中,省级统筹的政策含义、制度规范、配套政策和监督机制均不完善、不明确,省级政府的财政投入常常成为一种"应急手段",在中央的要求下,为解决不同时期教育发展中出现的不同问题而进行调整。因此,教育的事权与支出责任实际仍在县级政府。然而,我国县级政府尤其是中西部和贫困地区的县级政府财政收入匮乏或增长缓慢,难以支撑起全县的教育支出,农村教育往往成了首先考虑的牺牲对象。

另外,对于基础教育阶段的学前教育和普通高中教育还缺乏明确的财政事权与支出责任的规定。特别是普通高中教育,无论在《中华人民共和国教育法》抑或其他法规文件中,都缺乏对事权与支出责任的明确规定,因而中央财政承担高中教育财政支出责任的比例极低,转移支付较少。另外,在流动人口随迁子女接受义务教育这方面同样存在财力与事权不匹配的问题。流入地政府承担流动人口随迁子女义务教育的事权和支出责任,以居住证为依据,利用学籍信息管理系统实行"两免一补"资金和生均公用经费基准定额资金随学生流动可携带。该举措虽然满足受益原则,将随迁子女教育经费纳入流入地预算内,但无法保障流入地政府财力与教育财政事权相匹配。此外,目前对于留守儿童的教育财政事权和支出责任也同样还没有明确的规定。

6.2.2 转移支付不合理

第一,转移支付结构不合理,缺乏规范性和透明度。近年来,为了切实帮助地方基层政府解决教育不均衡发展问题,中央和省级政府在加大财政转移支付力度上已经付出了不少努力,但是距离实现城乡基本公共教育资源投入均等化目标还存在着不小的差距。首先,财政教育转移支付的比重依然偏低,而且规范性方面仍存在不足,这表现在省以下各级地方财政大多缺乏规范、透明的转移支付制度与实施办法。其次,政府财政教育转移支付项目过多,专项转移过滥,相当一部分是通过纵向的单一专项补助形式实施的,例如农村中小学危房改造补助、全面改善义务教育薄弱学校基本办学条件补助等。同时,教育转移支付在转移支付对象选择和标准制定等具体操作层面上具有较大的随意性,实践中容易造成资金补助的错位和缺位,难以实现利用转移支付填补教育经费缺口的目的。再者,虽然转移支付有一般性转移支付和专项转移支付之分,一般性转移支付主要是进行财力补助,不指定用途,专项转移支付是按特定政策目标规定用途,但事实上,几乎所有的教育转移支付项目资金都规定了使用用途,用途受限就会导致教育转移支付对教育资源均衡配置作用发挥在一定程度上受到限制。大部分教育专项转移支付被指定用于改善中小学办学条件,支持校舍改建扩建以及附属设施建设、增加图书和教学仪器设备等,用于改善教师待遇和生活条件的相对较少,教育转移支付"重物轻人"的倾向较为明显。最后,从转移支付对各级次教育的支持情况来看,义务教育和高等教育应当是目前教育转移支付的主要对象,而对于学前教育和高中教育的转移支付则明显较少。另外,目前已有部分义务教育补助经费用于解决流动人口随迁子女接受义务教育问题,学前教育经费尚未覆盖到流动人口随迁子女。

第二,转移支付资金存在落实不到位、不及时和使用浪费的现象。由于我国政府的层级相对较多,在政府权力层层下放的情况下,信息传递过程容易出现信息失真、速度慢、效率低的情况,容易导致上级政府的拨款由于信息的不对称而出现投入不均衡。同时,转移支付中间环节较多,一笔专项教育资金下拨以后,最终到达基层政府真正用于专项的教育支付,还要经过各种利益关系的平衡博弈,在各级政府"财政自利"的影响下,资金往往在下拨过程中遭到肢解,从而导致经济发展水平不同的地区面临经济博弈问题。另外,目前资金配套拨款模式是教育转移支付的主要形式,一些欠发达地区政府财力较弱,为了争取到上级配套资金,不得已就会压缩其他公共支出项目的资金规模,或者削减其他非配套项目的资金,从而产生"挤出"效应。地方政府如果仅仅是为了争取资金而盲目上报不符合本地教育发展需要的项目,必然会降低专项转移支付资金的使用效率,这实际也是对有限教育资金的浪费。

6.3 教育管理体制的制约

教育管理体制是保障教育事业发展的重要制度体系。自《中共中央关于教育体制改革的决定》(1985年)发布以来,我国教育管理体制改革取得了重要进展,基本上形成了权利配置相对合理、权责划分基本相称及统筹协调相对有力的教育管理体制。[132] 然而,现行的教育管理体制已经暴露出一些制约着城乡教育一体化目标实现的突出的矛盾和问题。

6.3.1 教育管理权责划分不明

首先,政策模糊,责任不清。我国教育实行中央、省、市、县自上而下的四级管理体制,信息传递环节较多,增加了信息流动和反馈的时间与空间,再加上中央与地方政府,尤其基层政府之间存在着明显的信息不对称,容易导致中央政府制定的教育政策精准度不够、针对性不强,甚至超出地方基层政府的承受能力。因此,政策内容的精准、明确程度将直接影响政策的执行效果。另外,我国教育政策还有许多规定比较模糊,基层政府实际操作困难。以2006年开始实施的农村义务教育经费保障新机制为例,该政策确立了中央和地方"分项目、按比例"的方式划分农村义务教育阶段的财政支出责任,但在政策中对于各级政府所承担的财政责任比例却并没有作出明确规定。再以2006年颁布的《中华人民共和国义务教育法》为例,第十二条规定:"适龄儿童、少年免试入学。地方各级人民政府应当保障适龄儿童、少年在户籍所在地学校就近入学。"但是究竟如何才算是"就近入学"却没有作出明确规定,自然难以保证适龄儿童和少年的"就近入学"的均等权利了。

其次，政策内容矛盾，部门相互推诿。现行教育管理体制下，教育部门承担着教育事业发展的主要管理责任，而教育经费筹措与拨付、教育发展规划与基建投资、教职工薪酬等责任分别归属财政部门、发展改革部门、人力资源和社会保障等不同部门，这种权责不对称的行政结构，会造成教育资源的内耗和管理权力的失衡，从而削弱教育部门统筹管理和配置资源的能力。由于政出多门，职责分散交叉，各自利益与目标不同，教育政策在内容上容易出现矛盾，导致基层政府无所适从，也给各部门之间相互推诿提供了机会，从而影响政策目标的实现。

6.3.2 分类办学差别化受教育过程

新中国成立初期，国家确立了集中力量优先发展重工业和城市的战略，在教育领域提出"乡村公立小学，以整顿提高为主，一般不作发展；重点放在工矿区、城市"的分类型差别化政策。党的八届二中全会后，逐步确立了"两条腿走路"的教育方针，实际上是政府将办学责任很大程度上转嫁给了农民。分类型差别化的教育政策造成了城市教育和农村教育的差别化发展路线，形成了城市以公办教育和正规教育为主，农村则以民办教育和非正规教育为主的格局。1985年，《中共中央关于教育体制改革的决定》中提出了"基础教育由地方负责，分级管理"的原则。按此原则，最终形成了"县办高中，乡办初中，村办小学"的格局，即乡、村则是农村义务教育的办学主体，县级政府成为高中的办学主体，中央和省级政府共同成为高等教育办学主体。城市学校基本由政府统办，以培养少数优秀尖子学生为目标的重点中小学校制度也逐渐在城市确立，城乡教育的水平差距和层次差异进一步扩大。

分类办学不可避免地造成更多的优质教育资源流向城市，城乡之间的教育资源配置出现巨大差异。一方面表现为城市学校与农村学校、重点学校与薄弱学校之间接受优质教育的过程存在巨大差异，另一方面导致升学机会不均等。根据有关城乡教育机会不平等的研究，不考虑不同年代教育机会及人口变化因素的影响，在性别、父亲职业和父亲受教育年限相同的情况下，城市家庭子女进入小学的概率是农村家庭子女的4.9倍，进入初中的概率是3.6倍，进入高级中等教育的概率是1.9倍。[①]

6.3.3 城乡教育统筹规划与目标不匹配

首先，就教育的空间布局而言，我国城乡教育缺乏一体化规划，故而布局结构不合理，依然是"分而治之"。农村中小学布局调整的结果一方面造成了农村学生家和学校的空间距离扩大，安全隐患随之增加，再加上因交通、饮食与住宿所造成的家庭经济负担加重，直

[①] 李春玲.教育不平等的年代变化趋势(1940—2010)：对城乡教育机会不平等的再考察[J].社会学研究，2014(2)：65-89.

接引发了农村中小学生辍学率的回潮;另一方面,由于没有从城乡总体规划的角度进行学校布局,造成很多村落因为生源减少,村小被撤销,然而与此同时,城镇"大班额"班级则大量涌现,教育质量难以得到保证。因此,目前各级政府亟待解决的问题是:如何为学校布局调整后的农村教育事业健康发展提供必要的组织与制度保障,保证农村地区、偏远地区的教育得到均衡发展。

其次,城乡教育发展水平与一体化目标还存在着巨大的差距。从城乡义务教育的发展进程来看,目前城乡义务教育发展不够均衡主要表现在:地区之间义务教育发展的规模差距正在逐步缩小,可是教育质量上的差距却加大了;城乡间义务教育学校办学条件的差距正在逐步缩小,但优质教育资源配置不均衡、师资力量不均衡等情况依然存在;校际,尤其在重点学校与薄弱学校之间存在着全面的差距。

第7章 财政教育投入保障机制的国际经验借鉴

7.1 美国财政教育投入机制考察

美国是一个城乡差别不明显、城乡一体化程度很高的国家,既得益于美国城镇化的快速发展,也得益于缩小城乡发展机遇差别的财政教育投入政策,其实现途径之一就是充分保障城乡居民受教育的机会平等。

7.1.1 各级政府责任划分明确,承担比例合理

美国采用的是分权化管理的财政管理体制,按美国宪法规定,教育由州政府和地方政府负责。义务教育的财政投入和管理责任主要由州政府和地方政府承担,联邦政府只是通过立法、教育转移支付等形式统筹全国义务教育。20世纪80年代以后,联邦政府逐渐加大了义务教育投入力度,但义务教育投入主要还是以各州和地方政府为主。美国实行的是城乡一体化的财政教育投入机制,联邦、州和地方三级共同承担城乡义务教育经费,分摊比例基本稳定,即联邦政府约占7%,其余由州和地方政府平均分担。①

美国按学区对义务教育进行管理,学区独立于地方政府,直接负责学校的运作。虽然法律赋予州政府管理义务教育的权力和责任,但是州政府并不直接管理学校,而是由州所辖的学区直接管理。各个学区都设有教育委员会,其主要职责包括编制教育预算、征收教育税费、制定教育计划、负责学校教职工工资、提供教材和教学设施等。学区主要通过征收财产税来筹集义务教育经费。联邦政府和州政府采用转移支付方式对地方学区给予经费支持。联邦政府和州政府针对学区转移支付的分工是比较明确的,联邦政府主要为低收入学区和非正常学习能力的学生提供教育补助,其中最大的转移支付计划是 Title One

---

① 王道余.美国各级政府对义务教育投入的分担[J].世界教育信息,2002(6):32-34.

Program。该项专项拨款计划虽然资金有限,但是分配的范围却很广,可以覆盖约全美三分之二的小学生,对于贫困儿童集中的地区还会提供额外的补助,以满足特殊需求。州政府的主要责任是解决外部性问题,促进义务教育资源公平配置和教育均衡发展。近年来,各州政府不断增加对学区中小学的教育转移支付,通过生均拨款、基本补助、保证税基等拨款模式有效地弥补了某些学区的差距,特别是农村学区,有力地促进教育资源在学区间的均衡配置,同时也使得州政府在义务教育上影响力逐渐增强。

7.1.2 以法律的形式促进义务教育均衡化发展

美国非常重视对教育的立法监管。美国建国以来,各州政府为了保障本地区义务教育发展,积极制定、完善教育立法,为缩小城乡教育差距打下坚实的制度基础。二战后,美国进行了大规模的学校合并,这是因为农村学校规模小、交通不便、教育成本高,所以为了更好地解决这些问题,美国掀起了"学校合并"运动的高潮,并且还适时地进行了学校交通立法,以保障农村学校合并后学生能够按时上学。1952年,马萨诸塞州成为美国历史上第一个义务教育立法的州,引领美国在义务教育的办学理念与制度方面发生了巨大的变革,此后不久,其他州也相继进行了义务教育立法。19世纪末到20世纪初,促进城乡义务教育均衡发展成为美国义务教育改革的焦点。各州政府按照城市教育发展的理念与模式对农村义务教育开始了改革,农村地区的教育环境和教育条件得到了较大的改善。各州政府通过制定教育税收法,实施免费义务教育,实现了城乡适龄儿童接受同样的义务教育对全面保障。虽然在促进教育均衡发展的过程中,各州并没有专门为农村学区义务教育制定的相关法律,但是在现行的各种教育法律制度中,几乎都有专门的条款用于保障农村贫困学区义务教育,这就从制度上保证了农村义务教育能与城市义务教育享有均等的教育资源。二战以后,联邦政府先后制定颁布了多项法案以推动全国城乡义务教育的均衡发展,例如,《国防教育法》《民权法》《中小学教育法案》《初中等教育法案》《不让一个孩子掉队》等。其中,《初中等教育法案》先后经历了8次重新授权,但是援助贫穷农村学区的立法宗旨却始终没有改变。总而言之,教育的法制化进程为美国城乡义务教育均衡发展提供了重要的制度保障。

7.1.3 师资的合理流动推进教育均等化发展

美国与世界大多数国家一样,农村学校同样存在着师资缺乏、教师质量不高的问题。为了解决这一难题,联邦、州、学区政府分别采取向农村倾斜的财政激励措施,鼓励教师、大学毕业生到农村学校任教。

首先,学区采用经济措施激励教师。学区统一支付义务教育教师工资,并且城乡教师标准一致,从而保证了城乡义务教育教师的平等地位。另外,只要能够达到定期进修标准的教师,还可以获得提高工资的奖励。同时,农村学区实施较为集中的义务教育教师工资管理制度,统一发放农村教师工资,并且保证城乡教师能够获得基本均等的福利待遇。学区的经济激励措施主要包括提高工资和奖金,为教师提供住房免息贷款,为新教师代偿贷款等。并且这些措施适用于教师在学区内的整个任期范围,以保证农村教师队伍的稳定。

其次,联邦政府或州政府采取各种优惠政策吸收教师到农村任教。例如,美国2009年颁布的《美国恢复与改造法案》,该法案要求联邦政府或州政府必须提供多方面激励措施,如住房补贴、代偿贷款、签约奖金、收入税收减免等多种形式优惠政策,鼓励、吸引教师到农村学区任教。为了将优秀教师留住,许多州政府和学区制定了差别工资发放政策,根据农村教师所在学区的经济状况和学校的基本生活及教学条件确定工资待遇。例如,有的学区会对师资紧缺科目的教师发放更高的工资。

最后,州政府通过制定特殊计划或实施特殊项目推行补偿政策,为弱势群体专门配备教师,以实现教育公平。由于特殊教育教师通常需要经过多个专业领域的专门培训,需要花费较长时间进行培养,为此数量较少,而在本来教师力量就比较薄弱的农村学区更为鲜有。因此,为了能够及时、合理地处理学校特殊学生遇到的问题,各州政府也不遗余力地培养特殊教师。例如,北达科他州由州政府出资实施了特殊项目以解决特殊学生的教育问题,其目的是通过对特殊教师的培训课程,保证农村偏远地区每个学校至少可以拥有一名特殊教育教师。

7.1.4 实施"补偿性"教育财政政策,消除城乡义务教育发展不均等

美国州政府的教育转移支付一般是按照生均进行拨款,而农村学区规模通常较小,因而经常投入不足,再加上农村学区偏远,不容易受到社会关注,几乎很难获得公共资助或私人捐赠。2000年,克林顿总统签署了"农村教育成就项目"(简称REAP),这是美国为促进教育公平而出台的一系列政策中最为突出的一个,同时它也成为美国历史上第一个专门针对农村义务教育实施的补助项目。2002年1月,乔治·布什对REAP项目进行了重新授权。联邦政府为REAP项目提供专项补助,用以项目实施的资助和推进,使农村学区的教育政策得到正确引导,从而消除农村地区教育发展中的各种不利因素。REAP项目包含"小型农村学校成就项目"(SRSA)和"农村低收入学校项目"(RLIS)两个子项目。SRSA项目面向的对象是小规模的农村学校,是用以帮助这些学校发展的补助项目。联邦和州政府拨付资金在使用上具有较大的自主权和灵活性,地方教育机构可以根据地方实际情况,将专项资金进行合并,用于那些最迫切需要的项目。RLIS项目资助的对象是贫困指数达到20%及其以上的贫困农村地区,由联邦政府提供教育附加资金用于支持这些贫困农村地区学校,补助资金可用于教师的专业发展、教育技术创新与应用、教学设施建设、教师招聘、教职工奖励等。RLIS项目的资金均由联邦政府以公式拨款的形式拨付到州政府,然后再由州政府以公式拨款或竞争拨款两种形式提供给符合条件的农村学区。

REAP项目的实施有效地改善了农村学区的办学条件与教学环境,提高了教师专业素质,保障了农村学区学校的教育质量,对于消除城乡教育差距,促进城乡教育均衡发展具有重要意义。

7.2 日本财政教育投入制度考察

长期以来,日本一直将教育作为一项基本国策,予以高度的重视。日本义务教育城乡一体化发展不是一蹴而就的,经历了从"普及教育"到"形式均衡",再到"实质均衡"的发展历程。其中,促进城乡教育一体化发展的重要财政投入政策和措施主要集中在二战之后到20世纪90年代以前。

7.2.1 实施城乡一体化的义务教育财政政策,实现义务教育均衡化

完善的教育财政体制是日本城乡义务教育一体化发展的坚实基础。二战后,日本的财政税收制度日趋成熟,各级政府间财权与事权的划分清晰明确,并通过法律予以保证。20世纪60年代,日本基本形成了支持城乡义务教育一体化发展的财政体制,即以中央政府为主,由中央、都道府县、市町村三级负担的城乡义务教育责任分担体制,并依据事权划分财政支出范畴。义务教育教育经费的具体分担份额大致为:中央承担公立中小学教师工资和保险福利费的50%,新建学校设施费的50%,危险建筑翻建改建费的1/3和全部教科书费用;都道府县承担公立中小学教师工资的50%,教学设备设施的部分费用;市町村承担校舍建设费的1/3~1/2,教学设备设施的部分费用。日本这种高重心的义务教育投入模式有利于城乡教育资源的均衡配置和教育公平的实现。

日本是高度集权的单一制国家,中央政府集中了大部分财政收入,地方财政收入仅限于行政区划范围内的财产税的所得税。因此,中央政府提供较多转移支付资金以保证地方政府有足够的财力发展教育。中央财政对地方的转移支付主要包括地方交付税和国库支出金两种类型。其中,地方交付税是按一定比例从国税的部分税种中抽取出来作为地方交付税,然后再根据地方政府的实际财力情况进行分配。以学生数为依据计算义务教育学校经费,然后根据相关法律规定计算班数、学校数、教职工数以及配套经费,再分别按一定系数进行调节,最后整合成为交付总额。[①]由于地方交付税是无条件的财政转移支付,并不规定用途,因而无法完全保证被用于义务教育。国库支出金是由中央政府根据特定目的和条件拨付给地方政府的专项补助,包括国库负担金和国库补助金。国库负担金

---

① 李春生.日本的义务教育经费负担机制及其政府职责[J].世界教育信息,2004(5):14-17.

的目的是保障公立中小学教师的工资和保险福利等,大多都是按项目进行分配的,并且直接拨付到都道府和市町村;国库补助金的目的主要是改善中小学的办学条件,对家庭困难学生进行教育补贴等。对于这部分专项补助资金,中央和地方政府都非常重视监管,规定了明确的监督处理措施。此外,还通过申报内容、资料真实性以及支出进展、工程进度等进行调查、监督,以确保补助资金的使用效益。[①]

7.2.2 实施财政补贴政策,促进教师向农村流动

师资水平是教育发展的关键,直接影响教育教学质量。针对农村教师数量与质量的不足,日本政府非常重视教师流动,并通过出台相关法律保障教师的国家公务员身份,鼓励教师向农村偏僻地区的流动,以保证城乡学校师资的均衡。日本城乡教师的工资待遇是相同的,可以同等地享受到义务教育教师特别津贴、奖励津贴等许多法定补助工资,另外在此基础上,政府还采取了诸多倾斜性的补偿措施以吸引教师向农村流动,并留住农村教师。首先,发放特殊的偏僻地区教师津贴。中央政府按照偏远程度为农村地区学校的教师发放特殊津贴,这种特殊津贴通常为超过全国统一标准25%的教育津贴补助。地方政府应依法协助流动到农村偏远地区的教职工解决住宿以及生活福利等问题,并且从流动之日起三年内,每月发放迁居补贴,补贴额度为其月工资和月津贴总额4%以上。另外,政府还会发放"特别增加津贴",以鼓励那些在农村偏远等级2级以上地区学校任职一年以上,并且教育成果显著的教师。除此之外,政府还会根据教师所处具体环境,因地制宜地发放各种形式的津贴补助,比如寒冷地区津贴、单身赴任津贴等。其次,保证教师福利和医疗保险。地方政府会定期向农村偏远地区发放免费医疗保障品;给农村地区教师及其家属发放交通补贴、医疗补贴等;如果农村教师或配偶为35岁以上妇女,还可以获得定期的健康检查、旅行补助;另外,政府还免费维修教师宿舍或者给予相应的补助。

除了通过提高待遇等经济上的激励措施吸引教师向农村流动以外,日本政府还会定期对农村教师进行免费培训,以提高农村教师的专业能力,稳定农村教师队伍,促进农村义务教育教学质量的提升。农村教师培训经费一般由中央政府出资50%,并且还会逐年提高补贴金额。日本政府还通过建立临时教师培训机构,培训农村地区部分资格不够的教师,以帮助他们尽快成为"有资格教师"并上岗。此外,日本政府建立了以县(都道府)为单位的城乡教师定期流动制度,一般为三到五年,增加城乡教师交流。

7.2.3 以法律为依据,保障义务教育稳定的财政资金来源

日本在义务教育均衡发展过程中,非常重视对财政教育投入的立法保障,相关法律对各级政府之间财权与事权划分都已做出明确界定,将政府的一切财政收支活动均纳入法

---

① 李春生.日本的义务教育经费负担机制及其政府职责[J].世界教育信息,2004(5):14-17.

制化管理轨道。教育法制化建设主要是在二战后，日本政府颁布实施了一系列教育法律、法规、政策和条例，为城乡教育一体化发展奠定了坚实的制度基础，使得财政教育投入能够有法可依、有章可循，同时也保证了各级政府对教育投入的积极性和主动性。

1947年，日本颁布了《教育基本法》和《学校教育法》，将"教育机会均等"原则以法律形式确立，并且将义务教育年限延长至九年，其义务教育不仅免费，又陆续实现了教科书免费和免费提供午餐的"中小学给食"制度。战后的日本经济逐渐复苏并快速发展，日本政府又陆续实施了一系列的法律，例如1952年颁布的《义务教育经费国库负担法》、1953年颁布的《公立学校设施灾害修复费国库负担法》、1958年颁布的《义务教育诸学校设施费国库负担法》、1962年颁布的《关于义务教育诸学校教学用书免费的法律》，不断加大中央财政在义务教育经费中的负担比例，而且都道府县和市町村的义务教育投入责任也通过《市町村立小学人员工资承担法》等法律确定下来。到20世纪60年代，日本逐步形成了一套较为健全的义务教育财政管理体制。

在中小学校标准化建设方面，1947年日本颁布的《学校教育法》和1958年颁布的《义务教育标准法》（即《关于公立义务教育诸学校的班级编制及教师定额标准的法律》）是促进城乡义务教育学校标准化建设的两个重要法律。《学校教育法》明确了中小学的办学基本标准，对学校选址、学校占地面积、校舍面积、图书配备、实验器材、师资水平等都作出了明确规定，并要求严格执行。[1]《义务教育标准法》则进一步明确规定了义务教育学校的班级规模和师生比。这两部法律的出台使日本全国范围的中小学校在建设上保持了高度均衡，所有学校不分城乡在整体水平和规模上差别不大，不论在多么偏僻的地区，都有操场、图书馆、音乐室、艺术室和体操房，99.5%以上的学校都普及了计算机，85%~98%的学校配备了数字电视、投影仪等电子设备，75%的公立学校有游泳池。[2]

为了补偿弱势地区教育，日本政府还在1954年颁布了《偏僻地区教育振兴法》，用以帮助偏僻地区振兴教育，实现教育公平。该法主要针对农村地区，尤其是偏远地区、条件恶劣的山区、离岛等地区的中小学，明确规定了各级政府及教育管理部门应承担的职责和应采取的措施。并且为了进一步加强该法的可操作性，此后又实施了系列有关的法律、法规，如1954年出台的《偏僻地区教育振兴实施令》、1959年出台的《偏僻地区教育振兴法实施规则》，等等。除针对弱势地区制定的法律法规外，日本政府还针对弱势群体制定和实施了《关于国家援助就学困难儿童和学生的就学奖励的法律》及其相关配套法律法规，用于扶持帮助那些因为家庭经济困难而导致就学困难的适龄儿童和学生。

---

[1] 李文英，史景轩.日本义务教育均衡发展的实现途径[J].比较教育研究，2010(9)：38-42.
[2] 沈一岚.日本基本公共教育服务均等化研究[D].上海：上海师范大学，2012.

日本的教育立法推动了各项教育政策和措施的落实,无论是义务教育经费投入政策、师资保障政策或是教育补偿政策,都是通过法律手段予以落实,这使得日本在二战后迅速改善和缩小城乡义务教育的差距,走上了城乡教育一体化的发展道路。

7.3 经验借鉴与启示

7.3.1 树立教育公平理念,彰显财政的公共性

理念是行动的指南,指引着人们行动的方向。教育公平绝不是简单意义上的平均主义,不是人人一样,也不可能人人一样;教育公平是建立在受教育者受教育权利与机会均等的基础上,为每一位受教育者提供均等的教育条件和教育资源,并且让每一位受教育者都有实现自己潜力、创造自己未来的机会与可能,最终达成教育成就和教育质量均等。纵观美日等国的城乡教育一体化发展进程,无一不是教育公平的价值诉求作为政府财政教育投入的理念和纲领。

在当前我国城乡教育失衡的现实背景下,教育公平理念的树立,首先要求中央和地方各级政府部门从思想到决策乃至政策实施都必须统一在"公平"的旗帜下,以实现城乡教育一体化为目标,从各环节充分保障农村地区适龄儿童的受教育权利与机会,满足城乡适龄儿童享有教育的起点公平。同时,政府部门还必须保障城市和农村在财力、物力和人力等教育资源配置上的均衡,以促进教育过程公平的实现。

目前,我国城乡教育差距明显,要想改变现状,不仅需要加大农村教育投入,还需要尽快转变教育观念,从"效率优先,兼顾公平"转向"公平优先,兼顾效率",只有在公平观念的指导下才能从根本上抑制我国城乡教育的不均衡发展。

7.3.2 建立完善的财政教育投入保障机制

教育是具有外溢性特征的准公共产品,理应由政府主导提供。各国政府不断加大财政投入力度,强化对农村教育的经费投入,并且通过立法完善财政教育投入机制,以保障城乡教育均衡发展。在加大教育投入的同时,各国政府还将教育资源的合理配置作为促进教育均衡发展的关键环节,通过在财政拨款、办学条件、师资配置等方面向农村学校倾斜,力求尽快实现城乡学校教育资源配置的均衡。为了普及义务教育,确保基本公共教育服务的公平性,各国普遍通过法律形式明确界定各级政府对义务教育投入的责任分担,同时,为了确保教育的均衡发展,普遍建立了适合本国国情的义务教育财政转移支付制度,明晰的责权区分和完善的转移支付,成功地助推着城乡教育的一体化发展。

目前,我国财政教育投入能否足额到位,仍旧缺乏刚性保障,政策缺乏连续性,因此,构建城乡一体化的财政教育投入保障机制,充分保障教育经费、办学条件、师资力量的合理投入与配置,这是我国实现城乡教育一体化的重要机制变革与制度保障。

7.3.3 对农村地区实施特殊的财政补偿政策

从各国的经验来看,各国在加强农村教育投入力度的同时,还会通过实施教育补偿政策,向农村地区、偏远地区、弱势群体进行教育资源的倾斜配置,其中既包括对学校办学条件、教师的补偿,也包括对学生及学生家庭的补偿。为保证偏远农村地区的学生接受教育,高层级政府通常采用财政转移支付方式进行补助,提供一系列特别的优惠政策和帮扶措施,以保障弱势地区、弱势群体获得均等的受教育机会。特别是在教师资源的配置方面,为了鼓励教师到农村学校任教,在保证城乡教师工资、福利待遇均等的前提下,会对农村地区教师实施待遇倾斜政策。

对于我国这样一个地域辽阔,区域发展极不均衡的国家而言,更加有必要建立城乡一体化的教育发展机制,在财力、物力和人力资源方面向农村地区、偏远地区和贫困地区倾斜,全面改善弱势地区的办学条件和教育质量,推动城乡教育均衡发展。

7.3.4 法制化保障教育财政政策的实施

立法是基础,教育立法是各国促进城乡教育一体化发展的法制保证。发达国家无一例外地通过立法手段来确保每个公民平等的受教育权利,尤其是社会弱势群体受教育的权利。美国是教育立法最为健全的国家之一,2002年布什政府制定的《不让一个孩子掉队法案》,从法律上保证了每一个儿童享有公平教育的机会,而在美国的联邦法案《初中等教育法案》首次提出补偿性教育政策,旨在改善农村学区受教育儿童的教育情况,给予他们各种经济援助;日本的《教育基本法》则通过法律形式明确规定了政府有义务资助经济困难的学生,以免他们因经济原因而不能上学,《偏僻地区教育振兴法》则规定政府有义务帮助偏远农村地区振兴教育,必须对偏远农村地区教育给予援助。

许多国家还以法律形式对财政教育投入的责任进行了明确划分,一方面保障了教育经费来源的稳定性,另一方面还保障了财政教育投入的公平性。例如美国的《不让一个孩子掉队法案》《经济机会法》《中小学教育法》,日本的《义务教育经费国库负担法》《学校教育法》《教育基本法》,以及法国的《费里法案》等,这些法律为保障财政教育投入的充足、公平和效率奠定了基础。

充分借鉴各国在教育领域的法制化经验,研究制定适合我国国情的教育法律法规,为城乡教育均衡发展和教育公平的实现提供必要的法制保障,将是我国城乡教育一体化进程中的重要环节。

第8章 城乡一体化的财政教育投入保障机制框架设计

城乡教育发展不平衡已是当前制约我国教育事业健康发展的重要因素。纵观我国财政教育投入体制的变迁,无一不是在一种城乡割裂的制度框架下进行的。城市集中了优质教育资源,农村在教育发展上与城市很不均衡,城乡教育差距不断拉大。以城乡一体化为目标,构建财政教育投入保障机制,是实现城乡教育均衡发展、协调发展、共同发展的基本保证。有鉴于此,本课题研究设计了城乡一体化的财政教育投入保障机制的框架体系,如图8-1所示。

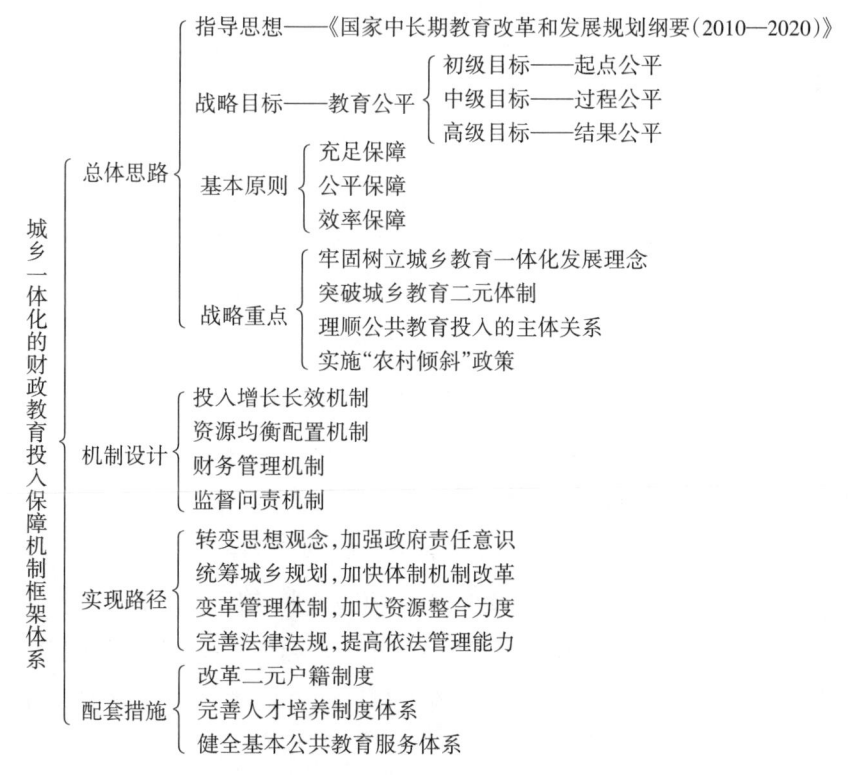

城乡一体化的财政教育投入保障机制框架体系
- 总体思路
  - 指导思想——《国家中长期教育改革和发展规划纲要(2010—2020)》
  - 战略目标——教育公平
    - 初级目标——起点公平
    - 中级目标——过程公平
    - 高级目标——结果公平
  - 基本原则
    - 充足保障
    - 公平保障
    - 效率保障
  - 战略重点
    - 牢固树立城乡教育一体化发展理念
    - 突破城乡教育二元体制
    - 理顺公共教育投入的主体关系
    - 实施"农村倾斜"政策
- 机制设计
  - 投入增长长效机制
  - 资源均衡配置机制
  - 财务管理机制
  - 监督问责机制
- 实现路径
  - 转变思想观念,加强政府责任意识
  - 统筹城乡规划,加快体制机制改革
  - 变革管理体制,加大资源整合力度
  - 完善法律法规,提高依法管理能力
- 配套措施
  - 改革二元户籍制度
  - 完善人才培养制度体系
  - 健全基本公共教育服务体系

图8-1 城乡一体化的财政教育投入保障机制框架体系

8.1 城乡一体化的财政教育投入保障机制构建的制度背景

一定历史时期的教育投入保障机制内生于该时期的财政管理体制,而一定时期的财政管理体制又将受制于该时期的经济体制和国家发展战略。因此,国家发展战略、经济体制和财政管理体制便构成了财政教育投入保障机制生成和运行的制度环境。国家发展战略是财政教育投入保障机制生成和运行的大环境,不同的发展战略下,教育在整个社会体系中的地位也不同,由此而形成的财政教育投入保障机制也不尽相同。经济体制是财政教育投入保障机制生成和运行的经济支撑,它决定着财政教育投入保障机制的基本属性。财政管理体制是财政教育投入保障机制的制度基础,它直接决定了财政教育投入保障机制的运行规则,而财政教育投入保障机制则是既定财政管理体制的具体内容与体现。

8.1.1 国家发展战略

国家发展战略是一国的重大方针政策,是集合国家各方面资源和力量,为实现既定目标而制定的总体方略。整个国家的政治、经济、社会等方方面面都会受到国家发展战略的影响,所有的社会经济制度和机制都需要围绕国家发展战略目标来制定,同时又要共同为实现战略目标而服务。正因如此,国家发展战略的选择和确立至关重要,它将决定国家未来的发展方向和发展路径。原则上讲,国家发展战略的决策者需要对整个社会经济的未来发展能够有足够的认知以及正确的预测,对于国际经济、政治环境和国内社会经济环境有着非常深入的认识和把握,然而人的认知始终是有限的,未来是不确定的,而环境又是复杂的,所以,国家发展战略总是需要不断修正,"非科学的发展战略在一定程度上会阻碍、扭曲甚至是停滞国家某项事业的发展"。[1]

国家发展战略是财政教育投入保障机制形成和运行的大环境,财政教育投入保障机制的制度、规则、运行方式内生于国家发展战略。因而在不同的国家发展战略下,教育在国家发展战略中的地位不同,由此而形成的财政教育投入保障机制也就不尽相同。新中国成立之初,在优先发展重工业的国家战略指导下,教育事业的管理权下放到地方,基础教育经费保障责任也下放到公社、生产大队和农户。改革开放以后,在以经济建设为中心的国家战略指导下,以GDP成败论英雄,教育发展遭到普遍忽视。1995年,国家开始实施"科教兴国"战略,在"科技是第一生产力"思想指导下,要"坚持教育为本,把科技和教育摆在经济、社会发展的重要位置",但是"效率优先,兼顾公平"的教育发展思路导致各级政府仍坚持经济增长第一位,并没有真正承担起教育投入均衡责任,其结果是教育投入和教育资源配置在城乡之间、地区之间、学校之间存在广泛的不均衡,教育公平问题备受社会关

---
[1] 陈静漪.中国义务教育经费保障机制研究:机制设计理论视角[D].长春:东北师范大学,2009.

注。进入新世纪以后,随着人才强国战略的提出,在"以人为本""人才兴国"思想指导下,教育被提升到优先发展的地位,义务教育、农村教育受到了前所未有的关注和重视,城乡义务教育全面纳入公共财政保障范畴,基本实现了"人民教育政府办"的目标。

8.1.2 经济体制

经济体制是指在一个国家(或地区)制定并执行经济决策的各种机制的总和。它是一个国家国民经济的管理制度及运行方式,体现为一定经济制度下国家组织生产、流通和分配的具体形式。经济体制是由各种具体的经济制度按照一定联系方式而构成的系统化的制度安排,是资源配置的具体方式或制度模式,即资源占有方式和资源配置方式制度安排。由于经济体制是整个国民经济的管理体制,因此经济体制的改革是影响面最广、社会震荡最大的社会变革,直接影响到不同阶级、不同利益集团的利益关系。

新中国成立后的前30年,我国的经济体制一直是计划经济体制,1992年起开始建立社会主义市场经济体制,期间还经历了有计划的商品经济的发展阶段。经济体制的每一次转轨与变革都深刻地影响着体制内的各个层面,其中也包括财政教育投入保障机制。经济体制是资源配置的制度基础,它决定着财政教育投入的基本性质和教育资源配置的基本方式。在计划经济时期,所有生产、资源分配以及产品消费等各方面,都是由政府的指令性计划进行安排,教育资源同样也是依赖政府的指令进行分配。工业优先、城市优先的战略左右了教育的决策,于是有限的教育资源被重点投向了城市教育和高等教育,农村教育在高度集中的资源配置过程中逐渐被边缘化,农村教育经费的筹集和管理责任下放给了公社、大队和农民,致使农村教育资源严重匮乏,教育投入的差距凸显城乡教育发展的差距。进入计划经济体制向市场经济体制转轨时期以后,实行了"放权让利"改革。一方面,中央向地方放权,上一级政府向下一级政府放权,教育投入保障责任也不例外,被下放给地方政府;另一方面,政府向企业放权,伴随着办学体制改革,市场机制被引入教育领域,教育开始向产业化方向发展。由于地区间经济发展不平衡,城乡间二元经济结构根深蒂固,以地方为主的财政教育投入保障机制必然导致地区间、城乡间教育发展的不均衡。同时,市场作用下的教育资源配置机制更进一步拉大了社会群体间的教育差距,致使教育公平缺失,引发了一系列的社会矛盾冲突。随着社会主义市场经济体制改革的深入,市场与政府的分工更加明晰,政府公共财政职能范围进一步明确,而基本公共教育服务属于政府公共财政职能范围内的事务,应由国家财政予以保障已获得各级政府的普遍认同。

8.1.3 财政体制

财政体制,即财政管理体制。从广义的角度来说,凡是涉及国家财政和税收活动的制度、规则和组织形式都属于财政体制,所以财政体制也常被称为财税体制。如果从狭义角度来看,财政体制是解决财权财力划分问题的一项基本制度,其中包括中央政府与地方政府以及地方各级政府之间财政收支范围划分和财政管理的权责划分。财政体制是财政教育投入保障机制的制度基础和基本运行环境,财政教育投入保障机制不可能脱离财政体制而生成和运行,它的运行方式和运行规则直接由财政体制所决定,是既定财政制度的具体表现。有鉴于此,在对某个特定历史时期财政教育投入保障机制研究时,必须将其置于当时的财政体制下,才能客观科学地评价该机制的功能与效力。

新中国成立后,我国财政管理体制曾经历了多次变革,从统收统支、财政包干到分税制、公共财政体制,每一次的改革都带动着财政教育投入保障机制的变革。纵观整个教育投入机制的演变,主要表现为集权、分权、相对集权的变革过程,而每一步的变革路径和结果都充分体现了该时期财政体制的显著特点。新中国成立初期,在统收统支的财政管理体制下,财政教育投入决策权主要集中于中央、大行政区和省政府,教育经费按学校归属也相应列入三级预算,农村中小学教育经费的筹集和管理则主要由县(区)和社队负责。在财政包干的体制下,扩大了地方的财政收支范围,地方政府财力相对较为充裕,于是中央把基础教育事权全部下放给了地方,而教育事权到了地方又会依次下放,最终形成了城市以区为主,农村以乡镇为主的教育投入格局。国家财力分散,并且地区财力不均衡,基层政府对教育的财政供给能力存在着明显的差异,从而导致教育发展差距逐步扩大,地区间、城乡间、校际的教育不均衡状况不断被强化。分税制改革以后,财政分配格局发生了巨大变化,中央财力得到较大提升,地方政府财力则大幅下降,但是财政收入比例的变化并没有及时相应地调整中央与地方的事权,教育投入保障责任依然坚持以地方为主。在以经济建设为核心的发展战略要求下和以 GDP 为核心的政绩考核约束下,地方政府缺乏教育投入的动力,而更愿意把有限的财力都投入到经济建设当中去。财政投入缺失、不足,择校费、学杂费、农村教育费附加便替代财政成了教育经费的重要来源,这不但加重了家庭的教育负担,也造成了教育"乱收费"现象凸显。在我国社会主义市场体制不断完善的同时,公共财政体制也逐步建立,"以县为主"为主到"省级统筹",农村教育投入的责任重心上移,提高了教育投入的财政保障能力。从 2006 年的农村义务教育实行"两免一补"政策到 2008 年城乡免费义务教育全面实现,我国由公共财政保障的义务教育财政供给制度框架已初见端倪。

诚然,财政教育投入保障机制的形成和运行是诸多因素共同作用的产物,不仅国家发展战略、经济体制和财政体制会直接作用于财政教育投入保障机制,行政管理体制、教育管理体制等同样也会影响到财政教育投入保障机制的运行方式和运行规则。因此,财政教育投入保障机制是根植于国家政治、经济、社会制度体系当中的一个子系统,对其分析研究不能脱离它存在和发展的制度环境。财政教育投入保障机制改革或设计的好坏优劣,需要将其嵌入特定的制度体系之中进行考察评价,以确认其能够发挥应有的功能,这也是本文在财政教育投入保障机制的制度框架分析与设计过程中所要遵循的研究路径以及希望达到的目标。

8.2 城乡一体化的财政教育投入保障机制设计的总体思路

8.2.1 指导思想

《国家中长期教育改革和发展规划纲要(2010—2020年)》(以下简称《纲要》)提出的"切实保证经济社会发展规划优先安排教育发展,财政资金优先保障教育投入,公共资源优先满足教育和人力资源开发需要""进一步明确各级政府提供公共教育服务职责,完善各级教育经费投入机制,保障学校办学经费的稳定来源和增长"和"加快缩小城乡差距。建立城乡一体化义务教育发展机制,在财政拨款、学校建设、教师配置等方面向农村倾斜。率先在县(区)域内实现城乡均衡发展,逐步在更大范围内推进"的教育发展战略,不仅是新时期我国教育体制的改革的指引方针,无疑也为我国财政教育投入机制改革与创新指明了方向。通过教育财政体制的改革和教育投入机制的创新,从制度上充分保障城乡公共教育事业发展所需的财力、物力和人力的稳定来源和持续增长,从而为缩小城乡教育差距,推动城乡教育均衡、协调、共同发展,最终实现城乡教育共同现代化,为迈进教育强国和人力资源强国行列的目标奠定坚实的基础。

8.2.2 基本原则

1. 充足原则

充分保障教育投入的稳定来源和持续增长,满足城乡教育一体化发展需要是财政教育投入保障机制的基本任务和必要的原则。充足原则至少应该包含两层含义:一是必须能够稳定提供满足正常教育教学活动所需的人力、物力和财力,坚决保证教育过程所必需的学校公用经费、教师工资、校舍建设与维修经费、教学仪器设备购置经费等;二是必须在"保运转"的基础上"保发展"。从二者的目标来看,"保运转"的目标是维持现有的教育发展水平,无法产生质的变化;"保发展"的目标则是力求促进农村教育更快地发展与进步,进而向城乡共同发展迈进,在此目标下,教育均衡发展与教育公平才有可能实现。因而按照"保发展"的标准进行投入,统筹规划,有计划地提高保障水平,城乡教育一体化才能最终实现。

2. 公平原则

教育公平是推进城乡教育一体化的基本价值追求,也是构建财政教育投入保障机制的基本原则。在城乡教育一体化发展思路下,公平保障原则至少应该包含三层含义:一是平等性一体化。平等性一体化首先是教育公平的最基本要求,它所要求的是,无论来自城市还是农村,为每个学生提供平等的机会和条件以保障其平等受教育权利的实现。在此要求下,无论城市还是农村的学生,从入学到学习过程,都能获得平等的对待,平等地享受教育资源,确保每一个学生无论是在入学招生,还是物质条件、师资条件方面得到无差别地对待。二是差异性一体化。由于人与人之间存在个体差异,受先天或后天、内部或外部各种因素的交织影响,不同的学生对教育的需求也不完全一样,因此,教育过程需要因材施教,满足学生个性化发展需要。差异性一体化的差异性原则意味着不同情况区别对待,承认差异,尊重差异,依照学生自身条件,获得适合其发展的"差异性公平"资源分配。三是补偿性一体化。相对于平等性一体化原则,补偿性一体化原则提出了更高的要求,在财政拨款、学校建设、教师配置时,并非"一视同仁",而是对农村地区、贫困地区和薄弱学校"另眼相看",将更多的教育资源向农村地区、贫困地区和薄弱学校倾斜。

3. 效率原则

改革与完善财政教育投入机制,提升教育投入效率,在教育资源相对有限的条件下,少花钱多办事,低投入高产出,用稀缺的教育资源培养出数量更多、质量更好的学生。效率原则至少包含两层含义:一是由于我国受教育人口众多,教育资源相对稀缺,教育投入不足,特别是农村地区尤为突出。同时,教育事业长期依靠增加投入的"外延型"发展,而不是依靠提高教育投入要素质量和资源利用效率的"内涵式"发展,从而加剧了教育投入的短缺。因此,坚持效率原则是保障有限的教育资源得到更好的利用,从而缓解教育投入不足问题的关键。二是在政策定位上要切实提高以教育公平为目标的效率。城乡教育均衡发展不是平均发展,更不是以牺牲效率为代价的低水平发展,而是积极进取的优质教育的均衡发展。通过加速优质教育资源的流动,实现城乡教育资源共享,从而达到教育公平,与此同时,这些有限的资源经过多次地投入与利用,效率自然也会提高。而教育投入效率的提高又有利于扩大社会教育资源(如入学机会、办学条件),为教育公平的实现奠定坚实的经济基础。

8.2.3 战略目标

任何一种制度的制定和实施,必然隐含着制度设计的价值目标。依据《纲要》的要求,"把促进公平作为国家基本教育政策",而"教育公平的主要责任在政府",因此,城乡一体化的财政教育投入制度安排,毋庸置疑,其追求的价值目标是教育公平。

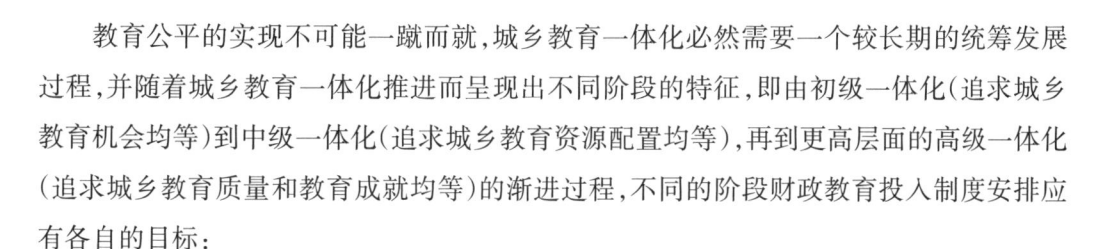

教育公平的实现不可能一蹴而就,城乡教育一体化必然需要一个较长期的统筹发展过程,并随着城乡教育一体化推进而呈现出不同阶段的特征,即由初级一体化(追求城乡教育机会均等)到中级一体化(追求城乡教育资源配置均等),再到更高层面的高级一体化(追求城乡教育质量和教育成就均等)的渐进过程,不同的阶段财政教育投入制度安排应有各自的目标:

(1)初级一体化阶段。这一阶段主要目标是解决城乡教育机会公平问题,即教育起点的公平,基本要求是保障每一个适龄儿童享有公平的受教育机会。通过财政教育投入机制的实施与改革,切实保障教育管理体制改革、城乡教育布局调整、招生机制改革,逐步实现城乡教育机会公平。

(2)中级一体化阶段。这一阶段主要目标是解决城乡教育资源配置公平问题,即教育过程的公平,基本要求是保障每一位受教育者在受教育过程中质量和条件的公平。通过财政教育投入机制的改革与创新,优化配置教育资源,保障教育经费投入稳定有效、办学条件落实到位、师资队伍建设高标准高水平,逐步实现城乡教育过程公平。

(3)高级一体化阶段。这一阶段主要目标是解决城乡教育结果公平问题,追求的是城乡教育质量、教育结果和教育成就均等。通过财政教育投入机制的改革与创新,保障教育资源配置、教育过程和教育结果的一体化,确保城乡教育从硬件到软件全方位一体化均衡发展,逐步达到城乡教育结果公平。

8.2.4 战略重点

当前,我国公共教育事业发展已经步入一个新的历史发展时期,从总体上看,真正实现城乡教育一体化依然任重而道远。农村教育发展的水平、人才培养的质量,与城市相比仍有差距,消除城乡差异还需要付出更多努力。根据《纲要》的要求,基于我国城乡教育发展的现实,城乡一体化的财政教育投入保障机制的总体思路是,在城乡一体化发展理念指导下,坚持统筹规划,充分保障公共教育事业发展所需的人力、物力和财力资源,逐步缩小城乡差距,推动城乡教育均衡发展和教育公平的实现,最终建立城乡一体、互补互融的城乡教育一体化格局。

第一,牢固树立城乡教育一体化发展理念。观念是行动的指南,要缩小城乡教育差距,推动城乡教育均衡发展,首要任务是转变传统城乡分割的思想观念,树立正确的教育发展观。首先,各级政府领导应当始终坚持把教育摆在优先发展的位置,迅速转变思路,形成城乡一体化的思维方式。作为政策的制定者,必须摒弃观念上对农村各方面的歧视和偏见,建立城乡平等的价值理论,才能真正解决财政教育投入制度上的障碍。其次,教育领导部门必须摒弃重点学校重点扶持的陈旧思想,转而重点扶持相对薄弱的农村学校和弱势群体,对长期处于弱势地位而遭受不平等待遇的农村教育给予更多的补偿,积极改善农村地区学校的办学条件。

第二,突破城乡教育二元体制。构建城乡一体化框架下的财政教育投入保障机制,不仅有利于克服城乡二元结构带来的种种弊端,而且有利于促进我国城乡经济社会发展走向一体化。城乡教育二元结构源于城乡二元的社会经济结构,城乡教育差距是城乡二元结构长期发展的必然结果。在城乡教育二元体制框架之下,城乡教育处于割裂与分化的状态,缺乏良好的互动与共同发展。同时,一系列有利于城市教育发展的制度和政策相继出台。在教育投入机制上,"城乡两策,重城抑乡"。农村教育的投入主体,长期以基层政府为主,中央、省级财政对农村教育的投入力度不仅相对较弱,而且处于不稳定、不持续的状态。城乡教育一体化就是要打破制度瓶颈,即城乡教育二元结构,其中包括教育财政制度,突破城乡教育二元体制是改革与创新城乡一体化的财政教育投入机制的前提。

第三,理顺公共教育投入的主体关系。全面理顺公共教育投入的主体关系,明确划分各级主体的投入责任,建立责任明晰的教育投入责任分担机制是城乡一体化的财政教育投入保障机制构建的前提与关键。首先,明确各级政府对城乡教育的投入责任与负担比例。按照事权与财权统一的原则,中央政府的财力最强,省级政府次之,相对于那些基层政府而言,主要的教育投入责任理应由中央和省级政府承担。中央政府应合理利用财政再分配手段,加大面向贫困落后地区的税收返还和转移支付,充分发挥中央在平衡地区间教育资源配置方面的财政能力,促进城乡及地区间教育均衡发展;增加省级政府在教育投入中的责任分担,强化省级统筹的力度,利用省级财政转移支付增加并均衡县级政府财力,进而缩小省域内的教育投入差别,促进教育均衡发展;县级政府的财力相对较弱,且分布不均衡,故只应承担部分与其财力相匹配的教育投入责任,此外,县级政府还应当承担管理和统筹安排全县的农村教育经费的责任。其次,理顺政府与非政府主体之间的关系,区分对不同层次与不同类型的农村教育形式的投入责任。以公共产品理论为理论依据,并按教育公平的原则,明确界定各类教育形式的性质及其供给主体,在此基础上对其投入责任在政府与非政府主体之间进行横向划分。具体而言,义务教育应该全面纳入公共财政保障范畴,主要由政府承担义务教育的投入责任;非义务教育则应该采用以政府投入为主、受教育者合理分担、其他多种渠道筹措经费共同投入的模式。

第四,实施"农村倾斜"政策。城乡一体化并不意味着城乡一样化,考虑到农村地区长期资源匮乏,处于被支配的弱势地位,单纯的资源的平均配置并不能改变其固有的弱势和缺陷。因此,现阶段的教育投入应当以强者扶助弱者为主体,重点应当放在对于农村教育的扶植,实施向农村倾斜的教育投入政策,在资源配置上对于农村教育给予更大的倾斜,对于长期遭受不平等待遇的农村地区给予更多的补偿。在教育经费投入上明确中央和地方各级政府的经费保障责任,加大财政转移支付力度,扩大公共财政资源覆盖城乡教育尤其是农村教育的范围,不断增加对贫困地区的转移支付规模,弥补教育经费缺口,努力缩小各地区政府间教育供给能力的差距;在办学条件上要加强农村学校教育教学硬件设施建设,通过标准化学校建设,扶持或支持欠发达地区和经济落后地区提高办学标准,达到更高一级统筹;在教师队伍建设上要加强教师调配,并通过建立农村教师补充机制、建立有利于城乡教师定期交流的考评机制、建立有效多元的农村教育培训机制等,缩小并逐步消灭城乡教育资源的差距。

8.3 城乡一体化的财政教育投入保障机制

缩小城乡教育差距,实现教育均衡发展是一项复杂的系统工程,需要强有力的制度保障。按照上述指导思想、目标、基本原则和基本思路,结合我国推进城乡教育一体化过程中的现状和问题,本研究构建了城乡一体化的财政教育投入保障机制(如图8-2所示)。财政教育投入保障机制是城乡教育一体化目标指引下构建的机制体系,其目的是按照《纲要》的基本要求,遵循充足、公平、效率的原则,通过改革和创新公共教育投入制度,充分保障城乡公共教育事业发展所需的财力、物力和人力的稳定来源和持续增长,不断缩小城乡教育差距,推动城乡教育均衡、协调、共同发展,最终实现城乡教育共同现代化,为迈进教育强国和人力资源强国目标奠定坚实的基础。

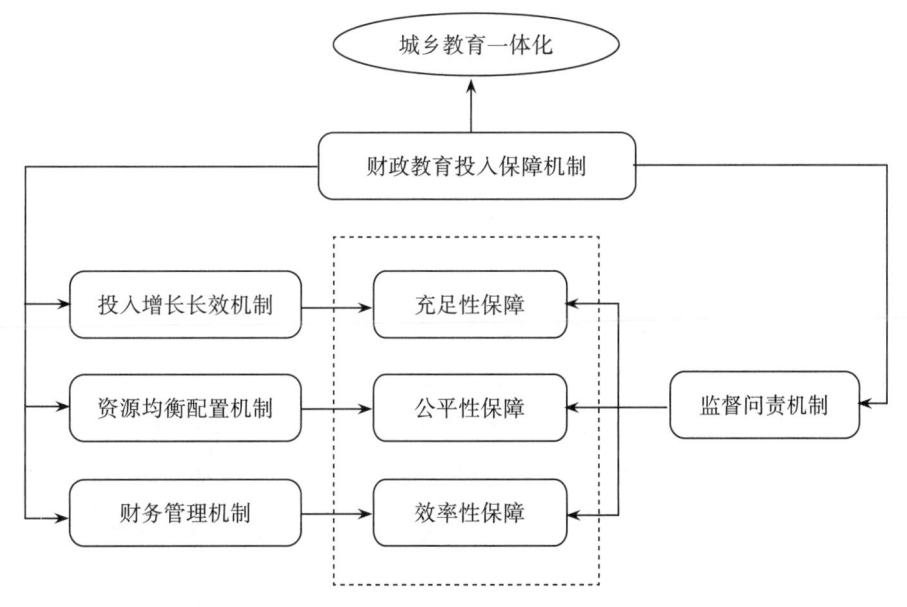

图8-2 城乡一体化的财政教育投入保障机制

城乡一体化的财政教育投入保障机制包括以下几个子机制：投入增长长效机制、资源均衡配置机制、财务管理机制和监督问责机制。这四个子机制组成一个相对完整的系统，以责任分担为核心的教育投入稳定增长的长效机制解决的是教育由谁来投入、投入多少以及如何投入的问题，首先要满足教育资源投入的充足；教育资源均衡配置机制解决的是教育资源如何合理分配的问题，主要保障财力、物力、人力资源能够公平分配；以提高效率为核心的财务管理机制保证了教育经费的高效使用；最后建立严格的监督问责机制有助于确保以上各个机制的真正落实，使财政教育投入真正得到保障，促进我国城乡教育一体化目标的实现。

8.3.1 教育投入稳定增长的长效机制

"十年树木，百年树人"，教育是一个长期持续的过程，作为教育过程的基础和前提，要求教育投入必须能够持续地保障教育过程与教育质量。当前日益增长的教育需求与教育投入不足的矛盾，仍然是我国教育事业发展的主要矛盾，尤其是农村教育长期处于弱势地位，矛盾更加突出。为了缓解教育供求之间的矛盾，有必要建立起财政教育投入持续稳定增长的长效机制，以保证为教育优先发展提供必要的物质基础。

1.保证财政教育投入稳定持续增长

政府财政投入是教育投入的主渠道，也是公共教育投入的主导力量，因此，建立财政教育投入的持续稳定增长机制是教育发展的重要保障。要保证公共教育的持续稳定增长，必须坚持教育优先发展战略的三个优先："在经济社会发展规划上优先安排教育、财政资金投入上优先保障教育、公共资源配置上优先满足教育和人力资源开发需要"[①]。

首先，优先发展体现为财政投入的增加，财政资金投入优先保障教育，是落实优先发展教育的基本物质基础。教育优先发展的落实离不开坚实的物质保障，不断地增加教育投入，提供充足的财政性教育经费给予教育事业发展足够的支持，才能确保财政资金优先保障教育，这是教育优先发展战略是否落实的重要体现和关键举措。为此，必须严格按照《教育法》的规定采取措施提高财政教育投入水平，确保实现"两个比例"和"三个增长"的法定目标。一方面，坚守财政性教育经费占GDP比例4%的底线，确保一般公共预算教育支出逐年只增不减，是优先发展教育的必然要求。作为一个拥有世界最大教育规模的国家来说，要维持如此大规模教育的运转，必然需要一定基础且持续稳定增长的财力保障，"4%"是必须坚守的底线。作为关系民生福祉的民生事业之一的教育事业，尽管有支出比例提升的需求，但同时也会面临医疗、社保等的支出竞争，只有保证一般公共预算中教育支出的增长，才能真正体现教育优先的发展战略。另一方面，各级政府应不折不扣地落实

---

① 李克强在全国教育大会上的讲话

教育投入"三个增长"的要求,切实保证教育财政拨款的增长应高于财政经常性收入的增长、按在校学生人数平均的教育费用逐步增长、教师工资和学生平均公用经费逐步增长。"两个比例"和"三个增长"目标的确立不仅体现了国家优先发展教育的决心,同时也为各级政府明确了教育投入的标准和努力方向。因此,通过统筹规划、制度安排和标准设计落实财政教育支出责任,保证财政教育投入的增长目标。可以采取多种措施保障教育投入,例如征收教育费附加和地方教育附加,健全生均拨款制度,完善教育标准体系,科学核定基本办学成本等措施,督促各级财政足额拨付教育经费,保证教育投入按标准稳定持续地增长,为教育优先发展的目标提供坚实的物质保障。

其次,保证财政教育投入稳定持续增长需要完善法律法规体系来保障。由于目前我国教育投入是否能够足额到位,仍然缺乏刚性保障,难以完全保证来增长目标的实现。为了切实保障财政教育投入稳定持续增长的有效落实,有必要加快诸如《教育投入法》《财政转移支付法》等相关立法的研究论证,将各级政府的教育投入责任明确写入法案,避免教育投入的主观随意性,使教育投入的持续增长在法律层面上得到充分保障。只有将促进教育优先发展和教育均衡发展的政府责任与行为纳入稳固的法治轨道,形成与完善有利于城乡教育一体化的法律保障体系和机制,使得教育投入能够有法可依、违法必究,才能真正保障教育优先发展目标的实现。

2. 明确财政教育投入责任分担

财政教育投入机制与国家财政体制改革进程是紧密联系在一起的,每一次财政教育投入机制的变革都是在财政体制改革的框架下进行的。财政体制改革的本质是各级政府之间财权与事权的划分,相应地,财政教育投入机制改革的实质是教育投入责任分担与管理权限在各级政府之间的划分。因此,明确财政教育投入的责任分担需要从以下两个层面健全机制。

(1) 义务教育投入责任分担机制

由于义务教育已全面纳入财政保障范围,故而义务教育投入的责任分担机制其实就是各级政府之间的纵向分担机制,其实质是明晰中央、省、市、县的教育事权和财政支出责任。

2006年以后,农村义务教育经费实行"各级政府分担、经费省级统筹、管理以县为主"的保障机制,确定由中央与地方分项目、按比例分担,省级政府负责统筹落实省以下各级政府应承担的经费。但是,各级政府具体的分担比例没有明确的法律和政府规范,故而在实际运行中仍然存在农村义务教育经费不足,城乡教育发展失衡痼疾难愈。因此,迫切需要对各级政府的教育事权和教育支出责任进行重新划分。从世界各国义务教育发展的经验来看,义务教育的投入主体大多集中在中央或高层地方政府,而管理则主要以基层政府为主。由中央和高层地方政府承担主要投入责任可以保证教育经费的充足来源,义务教育事务由基层政府主管又可以更好地满足当地义务教育的需求,两者结合能有效推动义务教育的均衡发展。有鉴于此,应当通过调整中央、省、县三级政府对义务教育的投入分担比例,加大中央和省级政府的投入比例到义务教育公共经费的70%左右,提高对县级财政的均等化转移支付力度,缓解县级政府的财政压力,从而形成各级政府对义务教育投入的合理分担机制。

首先,省级政府应承担最主要的教育投入责任。根据新《义务教育法》和《纲要》之规定,各级人民政府应共同负担义务教育经费,并明确划分各自责任范围,省、自治区、直辖市人民政府负责统筹落实。省级政府之所以承担义务教育最主要的投入责任,既有能力因素,也有财力因素。一方面,省级政府相较于县级政府拥有更强的宏观调控能力和均衡能力。我国义务教育发展区域失衡问题严重,且省内差距大于省级差距,由省级政府承担推进城乡义务教育一体化发展的最主要的投入责任,可方便其在省域范围内发挥宏观调控能力,保证在省域内各县市获得均等化的义务教育发展条件,有利于义务教育在省域范围内的城乡一体化发展。另一方面,相对县级政府而言,省级政府拥有更强大的财力,自然应承担更重要的教育投入责任。经过分税制改革以后,县级政府财力明显下降,大多数省级政府财力远远高于县级政府,由省级政府承担推进城乡义务教育一体化的最主要的投入责任,既可减轻县级政府财政压力,又可保障教育投入。省级政府作为义务教育最主要投入主体的职责主要包括:一是统一规划和统筹分配省内各市、县义务教育发展所需要的教育经费,保证省域内各地区义务教育学校的发展条件均等化,如标准化学校建设经费、学校公用经费和教师工资待遇等;二是统筹中央和省级政府对下级地方政府的财政转移支付资金,并结合实际合理确定省级以下政府间教育事权和财政支出责任,监督落实市、县级政府应承担的义务教育投入和管理责任。

其次,中央政府应承担对地方政府财政转移支付职责。中央政府应从顶层设计的高度确立我国教育体系优化和布局调整的宏观规划,统筹城乡教育一体化的制度安排和政策制定;对义务教育财政投入负有主要或"兜底"责任;深入优化转移支付制度,实现基本公共服务的均等化。中央政府负有促进地区之间、城乡之间义务教育均衡发展的责任,这种责任主要通过财政转移支付实现。中央对地方的转移支付是中央政府为弥补财政实力薄弱地区的财力缺口,均衡各地方政府的财力差异,将中央财政掌控的一部分财力转移给地方财政的一种调节制度,主要包括一般性转移支付和专项转移支付两种方式。

缩小辖区内各地方财力差距是上级政府进行一般性转移支付的目的。通过一般性转移支付资金提高地方政府的基本财政能力,保障各地区义务教育发展,促进地区间基本公共教育服务均等化实现。中央政府根据不同省、市、区的财政收入能力和支出需求确定对该地区一般性转移支付的比例,通过统筹规划,特别是对于经济发展欠发达、财政困难的地区和省市,应通过转移支付方式对其义务教育发展给予足够的财力支持。专项转移支付的目的是解决各地义务教育发展的特殊问题和偶发困难状况。中央政府的专项转移支付应针对贫困地区、少数民族地区的义务教育发展以及贫困学生和无正常学习能力的特殊儿童提供,充分满足贫困地区对教育资金的需求,例如,农村中小学教师工资、危房改造资金、农村义务教育阶段免费教科书等。

最后,县级政府应承担力所能及的财政职责。尽管中央和省级政府理应承担绝大部分义务教育投入的责任,但是县级政府对于地方义务教育的发展负有不可推卸的责任,因此仍然需要承担力所能及的财政责任。我国地域广阔,区域差距明显,义务教育阶段学校分布极为分散,仅靠中央财政和省级财政的投入不足以保证城乡义务教育的一体化发展,而且,义务教育发展涉及办学条件改善、师资力量保障等各方面,财务支出项目众多,如果完全依靠中央和省级政府,县级基层政府不承担财政投入责任,在操作上也很困难。

县级政府是具有相对独立财权的财政主体,同时义务教育具有较强的地域特征,因此推进县域内的城乡义务教育一体化是其应有的责任,其财政职责主要包括:一是统筹规划、合理分配来自上级政府的义务教育经费;二是合理确定县级财政支出中义务教育投入所占比重;三是均衡县域内义务教育学校办学条件和师资力量,向义务教育薄弱乡(镇)与义务教育薄弱校倾斜。具体而言,县级财政应继续负责义务教育管理和基础设施建设,包括财政支出一定比例的教师培训、教学管理、校舍建设、设备购置、危房改造、校园及周边环境治理、增加贫困生和寄宿生补助等费用。

(2)非义务教育培养成本分担机制

在重点保障义务教育的前提下,积极支持扩大普惠性学前教育资源、普及高中阶段教育、发展现代职业教育,完善非义务教育培养成本分担机制,是实现国家教育优先发展战略和保障教育公平的必要组成。《纲要》明确了教育发展的事权与经费保障的财权关系,阐明财政对教育经费保障实行分层次、分级别的投入原则,明晰了政府、教育举办者、受教育者、家庭和个人所承担的投入责任。对于非义务教育的投入还是应当坚持以政府投入为主、受教育者合理分担、其他多种渠道筹措经费的投入机制,然后依据各级各类教育的不同性质与属性确定分担方式:"普通高中实行以财政投入为主,其他渠道筹措经费为辅的机制""中等职业教育实行政府、行业、企业及其他社会力量依法筹集经费的机制""高等教育实行以举办者投入为主、受教育者合理分担培养成本、学校设立基金接受社会捐赠等筹措经费的机制"。参照《纲要》所提出非义务教育培养成本分担的原则,各级地方政府需要综合考虑地方实际经济发展水平、政府财力状况、城乡居民实际承受能力等具体因素,按照相应的管理权限和属地化管理原则,制定并实施切实可行的财政教育投入政策,合理确定学费(保育教育费)、住宿费等标准,建立与拨款、资助水平等相适应的收费标准动态调整机制。

具体而言,各地方政府应进一步制定并落实公办幼儿园生均财政拨款标准,以及普惠性民办幼儿园的财政补助政策,保证学前教育的财政保障程度不断提升。同时,积极鼓励社会力量以多种形式举办幼儿园或捐助学前教育,多渠道筹措资金增加普惠性学前教育投入。建立健全普通高中生均财政拨款制度,加大对普通高中教育在改善教学条件方面的支持力度,逐步完善以政府为主导,国家助学为主体,学校减免学费为补充,社会力量积极参与的普通高中家庭经济困难学生资助政策体系。政府对中职学校和高职院校的投入,逐步提高生均财政拨款水平,完善政府、行业、企业及其他社会力量依法筹集经费的多元化投入机制,多渠道筹措职业教育经费,确保职业教育经费来源的稳定和逐步增长。鼓励企业举办职业教育,深化产教融合、校企合作;积极探索建立各级职业教育发展基金,支持企事业组织、社会团体、其他社会组织及公民个人按照国家有关规定设立职业教育奖学金、贷学金,鼓励学习成绩优秀的学生或者资助经济困难的学生。支持发展面向农村的职业教育,强化县(区)级政府对发展农村职业教育的统筹力度,大力推进农科教结合和基础教育、职业教育、成人教育的"三教统筹",逐步加大农村职业教育的财政性投入。

3.完善财政教育转移支付制度

财政转移支付指的是各级政府间的财政资源转移,既有上级政府对下级政府的纵向转移支付,也有同级政府之间的横向转移支付。平衡区域间财力差异,推进基本公共服务均等化,这是财政转移支付制度的首要目标。完善财政教育转移支付制度,纠正政府间的纵向财政教育投入失衡,调整横向的地区财政教育投入失衡,是促进城乡之间与地区之间财政教育投入均等化的重要措施。

(1)合理确定财政教育转移支付规模

财政教育转移支付规模的确定需要从两方面考虑。一是转移支付总量必须达到一定的规模,否则无法保证有足够的资金用以缓解县级政府间不断扩大的财力差距。充分满足城乡、地区教育均衡发展需要,这是财政教育转移支付的下限。二是转移支付规模也须有上限,如果规模过大,超出了合理的范围,不仅不会产生更大的教育投入效益,反而会带来资金分配过程中的交易成本无谓增加和效率损失,甚至对地方政府教育投入产生"挤出效应"。因而转移支付上限的确定既要充分满足教育均衡发展的经费需求,又能使效率损失最小化为宜。

(2)优化财政教育转移支付结构

首先,应进一步提高一般性转移支付比例。一般性转移支付的目的是确保地方政府有财力提供与其他地区均等的公共教育服务,它是最具有均衡地方财力作用的一种财政转移支付形式,能更好地体现转移支付制度的公平性。完善一般性转移支付增长机制,加大一般性转移支付力度;同时,改变均衡性转移支付与所得税增量挂钩的方式,确保均衡性转移支付增幅高于转移支付的总体增幅,有效利用一般性转移支付均衡地方财力的优势,促进地方政府保障基本公共教育服务均等化的财政能力提升。其次,优化调整专项转移支付结构,整合专项转移支付。专项资金是转移支付资金的重要组成,必须服务于特定的政策目标,教育专项资金以帮助老少边穷地区的受教育者均等的公共教育服务为主旨,支持教育事业的发展。但是,目前专项转移支付存在项目重复交叉,资金分配零散,使用效率有待提高等问题。因此,清理整合专项转移支付项目,将内容相近、目标相似的各类专项资金整合下达使用;对数额、补助范围和对象相对固定并可按因素法分配的专项转移支付,并入一般性转移支付;减少专项转移支付项目中要求地方提供配套资金的做法,特别是对贫困和少数民族地区应免除配套资金;具有项目审批权的部门要认真做好项目设置前的调研工作,确保专项资金用于必要的地方。

(3)规范财政教育转移支付制度

财政教育转移支付制度的设计应综合考虑地方财力水平、经济发展水平、人口特征与教育需求,科学构建转移支付体系。通过对地方财政教育投入的保障标准进行核定,测算出相应的财力缺口,省级财政和教育主管部门负责核实,经过核实后,中央和省级财政以财政转移支付的形式补助和激励地方政府,形成一种长效机制,从而确保财政教育投入的稳定增长。进一步完善省级以下财政教育转移支付制度,加大资金统筹和对下转移支付力度,提高基层财政保障水平。省级政府则可以对省域内各级政府的人口分布、财力状况和办学成本等因素进行统计和测算,并将上述因素进行加权处理,效仿美国等联邦制国家,建立起以"因素法"为特征的一般性财政转移支付公式。尽可能避免转移支付制度中的主观随意性。建立规范的财政教育转移支付制度,使财政教育资金的投入规范化、制度化、法律化,确保城乡公共教育经费的稳定来源。同时,加强对教育转移支付资金的监管,推进追究问责机制建立,解决转移支付资金管理"最后一公里"问题,确保财政教育资金安全,提高财政教育资金绩效;建立并维护有关地方财政的完整信息,地方财政对专项资金等转移支付使用情况通过报送地方人大和对外公开,引入外部审计,减少中间环节,使经费流向监督透明化。由于资金可换作其他用途,鉴于地方政府的消极立场,因而即使基于财政需求和能力指标的转移支付也无法保证接受地区的政府将得到的资金用于农村义务教育领域。因此,使公众能够接触到这些信息以提高对地方政府资金使用的监督能力是运行良好的转移支付体制的重要组成部分。

4.拓宽教育投入渠道

发挥财政资金的引导作用,鼓励扩大社会投入,调整和拓宽教育投入渠道,大力支持社会力量兴办教育,逐步建立起以"政府投入为主、全社会共同分担"的多元化教育投入机制,是解决我国教育发展中所面临的经费短缺问题的最佳出路。

(1)多种方式拓宽教育投入渠道

扩大社会资源进入教育途径包括:一是通过财政资金的引导和杠杆作用,支持社会力量办学,鼓励和吸引社会资金进入教育领域举办学校或者投入项目建设。加大公共财政对民办教育的扶持力度,经费预算要统筹考虑公办和民办教育发展需要,并且通过实施政府补贴、政府购买服务、助学贷款等措施,形成政府扶持民办教育发展的可持续的长效机制。二是创新教育投融资机制,利用各种渠道汲取社会资金投资教育。在风险可控的前提下,鼓励金融机构为民办学校提供银行贷款、信托、融资租赁等多样化的金融服务,鼓励开发创新适合民办学校特点的金融产品,例如,民办学校未来经营收入、知识产权质押贷款业务。三是以政府信用为担保,采用发行债券方式进行教育的社会化融资。教育债券是公债的一种,具备收益稳定、风险小的特点,符合社会公众和企业、机构的投资需求,会对社会公众和企业、机构产生较大的吸引力。四是尝试发行教育彩票。和福利、体育事业一样,教育事业也属于社会公益事业,因而可以参照福利彩票和体育彩票的模式发行教育彩票。同样具有促进社会公益事业发展的价值和功能。从2005年开始我国就已经迈入世界彩票销售大国行列,彩票市场的运行机制基本成熟,社会监督体系较为严格,这些成熟的条件已经为教育彩票的发行创造了有利的市场环境。

(2)健全鼓励社会力量投资教育的激励机制

为了多渠道增加教育投入,充分调动社会力量办教育的积极性,可以从两个方面激励社会力量办学。一是落实税费优惠等激励政策。完善税收减免、金融扶持、行政审批和土地划拨等优惠政策,鼓励行业、企业、社会团体出资办学以及个人捐资助学。在税费优惠政策上,非营利性民办学校与公办学校享有同等待遇;社会力量办学需征用土地的,土地管理部门应按非营利的社会公益事业用地及公办学校征地的有关规定,优先划拨,提供土地使用权,并免征建设配套费。二是完善教育捐赠激励机制,鼓励国内外的企业、社会组织和个人捐资助学。具体做法包括:研究制定适合我国国情的捐赠法律法规,为教育捐赠创造良好的政策环境,鼓励和规范教育捐赠活动,引导和促进教育捐赠制度健康发展;充分发挥税收优惠对捐赠的激励作用,对教育捐赠免税是国际通行惯例,也是鼓励捐赠的有效措施,对企业和个人支持教育事业的公益性捐赠支出,均在税前予以扣除,并对捐赠者予以宣传表彰,营造良好的捐赠教育的社会氛围,提高社会责任意识。

8.3.2 教育资源均衡配置机制

均衡合理的教育资源配置是实现城乡教育一体化的有效途径,只有当教育资源的数量和质量满足同时满足城镇和农村需要时,教育公平才能作为一种结果逐渐显现出来。当前城乡教育发展不均衡问题,关键就在于教育资源在城乡配置长期不均衡,导致城乡教育差距明显。要实现城乡教育一体化,促进城乡教育均衡发展,当务之急是必须处理好教育经费、办学条件和教师资源在城乡的均衡配置问题。

1. 均衡配置财力资源

财力资源是物力资源和人力资源的货币表现,即教育资金或教育经费。教育经费的投入是教育事业的物质基础与根本保障,而教育经费的均衡配置则是确保城乡教育一体化实施的重要手段。

财力资源的均衡分配,需要从三个层面实现:第一,对同一区域同一阶段义务教育的学校,不论贫富差距,完全按照学生人数拨款,保证每个学生获得相同的资助,这一层面是最基本的,也是最容易办到的;第二,实施差别化倾斜政策,财力资源更多地向农村地区、薄弱学校倾斜;第三,建立针对落后地区和弱势群体的教育援助和帮扶制度,促进教育公平的实现。

(1) 健全生均拨款制度

建立和完善各级各类学校的生均财政拨款基本标准,杜绝权力等因素介入教育经费分配,从而保障财力资源配置的公平性。

首先,不断提高义务教育阶段学校生均公用经费基准定额和生均拨款水平。在此基础上,逐步实现学前教育、普通高中、职业教育和普通高等教育生均财政拨款制度全覆盖,为深化教育综合改革奠定坚实的投入保障。

其次,建立生均拨款(补助)标准动态调整机制。根据经济社会发展水平,建立各级各类教育生均拨款(补助)标准动态调整机制。根据各级各类学校发展的实际需要,结合全市财力状况、物价变动、办学规模、工资标准调整等因素,对生均财政拨款标准进行动态调整。对在校生超过合理办学规模的学校,采取降低生均拨款基础标准和折算系数等方式予以调整。并建立稳定增长机制,保障教育投入。

(2) 实施差别化倾斜政策

我国城乡教育长期处于发展不均衡起点上,必须通过差别化倾斜的手段才能实现均衡发展的目标和结果。城市与农村的教育发展由于历史原因造成差距巨大,如果在现阶段仍然同等对待,那么差距必将会进一步扩大。正如亚里士多德所说:"以同等的方式对待不平等的事物,是更糟糕的不平等。"因此,对落后的农村教育给予更多的财力支持,补齐历史欠账,只有这样,农村教育才能和城市教育站在同一起跑线上。近些年来,政府已采取多种措施来缩小城乡教育差距,财政教育资源不断向农村地区、薄弱学校予以倾斜。但是,城乡教育差距是城乡二元社会经济结构长期积淀的结果,消除城乡差距绝非一时一日便可成功,城乡教育的均衡必将是一个漫长的过程。因此,继续保证农村教育"重中之重"的地位不动摇,认真贯彻"以城带乡、以乡促城、城乡联动、共同发展"的方针,坚持公共教育资源向农村倾斜,在通盘考虑城乡教育一体化的基础上,补足农村教育资源,改变农村教育的弱势地位。具体而言,一是教育经费向农村倾斜投入,努力践行新增教育经费优先向农村地区倾斜的战略举措;二是新增的财政性教育经费应该优先投放到义务教育领域,加大城乡义务教育经费统筹力度,并且将教育经费向义务教育发展的薄弱环节倾斜,重点放在农村地区、民族地区和边远、贫困地区,通过差别化倾斜,优先确保弱势地区义务教育学校基本办学条件和基本教育教学需要,确保义务教育教师工资按时足额发放,并加大对薄弱学校和教学点的支持力度。

(3)建立弱势群体帮扶机制

关注和保护弱势群体,实现社会公平的需要。同样,在教育领域,关注和帮扶教育弱势群体,才能体现教育的公平原则。世界各国普遍采用了专门针对弱势地区或群体的教育扶持制度。例如,美国制定的《全国学校午餐计划》,向低收入家庭子女提供免费或者低价早餐和午餐;法国制定的免费教科书、助学金、交通补贴、午餐补贴等制度,以帮助贫困家庭子女接受义务教育;日本制定的落后地区如海岛和边远地区进行特别教育辅助的法律;泰国推行免费午餐计划为促进义务教育在贫困农村的普及。借鉴国外的这些做法,建立针对落后地区和弱势群体的教育援助和帮扶制度,有利于促进教育公平的实现。

需要注意的是,弱势群体帮扶机制与财政教育转移支付机制应有所区别,它是为保证弱势地区受教育者或弱势群体获得公平的受教育机会所建立的一种基本制度。弱势群体帮扶机制的帮扶对象具有很强的针对性,用于满足特定条件的地区或人群,并且其实施不受时间和空间限制,只要条件具备,便可以进行相应的扶持。帮扶资金应是财政教育转移支付资金的基础之上额外获得的,必须专款专用。弱势群体帮扶制度侧重于两个方面:一方面,确立对贫困地区和弱势群体的重点帮扶政策,采取对贫困地区和弱势群体义务教育的经费援助。例如,建立专项资金用于对贫困学校进行补助和奖励,对贫困地区的教师进行生活补助、交通补助、岗位培训等;建立贫困地区教育基金,对优秀教师、学生和特困

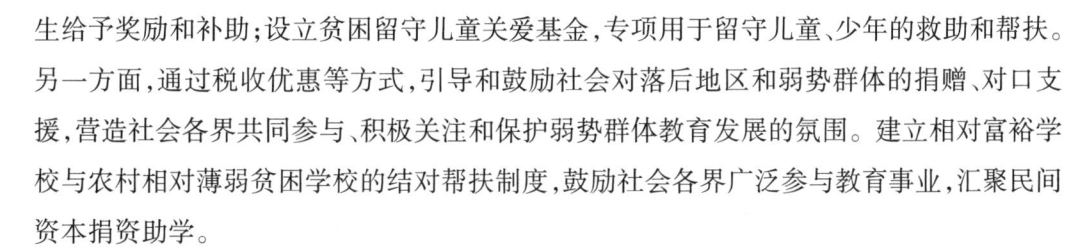

生给予奖励和补助;设立贫困留守儿童关爱基金,专项用于留守儿童、少年的救助和帮扶。另一方面,通过税收优惠等方式,引导和鼓励社会对落后地区和弱势群体的捐赠、对口支援,营造社会各界共同参与、积极关注和保护弱势群体教育发展的氛围。建立相对富裕学校与农村相对薄弱贫困学校的结对帮扶制度,鼓励社会各界广泛参与教育事业,汇聚民间资本捐资助学。

2.均衡配置物力资源

教育物力资源是指校舍、仪器设备等硬件方面的内容,它们是正常教育教学活动中必不可少的基本条件,即办学条件。均衡物力资源配置,改善办学条件是提高教育教学质量、促进城乡教育一体化的物质性基础。

(1)推进义务教育学校标准化配置和规范化建设

积极改善中小学的办学条件,推进标准化建设是基本前提。通过统一制订城乡学校基础设施、教学设备、图书资料等物力资源配置基本标准,积极稳妥推进中小学标准化建设,缩小校际差距,逐步形成城乡同标准、一体化发展的格局,全面提升整体办学水平。

推进义务教育学校标准化建设,首先要求各级政府明确责任,通力合作。省级政府依据国家相关标准、规范制订本省(自治区、直辖市)基本办学条件具体标准,作为省内各级政府规划、设置、改造和管理普通中小学校的重要依据。市级政府要统筹协调市及所辖县的学校标准化建设工程的实施,加大对财政困难县的扶持力度。县级政府是实施学校标准化建设工程的责任主体,负责工程的具体实施,要结合地方实际,按照办学条件标准的要求,完善保障措施,确保学校标准化建设任务如期完成。另外,教育、财政、人力资源和社会保障、住房和城乡建设、国土资源、审计等相关部门应通力合作,密切配合,共同保障学校标准化建设的顺利实施。其次,重点确保农村中小学办学条件标准化建设需要。为了办好每一所学校,促进义务教育优质均衡发展,有必要优先保证农村中小学校标准化建设,其中既包括图书、计算机、教学仪器设备等学习条件,也包括宿舍、食堂等生活设施。最后,应当强化对中小学标准化建设的监督评估,通过有效的监管措施规范中小学的办学行为。开展义务教育学校标准化建设监测,准确把握各地各校标准化建设动态进程。县级教育行政部门要建立和完善义务教育学校标准化建设的监测制度,对辖区内义务教育学校标准化建设进行定期监测和分析,准确把握各地各校标准化建设动态进程,积极推动义务教育学校标准化建设水平有效提升。

(2)合理调整农村义务教育学校布局

规范农村义务教育学校布局调整,对保障农村适龄儿童少年就近入学、提高义务教育办学质量、促进义务教育均衡发展具有重要意义。

首先,农村义务教育学校布局要根据农村城镇化建设的现实需求,综合人口、环境、交通等多方面因素,充分考虑教育发展状况、学生家庭经济负担能力和路途远近等一系列问题,积极稳妥推进,努力保障农村适龄儿童少年就近入学和接受良好义务教育的需要。县级政府要将农村义务教育学校布局纳入当地教育发展规划,充分论证、统筹安排,以保证学校布局与村镇建设和学龄人口居住分布相适应。农村小学和教学点的调整要在保证学生就近入学的前提下进行,道路偏远、交通不便的地区,仍需保留、改建一批小学或教学点,防止因过度调整造成学生失学、辍学和上学难问题。农村小学1至3年级学生原则上不寄宿,就近走读上学,居住相对分散的,采用走教送教和配备校车接送等方法;农村小学高年级学生以走读为主,如果确有需要寄宿的,学校要为学生提供基本的寄宿生活条件;农村初中可以根据实际选择走读或寄宿。

其次,规范农村义务教育学校撤并程序,合理确定撤并、迁建、扩建学校,因地制宜、从实际出发,不能搞"一刀切"。要从当地实际出发,充分尊重学生家长、学校师生的意见,在综合研究必要性和可行性的基础上制订布局调整规划,分步组织实施。学校撤并要坚持先建后撤,保证平稳过渡。学校撤并后不能保障学生上下学交通安全,并入学校住宿、就餐及办学条件不能满足需要,以及撤并后将造成学校超大规模或"大班额"问题突出的,均不得强行撤并现有学校或教学点。各地要充分考虑本地区地理环境的特殊性和群众的可接受程度,对路途较远、学龄人口变化大、撤并后群众意见多、确有必要恢复的学校或教学点,当地政府可重新进行规划、按程序予以恢复。

(3)改善薄弱学校的办学条件

均衡配置物力资源,积极改善办学条件,薄弱学校改造是当务之急。薄弱学校的形成是长期推行"重点学校"政策的自然结果。薄弱学校相对于重点学校、好学校而言,办学条件相对较差、教育质量相对偏低、社会信誉不高,这些无疑是整个学校办学条件改善工程中的"短板",促进教育均衡,实现教育公平,必须补上这块"短板"。

改善薄弱学校办学条件,一是在教育经费和教师资源配置上的政策倾斜,加大对薄弱学校教育资源的投入,重点保障学校基本运行需要和校舍维修。二是按照国家和地方中小学办学标准,保障基本的教学条件。要保障教室坚固、安全、适用;按照规定配备必需的教学仪器设备、器材和适合阅读的图书;每个学生都有合格的课桌椅;因地制宜地建设运动场地和配备体育设施;稳步推进农村学校网络信息覆盖,提升乡村义务教育信息化水平。三是改善学校生活设施。根据实际需要建设寄宿学校,凡安排寄宿的学校必须保障寄宿学生每人1个床位;根据实际需要配备必要的洗浴设施;食堂或伙房满足就餐需要;设置开水房或安装饮水设施;厕所要有足够厕位。四是办好必要的教学点。对经规划确需保留的教学点要在保障安全的前提下,配备必要设施,在教师配置、教师待遇、公用经费核定等方面,对教学点进行倾斜支持。

3.均衡配置人力资源

教师被认为是"教育的第一资源",是教育资源中的人力或智力资源。优质的师资队伍在人才培养中的作用至关重要,是提高教育高质量、促进教育高水平发展的保证。长期以来,我国在教师资源配置上普遍存在农村教师向城市流动,优秀教师向重点学校流动的现象,致使城乡教育"马太效应"严重,在一定程度上加剧了城乡教育发展的不平衡。因此,要促进教师资源的均衡配置和合理流动,必须在师资配置上彻底摒弃单纯"效率优先"的配置模式,以确保农村教育发展对教师数量和质量的需求。

(1)建立教师补充长效机制

构建城乡一体化的师资队伍,要求根据各地的实际情况,首先要满足师资配备数量上的需求。由于农村教师与城市无论在教师待遇、福利还是在发展前景等方面都相差甚远,因而在农村中小学教师退休、流动等自然减员与农村优秀教师涌入城市等因素共同作用下,造成了农村教师"供不应求"的状况。因此,建立健全农村教师补充长效机制十分有必要。

首先,要增加编制,总量扩容,加大农村学校教师引进力度,采取"定向培养""委托培养""农村特岗教师培养"等方式,有针对性地为农村教育输送师资。以农村学校师资需求、教师减员缺额情况等现实条件为依据,制定与实施有利于引导教师向农村学校流动的政策,通过不断的"造血"来对教师数量进行及时的补充,从而弥补农村学校教师缺口。

其次,短期内可以考虑通过师资交流、对口支援等方式将优秀师资融入农村教育之中。从长期来看,可以通过岗位补助、交通补助和住宿补助等专项补助的方式,大幅提升农村教师的薪酬待遇。专项补助按照学校所在地的经济状况逆向倾斜,即条件越差的地方补助额度越高。为了鼓励农村教师长期留任,还可以设置农村教学工龄津贴,根据教师在农村学校服务时间的期限长短发放额外奖励津贴。

(2)健全农村教师保障机制

留住农村教师尤其是优秀农村教师是解决城乡学校两极分化问题的关键。健全农村教师保障机制,提高农村教师岗位的吸引力,才能确保优秀教师既"下得去",又"留得住"。

一是要健全乡村教师收入长效联动机制,切实增加乡村教师的收入。要想留住农村优秀教师,教师工资的保障是关键的关键。收入分配政策注重向农村教师倾斜,通过调整农村学校绩效工资总量,确保县域内农村教师平均工资水平不低于当地公务员或者同级县镇教师的平均工资水平。同时,建立农村教师工资专项补偿制度,将农村教师的福利待遇保障列入财政专项预算，并由中央和省级财政统筹资金扶持财力薄弱的县市；将农村教师的住房、养老、医疗等纳入财政预算，由省级财政承担，确保农村教师待遇不低于同级公务员。

二是要健全农村教师职业发展机制。努力为农村教师的在职进修培训、继续教育、学习交流等方面创造条件，提供平台，组织、引导农村教师积极参加各类培训和继续教育，以培训促提高，不断提升农村教师的理论素养、专业知识、教学能力、科研能力等；深化师范教育改革，针对农村学校实际，培养小学全科教师和初中"一专多能"教师；改革教师职称评审制度，职称评聘向农村教师倾斜，农村优秀教师高级专业技术职务聘用可适当放宽条件，鼓励农村教师立足本职岗位，潜心钻研业务。

三是要建立尊重和认可的制度。设立专门针对农村教师的国家级奖励，对作出突出贡献的农村教师进行表彰；对长期从事农村教育的教师，分别由县、省、国家颁发荣誉证书，给予适当奖励，增强农村教师的荣誉感、责任感和使命感，提高农村教师的政治地位和社会地位。

另外，还可以参照澳大利亚等国家的做法，采用各种人文关怀的方式使农村教师专注于农村教学工作。例如，为了满足城市引进教师与亲友见面的诉求，将休假作为奖励的重要手段；为长期在农村工作的教师的子女给予升学照顾，使其感觉自身受到尊重，解决其后顾之忧，从而更好地专注于农村教学工作。

(3) 健全教师城乡流动机制

教师交流是促进教育均衡发展的一项有效措施，通过城乡教师在地区间、校际定期或不定期的交流、轮换，让各级优秀教师实现校际的合作交流，共享优质的教育资源，旨在促进教师成长和师资均衡。健全城乡教师流动机制的目的是通过制定相应的政策措施，以宏观整体的方式均衡配置教师资源，打破城乡、校际界限，化解教师流动中的制度障碍和现实阻力，消除城市优质教师向农村流动的藩篱，实现城乡教师的双向、合理流动。

首先，长期以来实行的"城市优先"的教育政策，使城市学校占有较多的教育资源，城市教师的职称、学历、教学质量和教学方式普遍优于农村，农村教育的发展迫切需要引进城市先进的教学理念和创新的教学方式。因此，现阶段教师流动主要还是以城市向农村、发达地区向欠发达地区、优质学校向薄弱学校的支援性流动为主。建立健全教师流动机制，鼓励优秀教师和骨干教师到农村学校、欠发达地区学校和薄弱学校交流、任教，将其先进的教学理念和教学方式传播到农村及落后地区，带动农村与落后地区教师教学水平的提升和学校教学质量的提高。一方面，由于教师流动直接关系到教师的切身利益，与工资制度、人事制度、职业发展等紧密联系，政府要通过相关优惠政策的制定，给予代岗交流教师在工资、福利、职称、专业发展等方面补偿,激励和引导师资的合理流动。另一方面,应统筹规划教师流动,从交流教师的选择、交流工作的安排到交流内容的确定,各地区都要根据自身实际情况,制定完备的教师流动制度体系,使教师的流动有法可依、有据可循,确保教师流动机制在实施过程中的有效性,以此促进师资有序的合理流动。

其次,建立健全校长定期轮岗机制。校长轮岗就是对区域内的学校校长进行轮换,将优质学校校长调遣到农村及薄弱学校任职一定时间,以便缩小校际教学管理水平和经验等方面的差距。"火车跑得快,全靠车头带",一所学校的整体发展水平与校长等主要领导人的管理水平、决策能力等密切相关。校长轮岗制度的实施有利于学校间交流办学经验,让优质教育资源发挥辐射作用,实现城乡间、地区间、学校间的优质教育理念、管理经验等资源共享,提高教育质量,使得城乡、地区、学校之间的师资水平真正趋于均衡。一方面,实行校长轮岗制度,通过调遣优质学校的校长到相对薄弱学校任职,帮助薄弱学校提高管理水平,激发薄弱学校办学活力,促进城乡学校教学质量和管理水平等各方面的均衡发展。另一方面,校长轮岗制度对校长自身的发展也有一定的促进作用。交流轮岗可以在一定程度上让校长消除职业倦怠,激发热情,重新找回职业成就感,找到更好的职业发展舞台。

8.3.3 财务管理机制

管好、用好财政教育经费,提高教育经费使用效率,必须建立起严格、规范的财务管理机制,确保财政教育经费从分配到使用的各环节的安全,做到每一笔经费的使用都有法可依,让教育经费管理制度化。按照党中央、国务院关于严肃财经纪律、加强财政教育资金使用管理的有关要求,认真落实预算法、教育法等法律法规,坚持依法理财、科学理财、民主理财,积极采取措施加强财政教育经费管理,着力提高教育经费分配使用的规范性与有效性。

1.落实主体责任

要科学、规范地管理和使用教育经费,保证资金、提高使用效率,首要任务是明确责任主体、落实主体责任。建立健全教育经费使用管理责任体系,按照"谁使用、谁负责"的原则,明确教育经费的责任主体。教育部门是教育经费的管理者,在教育经费使用管理中负有主要的管理责任。学校是教育经费的使用者,同样需要承担起教育经费使用管理的主体责任。教育部门和学校的主要负责人需要进一步加强教育经费管理的意识,科学规划教育事业发展以及依法使用教育经费,有效地提高教育经费使用效率。财政部门要按规定落实国家财政教育投入政策,优先安排教育支出,加强教育经费预算管理和财政监督。发展改革部门要优先规划教育发展,依法加强成本监审。人力资源和社会保障部门要优先保障学校教职工配备,落实完善教师待遇政策。

2.完善财务制度体系

首先,各级各类学校必须严格贯彻落实现行各项财务规章制度,重点落实《事业单位财务规则》《事业单位会计制度》《中小学校财务制度》等财务管理制度,坚持依法理财,按规办事,确保教育经费管理规范有序。严格执行经费收入、支出、现金、票据等各项财务管理制度。在实施重大项目过程中要严格执行有关专项经费的管理制度,确保专项经费使用的规范、安全、有效。

其次,各级教育部门应结合教育财务管理的新形势、新要求,进一步完善各类教育财务制度规定。根据财政部、教育部颁布的学校财务制度、会计制度等教育财务管理制度,各学校要制定内部财务管理办法,强化内部控制,提高财务管理水平;研究制定学校预算绩效管理制度,提高预算约束力;制定国有资产处置业务操作规程,修订完善学校国有资产管理办法,进一步规范国有资产管理行为。各级教育行政部门也要按照国家和省级有关规章制度,结合实际,研究制定相应的财务管理制度,认真梳理、及时修订现行各项财务管理制度。

3.加强经费监管

中央和地方各级教育部门、学校,既是本部门、本单位教育经费的使用主体,也是教育经费的监管主体;既要积极配合和主动接受外部监管,也要强化内部监管,构筑第一道防线、第一道防火墙。面对教育经费使用管理的不同主体和不同环节,有效实施监管,需要整合监管力量,建立全方位和全过程的教育经费监管体系。

首先,要逐步实现对教育经费使用的事前、事中、事后全过程监管,实现从制定政策、预算编制、预算执行、决算到结果评估与反馈的全环节监管。健全预算审核机制,加强预算安排事前绩效评估,逐步扩大项目支出预算评审范围;加强预算执行事中监控,硬化预算执行约束,从严控制预算调剂事项,有效防控财务风险。加强预决算事后监督,要求按照预算法要求,全面推进教育部门预决算公开。

其次,强化教育经费审计。建立健全教育经费内部审计机构,为其配备专业审计人员,加强教育经费内部审计监督,提高审计质量;逐步建立审计结果公告、审计结果应用和审计问题责任追究制度,完善内部治理;加强与财政、审计、纪检等监管部门以及人大、政协、媒体、公众的沟通协调,充分发挥外部监督机制作用。综合利用内部审计、财务巡查、绩效评价等方式,提高内部监管的有效性。

4.建立绩效评价机制

教育经费绩效评价是指运用科学合理、系统规范的绩效评价方法,对教育经费的投入、运作、产出和效果等环节进行公开、客观、公正和全面的评价,以确定教育经费使用是否达到预定绩效目标以及实现程度。实行教育经费绩效评价是加强预算管理和完善财政教育体制的重要内容,绩效评价已经成为合理配置教育资源、提高教育经费使用效率和保障城乡教育一体化目标实现的有效途径。

首先,完善教育经费绩效评价组织体系。教育经费绩效评价的组织体系包括评价实施主体和评价客体。评价实施主体应承担绩效评价的组织管理和评价实施两方面职能;绩效评价客体主要包括评价对象、评价目标、评价范围和评价工作流程等。第一,组织管理由财政部门或教育管理部门设立专门机构负责,具体职能包括:制定教育经费绩效评价的制度和办法,建立绩效评价指标体系及数据库,选聘专家咨询组成员并组织专项培训,设计优化绩效评价流程,制定绩效评价实施细则,指导具体评价工作,协调各部门关系,审核确认绩效评价报告,研究分析绩效评价结果,公开与反馈绩效评价信息,改进绩效评价工作。第二,绩效评价实施通过职能部门、相关专家组成的咨询组以及相关中介机构协调配合完成,具体职能包括:制定绩效评价实施方案,确定绩效评价开展方式,选取绩效评价指标,确定绩效评价方法,建立绩效评价模型,收集审核基础数据和资料,组织实施绩效评价,撰写评价报告,建立评价档案等。

其次,构建教育经费绩效评价指标体系。评价指标体系是实施绩效评价的核心环节,教育经费绩效评价指标体系的建立应满足以下条件:既能全面反映财政教育投入程度,又能准确反映其中存在的问题和不足。因此,选取评价指标时应尽可能涵盖所有的方面,在指标数据和教育政策间建立起直接联系,通过选取较典型的常见的指标,为教育系统正常运行提供准确、及时和有效的信息。教育经费绩效评价指标体系包括学校、教育行政部门两个层面的指标。一是学校层面的绩效评价指标。教育过程是教育资源投入和教育成果产出的过程,而学校作为教育过程实施主体,其绩效评价体系是典型的"投入—过程—产出"模式。具体而言,教育投入包括财力投入、物力投入和人力投入,因而评价指标可以围绕教育过程所需的教育经费、教学设施和设备、师资数量和质量等进行设计;过程阶段的指标设计可以围绕教学管理、学生管理、考试教务管理、人力资源管理等;产出阶段的指标设计可以围绕入学率、升学率、学生成绩、学生技能水平等。二是教育行政部门的绩效评价指标。教育行政部门既负责领导本地区各级各类学校的教育和教学工作,又负责本地区教育经费的管理工作,因而构建教育行政部门的绩效评价指标体系,可以最大限度地通过评价结果更好地为教育经费的规范、有效使用和地方教育事业发展服务。因此,在设置学校评价指标的基础上,还要增加一些综合性的评价指标,如地区毛入学率、义务教育普及完成率、义务教育巩固率、教育经费投入、产出规模效益等,用以评价教育投入的努力程度及经费使用的合理性,评价学校布局和规模的资源配置合理性。

最后,重视教育经费绩效评价结果的应用。评价结果的合理转化和应用是发挥绩效评价作用,提高教育经费管理水平和使用效率的关键。一方面,绩效评价结果可以反映教育经费的使用效率和效果,各部门都要根据评价结果进行分析总结,将上一年度的绩效评价结果作为下一年度部门预算的重要参考依据,以此提高部门预算水平。另一方面,可以将绩效评价结果作为完善政策、优化结构、改进管理的重要依据。通过建立教育经费绩效评价体系,对财政教育投入对教育教学活动所产生的影响、作用、效率及效益等进行分析评价,获取教育投入运行机制的相关信息,从绩效评价结果中客观反映出财政教育投入政策的有效性和效率性,逆向检验教育投入政策的正误,为今后的财政教育投入决策提供依据,从而提高财政教育投入决策水平和教育经费管理水平。

8.3.4 监督问责机制

建立城乡一体化的财政教育投入监督问责机制,规范各级政府的基本公共教育服务供给行为,包括明确监督问责主体及其职责、清晰界定监督问责对象、合理规范监督问责内容、完善监督问责方式等。通过监督问责,明晰政府履行财政教育投入责任,全面监督约束基本公共教育服务的组织和提供方式,有利于不断完善教育投入政策的制定与实施,让财政教育投入落到实处,避免决策失误、资源浪费,提高政府对基本公共教育服务的保障力度。

1. 强化监督约束

第一,强化教育督导职能。根据国家的有关教育政策、法律法规对教育行政部门和学校进行监督、指导、评估和反馈,是提高教育质量,促进教育事业的健康发展的制度安排,也是保障财政教育投入落到实处的重要措施。强化教育督导职能在财政教育投入保障方面的发挥,将是否积极筹集教育经费,增加教育投入,均衡配置教育资源,提高教育经费的使用效益等作为教育督导的工作重点。同时,要求教育督导机构成为由政府领导的独立于教育行政部门的另一个职能部门,具有超然独立的地位,才能保证教育督导机构不受干扰地审查教育部门的工作,客观地监督本地的财政教育投入实施与保障情况。

第二,建立教育经费管理使用的监督机制。为了确保教育经费的持续稳定投入、均衡配置,严格遵循"两个比例""三个增长"的法定目标,必须建立有效的教育经费使用管理的监督机制,并且将其与绩效评价机制有机结合,加强对各级政府财政教育投入法定责任完成情况的考核评价。同时,通过将城乡教育一体化发展纳入政府的绩效考评体系中,借此督促政府对地区间、城乡间教育一体化发展的统筹规划、经费保障。

第三,建立财政教育投入的多元化监督体系。加强对财政教育投入全方位、全过程的监督约束,形成法律监督、行政监督与社会监督等多元化的监督体系,为城乡一体化的财政教育投入机制的落实提供保障。首先,要强化各级人民代表大会的监督。各级政府必须依法接受监督,不仅每年应向人大提交教育经费"两个比例""三个增长"及义务教育学校标准化建设等法定目标的实现情况,而且要公布教育资源的配置、使用情况,各级人大可定期对各级政府财政教育投入的执行情况进行监督检查。其次,强化纪检监察、审计、财政、教育主管部门对教育投入的行政监督。纪检监察部门要联合财政、审计、教育主管部门开展财政教育投入监督检查,建立横向监督机制,克服因监督主体多元而出现的监督缺位、错位、越位的现象,形成监督合力。再次,加强社会监督。社会监督主要包括民主党派、社会团体、新闻媒体和人民群众的监督,这是财政教育投入监督体系中不可缺少的重要组成部分。

第四,建立城乡教育一体化发展预警系统。为防止教育投入和教育资源配置上出现偏颇,建立城乡教育一体化发展预警系统是十分必要的。通过预警系统,对某些威胁到财政教育投入保障的因素作出科学的估计和判断,发出警示信号,使政府、教育行政部门以及学校提前了解以便及时采取相应措施,防止偏离城乡教育一体化发展目标。这就需要构建一套敏感程度较高的指标体系,如生均公用经费、教师学历、办学条件、升学率、辍学率等。通过对这些指标的监控,可以及时对城乡教育一体化发展进程进行动态分析,及时掌握财政教育投入水平或城乡教育资源配置上是否偏离预期目标的信息,对相关决策部门起到预警效果。

2.建立问责机制

第一,明确问责主体与问责对象。构建城乡一体化的财政教育投入的问责机制,首先必须明确问责主体与问责对象,即解决"谁来问责"以及"向谁问责"的问题。政府是教育事业发展的决策者与主导者,各级政府是财政教育投入的责任主体,自然成了主要的问责对象。教育行政部门、财政部门和学校在教育投入实施与教育资源配置中承担着相应的职能与作用,因此,它们也应是问责的对象。目前,我国财政教育投入中的问责方式主要是自上而下的,也就是同一系统内部上级对下级的问责,问责主体和问责对象都来自同一系统内部。为了提高财政教育投入问责的有效性,有必要加大异体问责的力度。异体问责注重外部监督,主要包括人大、新闻媒体、民众的问责。实行异体问责,首先,要明确人大监督的权力,加强人大监督的问责手段和力度。作为国家立法机关,人大是最主要的问责主体,各级人大及其代表应充分行使相关法律赋予的监督、质询和调查等权利,对财政教育投入相关责任主体和责任人进行监督。其次,作为财政教育投入的直接承受者和利益相关者,学生、家长和教师同样享有问责的权利,理应成为问责主体。再者,应加强公众和媒体的舆论监督与问责,激发他们的社会责任感,加强对城乡教育一体化的认识和关注,强化监督问责意识。因此,为了确保问责的真实性和有效性,可以建立财政教育投入问责委员会,委员会可以由政府、教育督导机构和人大代表、教育行政部门人员、教师、学生家长和媒体记者等共同组成,由问责委员会对城乡教育经费投入、办学条件、师资配置、教学质量等情况进行问责。

第二,健全问责标准。问责标准是追究责任的依据。尽管我国《中华人民共和国教育法》《中华人民共和国义务教育法》《中华人民共和国教师法》《中华人民共和国民办教育促进法》等法律明确了地方政府投入教育、规范办学的责任,也相应规定了问责标准,但现行法律政策规定过于笼统,缺少详细的问责标准,因而实际中难以操作。因此,为了把握城乡教育一体化进程,有必要在现有法律政策基础上构建科学合理的城乡一体化的财政教育投入评价指标体系,制定城乡义务教育学校办学条件标准、各级各类学校教育经费投入标准、教师编制与教师资格标准等,用以测度、评估、监测城乡一体化实现的程度,并作为城乡一体化的财政教育投入的问责标准体系。根据履责评价,对负有相应职责的问责对象进行责任追究和奖惩,将考评结果纳入政府和官员的绩效考核中,充分发挥问责制对各问责对象的激励与约束作用。

第三,规范问责程序。教育法治要求问责程序规范化,这是实现问责制的基本保证。现行的法律政策中尚未正式规定财政教育投入问责的具体程序,导致在问责中出现主观随意性强、程序不规范、问责力度弱的问题,从而难以发挥出问责机制的监督和警示作用。因此,必须建立规范化的问责程序,进一步完善问责启动程序、责任认定程序、责任追究程序和申诉程序等具体环节,尽快构建城乡一体化的财政教育投入问责机制,这是使城乡一体化的财政教育投入问责制度化的重要内容。同时,问责主体要坚持在职责权限内开展问责,做到不缺位、不错位、不越位;要坚持严格依纪依规开展问责,抑制问责程序的主观随意性。另外,应尽快修订、完善相关法律法规,明确和强化问责对象的责任承担方式,既要承担行政责任,也要承担相应的法律责任,加大问责力度,使其对各级政府和教育行政部门、学校等问责对象真正起到监督、约束和警示的作用。

第9章 城乡一体化的财政教育投入保障机制的实现路径与配套措施

城乡教育一体化是一项复杂而深刻的社会变革,教育差距的缩小绝非一日之功,必然将经历从初级阶段到中级阶段,再到高级阶段循序渐进的过程,财政教育投入保障机制同样需要经过系统设计与统筹规划,才能真正成为城乡教育一体化发展的可靠保障。本章将根据我国社会经济与教育事业发展的客观现实,研究设计实现城乡一体化财政教育投入保障机制的可行路径,并提出与之相配套的制度安排与政策建议。

9.1 城乡一体化的财政教育投入保障机制的实现路径

城乡一体化的财政教育投入机制的建设是一项系统工程,不可能一蹴而就,必然需要经历不断地探索、完善的过程。因此,坚持城乡一体化方向,分类别、分阶段循序渐进,按照从思想到组织,再到制度,最后上升到法律层面的路径逐步实现,最终建立城乡互补、资源共享的城乡教育一体化格局。

9.1.1 转变思想观念,强化责任意识

1.树立城乡教育一体化发展的理念

理论是实践的基础,观念是行动的灵魂。要缩小城乡教育差距,推动教育均衡发展,首要任务是转变城市优先发展的思想观念,牢固树立城乡一体化的发展观。党的十七大报告和《纲要》明确指出,加快缩小城乡差距,建立城乡教育一体化发展机制是我国新的历

史时期教育发展的战略方针,是进一步深化教育体制改革和实现教育优先发展的战略重点,各级政府要从实现教育公平、建设教育强国的战略高度,不断提高对城乡教育一体化发展重要性和必要性的认识,加强均衡发展教育的责任意识。

第一,城乡教育一体化是城乡经济社会一体化的重要组成部分。首先,城乡教育一体化源于城乡经济社会一体化,推进于城乡经济社会一体化的过程之中。不仅要认识到经济社会一体化发展为城乡教育发展提供了物质基础与外部环境,同时还必须认识到城乡教育的发展、教育质量的提升是城乡经济社会一体化的条件与动力。只有充分认识城乡教育一体化对实现城乡一体化目标的重要意义,才能从根本上树立城乡教育一体化理念。其次,城乡教育一体化是消除贫富差距、保障民生的需要。"知识改变命运",教育被认为是可以改变农村孩子、贫困家庭命运的出路,因为在接受教育提高素质和能力的同时,就为命运改变奠定了基础,也为消除贫富差距创造了可能。在少数人还未脱离贫困的同时,多数人已开始有了更高的生活追求。民生问题是当前人民群众最为看重和最为普遍的利益诉求,而教育问题则是其中最受社会关注的问题之一。推动城乡教育一体化发展,才能更好地改善民生。最后,城乡教育一体化是维护社会公平正义、实现社会和谐的基础。追求社会公平正义是人类社会的普遍价值观,教育公平则是社会公平价值在教育领域的延伸和体现。全面推进城乡教育一体化,确保人人都有平等接受教育的权利和义务,获得相对平等的受教育机会和条件,消除城乡差距,实现教育均衡发展是教育公平的基本要求。同时,只有实现城乡教育一体化,消除城乡教育差距,才能最大限度地消除城乡不和谐因素,实现城乡社会的和谐发展。

第二,强化政府城乡教育一体化发展的责任意识。教育作为一项基本公共服务,其供给主体毫无疑问应该是政府,尤其在当前城乡之间存在明显收入差距和生活差距、城乡教育发展不均衡的情况下,单纯依靠市场机制这只"无形的手"是无法自动实现优质教育资源要素从城市向农村逆向流动。因此,推进城乡教育一体化发展,政府无疑应该发挥主导作用。政府作为决策主体的责任巨大,主导着城乡教育一体化发展的进程和质量。中央及地方各级政府必须明确均衡发展教育的责任,保证全体国民、无论城市居民还是农村居民,都平等享有受教育的权利和机会,这是政府义不容辞的责任。明确政府在制定城乡教育一体化发展规划、配置教育资源、改革教育财政体制、完善保障机制等方面的主体职责。同时,明确划分中央及地方各级政府职责,科学界定各级政府的管理重点,在有效消除政府职能交叉、重叠和错位现象的基础上,使政府真正成为城乡教育一体化的规划者、教育投入的保障者、公共教育服务的提供者、教育公平的维护者、教育标准的制定者和教育质量的监管者。

2.树立城乡一体、互补互融的理念

第一,逐步形成城乡一体化的思维。顾名思义,"一体化"自然是建立在一个统一整体基础之上,通过各种要素在整体内部的流动、融合,从而促进各部分之间相互补充、相互支撑的过程,并且达到动态平衡的状态。要解决城乡教育差距问题,就不能孤立地按照区域空间分别处理和对待城市教育或农村教育,必须统筹城乡教育发展,而前提就应是形成一体化的思维方式。那种将城市与农村割裂的二元结构思维方式,在目前中国快速城镇化的过程中,是无法构建起适合城乡教育一体化发展的体制和机制的。因此,必须用城乡一体化的思维予以解决。"既需要按照城市化进程和人口发展规划同步建设城镇学校,在城区新建和扩建学校,满足进城务工人员随迁子女的教育需求;同时,要通过资源下沉、强基固本改善农村学校,吸引农村学生回流,这是解决大班额问题的治本之道。"[1]

第二,促进城乡教育资源合理流动。城乡教育一体化仅仅是城乡教育资源的均衡配置是远远不够的,必须在均衡配置的基础上,使各种资源能够合理顺畅地流动起来,在动态调整的过程中,实现合理配置。具体来说,就是城乡教育融为一体,使人、财、物以及教育信息、教学方法、管理措施等要素的流动没有障碍,可以顺畅地在城乡间自由共享,双向沟通、良性互动,充分发挥城乡教育各自的优势与特色,相互吸收有利因素,促成各种教育资源合理配置,实现城乡教育的双向一体化。[2] 首先是教师资源的合理流动。教师流动是促进教育均衡发展的一项有效措施,通过城乡教师在地区间、校际定期或不定期的交流、轮换,让各级优秀教师实现校际的合作交流,共享优质的教育资源,旨在促进教师成长和师资均衡。其次是教育信息的合理流动。充分利用现代信息技术手段加快各种教育信息的传递与共享,促进国内外先进教育理念、教学方法与教学手段等教育信息在城乡教师之间、学校之间的流动,最大限度地帮助农村地区教师的专业水平提到有效提升。最后是教学设备的合理流动。目前,各级政府投入大量资金改善办学条件,城乡中小学的教学设备不断更新与增加,但同时却存在着大量闲置和浪费现象。究其原因主要还是在推进学校标准化过程中,工作方式过于粗犷,忽视学校规模差异、年级差异、学校特色差异,在资源配置中采用"一刀切"的方式,将同样数量的教学设备、图书等配置给不同性质特点的学校,最终必将造成浪费。因此有必要建立一种教学设备的调整流动机制,以充分发挥教育资金投入的效益。城乡教育资源,特别是优质教育资源流动的根本目的,是以此带动城乡间学生资源的合理流动。通过农村学校的办学质量的提升,引导城镇学校学生回流,从根本上解决"城挤乡空"的问题。

---

[1] 杨东平.实事求是、因地制宜推进城乡教育一体化发展[J].中国党政干部论坛,2016(8):71-72.
[2] 邬志辉.城乡教育一体化不等于"教育城镇化"[EB/OL].中国教育科学网站,http://www.nies.net.cn/ky/jypl/pl_rdjj/201208/t20120816_306066.html,2012-8-16.

9.1.2 统筹城乡规划,构建组织保障

充分认识城乡教育一体化发展重要性和必要性,把推进城乡教育一体化工作纳入当地国民经济和社会发展的总体规划之中,研究制订具体的实施方案和政策措施,精心策划、周密组织、全力实施,做到组织有保障,责任有落实,为早日实现城乡教育一体化提供组织保障。

1. 加大省级政府统筹力度

在城乡教育一体化的进程中,要切实发挥政教育投入机制的保障作用最重要的就是明确不同层级政府的职责划分,强化省级政府统筹规划城乡发展的职能,按照国家新型城镇化发展的总体规划和地方城镇化进程,将优先推进城乡教育一体化纳入城镇发展规划。加大省市统筹力度,破除"富县办富教育,穷县办穷教育"的传统体制桎梏,推进落后地区县域城乡教育一体化发展。在地方各级政府政绩考核中应当把统筹推进县域城乡教育一体化发展作为其中的重要内容,完善考核机制以及部门协调机制,及时研究解决教育改革发展面临的重大问题,并确保各项改革措施能够及时准确地落实到位,各项任务目标能够如期实现。

2. 加强部门协调配合

城乡教育一体化作为区域城乡经济社会一体化的重要组成部分,除教育部门外,必然需要政府其他各相关部门之间的协调配合。教育部门要加强与其他部门的协调沟通,统筹规划城乡教育一体化发展进程,积极落实城乡教育一体化发展各项措施。明晰省、市、县三级政府在县域内和县际间城乡教育一体化发展的主要职责分工,建立高层级的城乡教育一体化工作的领导协调机制,统筹协调各层级政府以及政府各部门之间各项工作,避免相互推诿、相互掣肘,提高工作效率。发展改革部门要统筹考虑义务教育学校布局,并将其纳入相关规划,优先安排重大项目和资金投入义务教育学校建设。财政部门要积极建立和完善城乡统一、重在农村的教育投入保障机制。公安部门要加强居住证管理,建立流动人口随迁子女登记制度,并及时通报有关部门。民政部门要将符合条件的特殊困难流动留守儿童和经济困难家庭的儿童纳入社会救助政策保障范围,落实兜底保障职责。人力资源和社会保障部门要为城乡学校教职工岗位的统筹安排提供政策支持,还要加强监督检查,依法督促职工带薪年休假制度的落实,支持外出务人员工定期回乡看望留守儿童。国土资源部门要依法保障学校建设用地。城乡规划主管部门应当征求同级教育行政部门意见,编制涉及中小学用地的详细规划。

9.1.3 变革管理体制,提供制度保障

教育管理体制是国家对教育事业进行组织和管理的制度总和,涉及教育系统的机构

设置、职责范围、隶属关系、权力划分和运行机制等方面。教育管理体制是整个教育体制得以构成和运行的保障,同样对于财政教育投入保障机制实施的范围、效率、效益有直接的影响,为其提供基本的制度保障。因此,为了更好地推进城乡一体化的财政教育投入保障机制建立,实现预期的目标与任务,真正促进城乡教育均衡发展,实现教育公平,就必须建立与之相适应的城乡一体化的教育管理制度。

1. 明确各级政府的权责划分

各级政府权责划分不明晰已经成为我国城乡教育一体化发展进程中的巨大阻力,导致各级政府在统筹城乡教育发展中的决策与执行的随意性较强,甚至相互推诿、相互掣肘,从而造成农村教育的管理缺位。因此,需要科学合理地界定各级政府的权责分工,形成责权明确、规范有序、统筹协调的教育管理体制,充分调动各级政府在促进城乡教育均衡发展、推进城乡教育一体化过程中的积极性和主动性。为此,一方面,要进一步强调中央政府对农村地区和贫困落后地区的教育转移支付责任;另一方面,进一步明确省级政府的统筹责任与管理权力,加强省域层面的城乡教育统筹规划。同时,省级政府还要通过及时落实和精准拨付转移支付经费以及督导评估等方式,积极支持和督促县级基层政府履行职责,承担县域内城乡教育事业的具体管理职责和办学责任,着力改善农村学校办学条件,提高教育质量。

2. 加强城乡教育统筹规划领导与管理

统筹规划城乡教育事业是城乡社会经济整体规划的有机组成部分,牵一发而动全身,需要政府与教育主管部门以及其他职能部门的共同配合、协调统一。为此,各级政府要加强对区域内城乡教育统筹规划工作的领导与管理,逐步建立健全区域内基本公共教育服务体系,建立保障城乡教育一体化发展的长效机制,维护教育秩序和教育公平。省级政府要加强对省域内各级各类教育发展统筹规划工作的领导与管理,按照"省级统筹"的基本要求,切实履行工作统筹、资金统筹、考核统筹的职责。省级政府要领导建立健全区域内城乡公共教育服务体系,逐步实现基本公共教育服务均等化,维护教育公平;统筹推进教育体制机制改革,促进区域内城乡教育均衡发展、共同发展,提高教育一体化服务于城乡经济社会一体化发展的水平;支持和督促市、县级政府履行教育管理职责,发展和管理好当地各级各类教育。市级政府要认真贯彻落实省级政府制定的各项政策,加强市域内城乡教育发展的统筹规划,做好组织协调工作。市级教育主管部门,要继续承担原所辖县(省直管县)的教育管理工作,促进省直管县地区教育教学质量的提升。县级政府在上级政府的领导下承担县域内城乡教育统筹规划和教育管理责任。县级政府要全面规划农村义务教育发展,因地制宜地逐步调整农村中小学布局,整合优质教育资源,促进义务教育均衡发展；统筹普通教育、职业教育和成人教育的发展；发挥教育督导职能和教育部门业务管理职能，建成决策、执行、监督分离又协调的教育管理机制，推动县域内校际均衡发展。总之，各级政府之间必须责权晰，相互协调配合，形成合力，加强对城乡教育统筹规划与城乡教育一体化发展的领导与管理。

9.1.4 完善法律法规，加强法制保障

立法手段是保证财政教育投入持续稳定增长最为有效的手段之一，完善的法律法规体系，才能形成对城乡一体化的财政教育投入的最强有力的保障。世界许多国家都制定了相关的法律法规来保障教育投入的实施。反观我国，在财政教育投入方面的立法严重滞后，目前还没有教育投入方面的专门立法，只在《教育法》《义务教育法》《义务教育法实施细则》等法律法规或相关教育政策、发展规划中有关于财政教育投入方面的某些条款规定。目前，我国每年的财政教育投入能否足额到位，仍旧缺乏刚性保障，政策缺乏连续性，主要靠"领导重视"来实现。因此，急需有关财政教育投入的法律法规出台。

基于推动城乡教育一体化的有效落实，应该加快《教育投入法》的立法研究论证，加快立法步伐，使教育投入在法律层面上得到充分保障。事实上，整个国家教育立法体系的立法理念应是实现教育公平，所以，应该将推进城乡教育一体化的政府行为和社会行动纳入稳固的法治轨道，真正形成有利于不断缩小教育差距的法律法规体系和保障机制，使得教育投入能够有法可依，有章可循。通过制定《教育投入法》，明确各级政府对各级各类教育的投入责任、投入标准、投入比例和奖励处罚要求，实现财政教育投入的规范化和法制化。各级政府应严格依据法律规定保障教育投入和监督教育资源配置过程，并依法追究违法者的法律责任。《教育投入法》的基本内容应该包括：立法依据、立法宗旨、基本原则、使用范围、实施过程、条件保障、法律责任等；在法律中应该明确教育投入的主体、权责、关系，还应包括分配结构、比例、数额、监督问责机制等。

此外，我国不仅应加强财政教育投入的法律法规建设，还必须加强执法力度。在有关的财政教育投入法律法规公布实施后，各级立法机关还要严格监督教育投入法律法规的实施，司法机关则要做到有法必依、执法必严、违法必究，使有关教育投入的法律成为刚性的硬法。

9.2 城乡一体化的财政教育投入保障机制的配套措施

9.2.1 改革二元户籍制度,保障起点公平

新中国成立以后,户籍制度就在维系社会结构、加强人口管理、分配社会资源等方面扮演着重要的角色,并且承载着医疗、就业、社会保障、教育等诸多利益关系。以城乡分割为特征的二元户籍制度,是城乡二元社会结构的主要诱因,并且成为城乡政策差异的主要根源,最终造成了社会分割和身份的歧视。城乡教育发展的不均衡也与户籍制度下的形成的城乡二元体系有着密切的联系。为了实现城乡教育一体化,必须加快户籍制度改革。只有坚持把城乡一体化作为户籍制度的目标,逐步实现公共服务和社会福利与户籍分离,促进城乡要素平等交换和公共资源均衡配置,促进形成以工促农、以城带乡、工农互惠、城乡一体的新型工农、城乡关系,才能保障农村人口与城市人口平等享受权益,为教育的起点公平奠定基础。

1. 实行城乡统一的户籍制度

传统的户籍制度是典型的二元化管理制度,其最大弊端是限制人口的迁徙自由,把居民分成泾渭分明的城乡两种具有不同"身份标签"的群体,而他们获取社会资源的数量和方式存在明显差别,最终的结果是利益向城市居民倾斜,农村居民在资源分配中逐渐边缘化。二元户籍制度维系着城乡二元分割的社会结构,阻隔了城乡之间资源均等分配与合理流动,形成了顽固的城乡壁垒,导致巨大的城乡差距。当"城市优先"的社会经济二元结构和户籍管理成为教育及其他公共政策制定的依据时,政策的受益者自然是城市居民,农村居民往往便成为政策的牺牲者。基于此,要实现城乡教育一体化,就必须从制度层面彻底破除城乡二元结构,加快户籍制度改革,打破城乡分离的管理体制,将农村发展纳入国家整体发展之中,统一城乡户籍。并且,完善户籍制度改革配套政策,提高基本公共服务均等化水平,实现教育、就业、医疗、养老、住房保障等基本公共服务全覆盖。唯有如此,才能实现城乡协调发展,实现城乡教育一体化发展。

2. 受教育权利与户籍脱钩

我国现行的户籍制度附加了许多行政、经济、个人权益方面的功能,依附在户籍上的医疗、就业、住房保障等方面存在着差别待遇,这种权益上的差异阻碍了城乡之间公共资源的优化配置,影响了社会公平正义。户籍制度对教育的负面影响是显而易见的。流动人口子女虽然大部分能够进入流入地的公办学校就读,但却仍会面临难以进入当地优质学校、最低户籍年限限制等不公平待遇,平等受教育的权利也难以得到有效保障。因此,必须剥离依附于户籍上的教育不公,让全体公民受教育权利突破地域羁绊,实现受教育权

利与户籍脱钩。具体来说:一是把常住人口,包括随迁子女纳入区域教育的发展规划之中。二是要求各地要按照进城务工人员随迁子女在校的人数来拨付教育经费,并且义务教育生均经费可随生流动,同时加大中央财政对各地接收随迁子女学校的专项奖励力度。三是将建立以居住证为主要依据的随迁子女义务教育入学政策,积极推动随迁子女在流入地接受教育并且参加升学考试,保障他们平等地接受教育。四是加强管理,不断完善全国中小学生学籍信息管理系统,更好地加强对随迁子女接受教育的服务工作。五是城镇非义务教育体系向随迁子女全口径开放,破除导致城乡教育分治的户籍藩篱,形成上下贯通、终身持续的城镇教育体系。

9.2.2 完善人才培养制度体系,保障机会公平

1.改革创新城乡教育一体化办学体制

办学体制改革是我国教育体制改革的重要内容。完善办学体制,提高办学效益是化解教育投入不足与资源相对浪费之间矛盾的有效途径。为实现城乡教育一体化的发展目标,必须打破办学的城乡壁垒,建立城乡一体化的教育办学体制,实现城市学校与农村学校、优质学校与薄弱学校之间的交流与合作,公办学校与民办学校之间的良性竞争,从而最终实现教育资源优化配置。

(1)促进城乡学校合作办学,扶助农村和薄弱学校共同发展

公办学校是我国教育的最主要承担者,通过有效整合现有公办学校资源,推进城乡公办学校一体化发展,使其发挥更大的教育效用是办学体制改革的重点。为此,支持城区优质教育资源通过举办城乡一体化学校、名校办分校、集团化办学等形式,到中心城区以外地区举办优质学校或辐射带动本区学校发展,整体提升教育质量。在充分尊重农村学校和薄弱学校办学特色的基础上,促进学校管理、师资建设、教学研究、校园文化等方面的深度融合,实现管理资源、教学资源、德育资源等方面有效共享,从而发挥优质教育资源的辐射带动作用,帮助农村学校和薄弱学校提升教育水平。

(2)鼓励社会力量参与办学,扩展优质教育资源

改革开放以来,除政府举办的公办教育外,作为社会力量兴办教育主要形式的民办教育不断发展壮大,有效地增加了教育服务供给,为推动教育现代化、促进经济社会发展作出了积极贡献,已经成为社会主义教育事业的重要组成部分。民办学校不仅有助于扩展优质教育资源,成为公办学校有益的补充,也能够与公办学校形成良性竞争,激发办学活力,促使教育质量的整体提升。为此,积极鼓励社会力量以多种形式参与办学,建立健全以政府办学为主体,社会各界共同参与,公办学校与民办学校共同发展的城乡一体化的办学体制。具体而言,各级政府要通过制定政策鼓励与倡导社会力量参与办学,支持民办学

校健康发展,保障民办学校的教师和学生与公办学校享有平等的法律地位和待遇,及时解决社会力量办学过程中的困难和问题。同时也要加强对社会力量办学的领导,将其纳入当地教育事业发展规划,统筹兼顾,合理布局,协调发展。

2.改革完善城乡教育一体化入学招生制度

入学制度从本质上来讲是对教育机会的分配制度。由于教育机会资源的稀缺性,建立对教育机会资源的分配制度即入学制度就成为社会必需的制度建设。在城乡教育一体化的进程中,在促进城乡教育公平的目标下,入学招生制度的改革是一个重要环节。

(1)建立普惠优质学前教育体系

学前教育是国民教育体系的重要组成部分,是改善民生、推动教育现代化发展的重要举措。随着生活水平的提高,广大人民群众对学前教育提出了更高要求。构建普惠性学前教育公共服务体系是满足广大人民群众对优质、普惠学前教育的基本要求。

具体来说,一是要强化政府主导,突出公益普惠,将学前教育纳入政府公共教育服务体系。健全学前教育管理体制,实行政府统一领导、教育部门主管、各有关部门分工负责的工作机制,统筹规划,统筹安排,努力满足人民群众对优质学前教育的需求。二是要科学规划,建立覆盖城乡、布局合理、公益普惠的学前教育公共服务体系。综合考虑人口政策调整、常住人口规模、新型城镇化建设等因素,分层次明确城乡学前教育设施规划原则、总体布局,将公办幼儿园建设、普惠性幼儿园比例等纳入详细规划。三是继续实施学前教育行动计划,重点支持农村地区、脱贫攻坚地区、新增人口集中地区新建改扩建普惠性的幼儿园,扩大普惠性学前教育覆盖率,并且通过利用乡村公共服务设施、农村中小学闲置校舍等资源举办公办幼儿园,鼓励支持街道、村集体和有实力的国有企事业单位举办公办幼儿园等方式,积极挖潜扩大增量,多种渠道扩大学前教育资源供给。四是建立完善配套政策,出台学前教育设施布局规划、经费投入、教师编制、配套幼儿园管理、信息化建设、幼儿资助、招生和收费、早教机构管理等配套文件,为学前教育普惠性发展提供制度保障。

(2)完善义务教育"两为主""两纳入"政策

各地要加快建立以居住证为主要依据的义务教育随迁子女入学政策,切实简化入学流程和证明要求,合理确定入学条件,确保符合条件的应入尽入,不得随意提高入学门槛。进一步落实和完善随迁子女接受义务教育后在当地参加升学考试的政策措施。要落实"两为主""两纳入"政策,坚持以流入地政府为主、以公办学校为主,同时将常住人口纳入区域教育发展规划、将随迁子女教育纳入财政保障范围,要着力解决流动人口子女入学问题,保障包括农民工随迁子女在内的外来人员子女在流入地平等地享有义务教育权利,大力促进教育公平和均衡。

首先,要明确中央与地方政府的权责关系,强调中央政府在随迁子女义务教育上的主体责任,在流入地和流出地政府之间发挥统筹协调作用。中央政府应该通过专项转移支付增加其财政投入的责任,一方面保证农民工随迁子女受教育权利,另一方面对流入地政府实施经费补偿,充分调动其积极性。其次,建立教育券制度,农民工子女凭借教育券在流入地学校就近上学,保证"钱随人走",以缓解城市农民工子女学籍管理和财政拨付上的困难。教育券的经费来源可采用中央财政拨一点、流出地政府出一点、流入地政府补一点的"三位一体"的方法来解决。再者,完善"两为主"政策,在流入地政府和公办学校的具体管理责任基础上,强化流出地政府应承担的职责,流出地政府及学校应配合流入地政府做好随迁子女的学籍管理,严格规定回流的随迁子女要将学籍转回,以减轻流入地政府和学校的管理压力。

(3)重点高中入学机会向农村倾斜

高中教育是影响高等教育入学机会最直接、最重要的因素,重点高中则是重点高校的主要生源输送基地,获得重点高中入学机会对于农村学生是极为关键的一个环节,能够为家庭文化资源上较为薄弱的农村学生提供优质教育机会和良好的学习氛围,有助于缩小城乡教育不平等。但是重点学校制度所带来的学校之间严重差异是造成农村学生在获得高中教育机会的障碍,成为教育公平新的瓶颈。现实的情况是,城乡的教育资源分配是不均衡的,优质的中学教育资源普遍分布在城市地区,而入学的户口限制、家庭资源的支持都决定了城市子女更容易获得重点中学的入学机会,越来越多的重点高中这种优质教育资源被绝大多数城镇优势群体子女占据了。为了改变这一现象,实现对农村学生的差异补偿,将优质高中教育资源应适当向农村倾斜,以提高农村子女上重点高中的机会,增加他们将来入读重点高校的可能性,从而保障高中就学机会的城乡公平。为此,在中考招生制度改革中,应扩大农村学校的招生名额,高中的入学指标分配向农村地区倾斜等政策,重点高中入学机会向农村学校有所倾斜,这是对农村学生的一种补偿性措施,既保证优质教育资源分配的均衡,也可以有效保障高中就学机会的城乡公平。

3.创新发展城乡教育一体化学生培养体制

教育的本质就是培养人,教育体制改革的核心是学生培养体制,其目的在于提高学生培养质量。在此基础上,创新和发展城乡教育一体化学生培养体制旨在破除城乡分割的学生培养目标和方式,其重点在于全面提高城乡学生培养质量,以及改变农村学生培养过程的城市化倾向,从而实现城乡学生培养的质量公平。

(1)树立城乡一体化的学生培养目标

教育公平包括起点公平、过程公平和结果公平。城乡教育一体化的目标是通过逐步缩小受教育机会、教育资源配置等方面的城乡差距,实现城乡教育质量公平而最终达到结果公平。教育质量公平是教育公平的最终价值诉求,提高教育质量则是实现教育质量公平的有效途径。与教育质量公平直接相关的教育制度是学生培养制度(人才培养制度),它是教育质量提高的关键。改革学生培养体制,树立城乡一体化的学生培养目标,全面提高城乡学生培养质量,才能最终体现教育公平。

从培养学生的角度来说,肯定不可能实现教育质量或教育结果的绝对"平等",而是应该是基于个性差异而发展的一种差异性公平。因此,学生培养目标需要建立在尊重和鼓励个性差异,符合城乡教育各自特点的、有差异的、公平的基础上,给农村学生和城市学生同等的机会自由选择愿意接受的教育,使他们的个性潜力和兴趣特长得到正确对待以及充分发展。因此,树立城乡一体化的学生培养目标,对学生培养工作进行城乡统筹,因地制宜,因材施教。首先必须为城乡全体学生设立一个共同的培养目标,即在德智体等各方面实现全面发展,并在此基本目标的基础上,为不同的学生设立符合个性化发展需求的目标,让学生可以"学有所得、学有所长、学有所用"。

(2)实施城乡一体化的学生培养方式

学生培养过程是教育活动最重要的阶段,也是提高教育质量的核心领域。目前,农村学校办学条件不断改善,与城市学校在硬件设施方面的差距不断缩小,但是,在教学观念、教学方法等"软件"方面仍然存在着较为明显地差距。与此同时,农村学校的办学特色正在逐渐消失,课程设置、教学内容等方面的城市化倾向严重,难以发挥农村教育为"三农"服务的作用。为了扭转农村学校的城市化倾向,积极实施城乡一体化的学生培养方式,加强课程管理制度改革,彰显城乡不同课程资源的优势,鼓励和支持农村学校课程设置紧密联系农村实际。传授学生在农村环境生存、发展所需的知识和技能,并加深学生对现代农业和新农村建设的认识,鼓励学生学习现代农业技术来服务和建设家乡。推动城乡教学模式和教育方法改革,城市学校向农村学校输出新教学观念和教学方法,同时,农村学校应利用自身优势,打造特色,更好地推行小班教学、分层教学。总之,在城乡教育一体化进程中,农村学校应充分挖掘自身的办学特色,追求有特色的高质量发展。

4.建立城乡教育一体化质量保障制度

教育质量公平是教育公平的最终体现,城乡教育差距本质上正是城乡教育质量的差异。因此,建立与完善教育质量保障制度,充分保障教育质量的提升,对于城乡教育一体化最终目标的实现至关重要。

(1)构建多元主体参与的教育质量评价体系

教育质量评价是现代教育活动中的一环,科学、系统的质量评价对于教育质量的保证与提升具有导向性的作用。教育质量评价与价值判断、教育理念密切相关,涉及学业水平、学科水平、办学条件、教育发展、学校发展、公众和社会对教育的满意度、学生的能力等多个方面,具有明显的复杂性和多元性,牵涉到内部和外部的众多利益相关者。因此,建立多元主体视角下的教育质量评价体系,对提高我国教育质量、实现教育质量公平至关重要。

改变过去评价主体单一,行政性倾向明显的教育质量评价方式,逐步探索建立由政府、学校、家长及社会各方面多元参与的教育质量评价体系,促进评价的科学性、系统性和全面性。省级政府以及教育行政部门应建立省级评价体系,以教育质量评价为手段,加强省域内教育的宏观统筹。省级教育行政部门委托社会中介组织进行相关的教育质量评价,充分发挥专业机构和社会中介机构的教育质量评价中的作用,保证评价内容和评价标准,确保评价的公正和公开。构建社会各界共同参与教育决策的平台,形成良好的舆论环境,达成政府、学校、公众之间的理解和沟通,实现有效的社会监督。

(2)制定城乡一体化的教育质量标准

城乡教育一体化质量标准的建立可以使无论城市学校还是农村学校,无论公立学校还是民办学校都遵循统一的标准,为保证城乡教育统一的教育质量提供政策标准。制定城乡教育一体化质量标准时,应当以充分保障教育质量提升、促进教育质量公平为基本原则,尽量与国际上公认的教育质量评价标准接轨,从国家层面建立一套统一的、可持续的教育质量标准。省级政府和县级政府应根据本地区的教育发展水平,在国家标准的基础上进一步制定适合本地区的教育质量标准。逐步形成既有共同标准又体现区域特色的教育质量体系。

(3)建立城乡一体化的教育质量监测制度

建立城乡一体化的基础教育质量监测制度,使其成为教育督导制度的重要组成部分,以促进教育公平、全面实施素质教育、提高教育质量为目标,通过对基础教育质量的监测,及时掌握基础教育质量现状,科学分析教育过程中存在的问题,为教育决策和教育管理提供准确、有效的依据。基础教育质量监测范围涵盖教育教学的各个领域和环节,包括教育经费、办学条件、师资力量以及城乡教育均衡发展水平等各项标准执行情况与达标情况。充分利用质量监测数据,科学评估与分析,把基础教育各项标准的达标情况、均衡发展等评估分析结果作为上级政府督导下级政府教育工作的重要内容,也可作为考核相关领导干部政绩的重要指标。

9.2.3 健全基本公共教育服务体系,保障服务公平

基本公共教育服务为教育领域提供基础性公共服务,具有公共性、普惠性、基础性特

征。《纲要》明确提出,到2020年我国要形成惠及全民的公平教育,建成覆盖城乡的基本公共教育服务体系,逐步实现基本公共教育服务均等化。《国家基本公共服务体系"十二五"规划》明确将九年义务教育、高中阶段教育、普惠性学前教育纳入基本公共教育服务范围,这极大地推进了我国基本公共教育服务体系建设。继续按照普及普惠的要求,进一步健全基本公共教育服务体系,着力提高基本公共教育服务的覆盖面和质量水平,是保障教育均衡发展并满足教育需求多元化的基本方向。

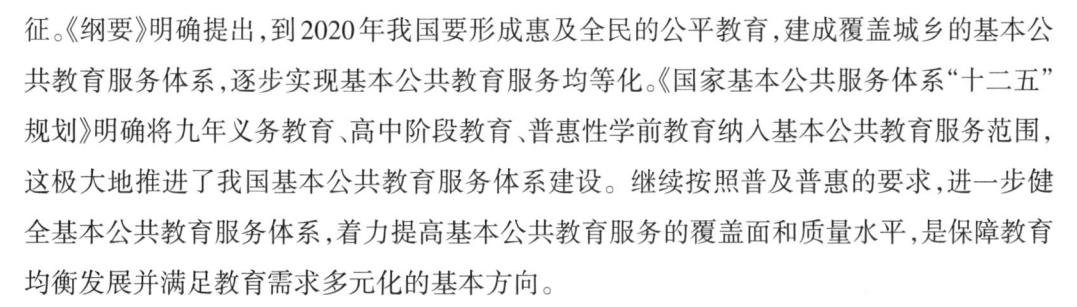

1. 健全义务教育基本公共服务体系

一是巩固义务教育"普九"成果,不让学生因家庭经济困难而失学。扶持困难群体,把有限的政府财力多用在最困难的孩子们身上。高度重视流动人口子女的义务教育问题,确保流动人口子女平等接受义务教育的权利,建立农村留守儿童关爱服务体系和动态监测机制。加强农村中小学寄宿制学校建设,提高农村义务教育阶段家庭经济困难寄宿生的生活费补助标准,努力消除辍学现象。二是统筹推进城乡义务教育一体化改革。建立城乡一体化的义务教育发展机制,率先在县域内实现城乡教育一体化目标,然后逐步在更大范围内推进。推动农村中小学标准化建设,促进教学设施设备、师资水平等办学条件的均衡,努力办好每一所学校,教好每一个学生。三是推进城乡、地区之间义务教育均等化。公共教育资源重点向农村地区、边远地区、贫困地区、民族地区和革命老区倾斜,鼓励发达地区支援欠发达地区。

2. 健全学前教育基本公共服务体系

一是健全学前教育体系。将学前教育全面纳入城镇化和新农村建设规划,构建覆盖城乡、布局合理的学前教育公共服务体系。二是建立健全以政府主导、社会参与、公办民办并举的办园体制。大力发展公办幼儿园,鼓励优质公办幼儿园举办分园或合作办园。鼓励社会力量举办幼儿园,大力扶持民办幼儿园尤其是面向大众的普惠性民办幼儿园发展,通过政府购买、减免租金、以奖代补等方式引导和支持民办幼儿园提供普惠性服务。三是重点扶持农村幼儿园,扩大农村学前教育资源,改扩建、新建幼儿园,发挥乡镇中心幼儿园对农村幼儿园的示范作用和指导作用,支持贫困地区发展学前教育。

3. 健全高中教育基本公共服务体系

一是加强政府统筹,促进普通高中和中等职业教育协调发展。推行普通高中和中职高职双轨教育模式,适应我国大规模工业化发展,提供民众所需的"生计教育",让教育能够为个人提供谋生的技能。二是推动普通高中多样化发展,促进办学体制多元化,扩大优质资源。建立普通高中家庭经济困难学生国家资助制度。三是大力发展中等职业教育,进一步提供职业教育基本公共服务。逐步分类推进中等职业教育免除学杂费,完善家庭经济困难学生资助政策,拓宽毕业生就业渠道、继续学习渠道。加快发展面向农村的职业教育。把加强职业教育作为服务社会主义新农村建设的重要内容。开展进城务工人员、农村劳动力转移培训,逐步实施农村新成长劳动力免费劳动预备制培训。

4. 健全特殊教育基本公共服务体系

一是加大特殊教育投入。建立特殊教育投入增长的长效机制,进一步增加特教学校生均预算内公用经费标准。将残疾人学前、义务、高中阶段教育纳入基本公共服务范畴,实施15年免费教育。继续改善中西部地区、贫困地区、少数民族地区特殊教育机构的办学条件,启动少数民族地区特殊教育专项建设项目。通过彩票公益金、残疾人就业保障金等渠道,支持特殊教育发展。二是改革特殊教育管理体制。将残疾儿童入学率、特殊教育教师专业化水平、特殊教育保障水平等纳入地方义务教育均衡发展、教育现代化以及全面建成小康社会的综合督政指标,并建立相应的奖惩机制,确保特殊教育政策法律落到实处。将非义务教育阶段特殊教育的管理有效纳入各级教育行政部门内部职责分工,加强全口径残疾人教育的统筹规划和工作安排,切实完善残疾人教育体系和管理体制。

参考文献

[1] Paul M.Romer.Endogenous Technological Change[J].Journal of Political Economy,1990,98(5).

[2] Robert E.LucasJr.On the Mechanism of Economic Development[J]. Journal of Monetary Economics,1988,22(1).

[3] 西奥多·W.舒尔茨.论人力资本投资[M].吴华珠,等译.北京:北京经济学院出版社,1990.

[4] Gerhard Glomm, B.Ravikumar.Flat-Rate Taxes, Government Spending on Education, and Growth[J]. Review of Economic Dynamics, 1998, 1(1).

[5] Adriaan van Zon, Joan Muysken. Health and endogenous growth[J]. Journal of Health Economics, 2001, 20(2).

[6] Creedy J, Gemmell N. Publicly financed education in an endogenous growth model[J]. Journal of Economic Studies, 2005, 32(2).

[7] Jean-Marie Viaene, Itzhak Zilcha. Human Capital Formation, Income Inequality and Growth[J]. Social Science Electronic Publishing, 2001(512).

[8] William F.Blankenau, Nicole B.Simpson.Public Education Expenditures and Growth[J].Journal of DevelopmentEconomics, 2004,73(2).

[9] Kevin Sylwester. Income inequality, education expenditures, and growth[J]. Journal of Development Economics, 2000, 63(2).

[10] Kevin Sylwester. Can education expenditures reduce income inequality?[J]. Economics of Education Review, 2002, 21(1).

[11] Hong-Sang Jung, Erik Thorbecke. The impact of public education expenditure on human capital, growth, and poverty in Tanzania and Zambia: a general equilibrium approach[J]. Journal of Policy Modeling, 2003, 25(8).

[12] Gerhard Glomm, B.Ravikumar. Public education and income inequality[J]. European Journal of Political Economy, 2003, 19(2).

[13] Bernt Bratsberg, Dek Terrell.School Quality and Returns to Education of U.S. Immigrants[J].Economic Inquiry,2010,40(2).

[14] Binod Khadria. Counting the full cost: parental and community financing of education in East Asia: mark Bray The world Bank in collaborotion with UNICEF[J]. International Journal of Educational Development, 1997, 17(4).

[15] D.Bruce Johnstone. The economics and politics of cost sharing in higher education: comparative perspectives[J]. Economics of Education Review, 2004, 23(4).

[16] Helen F. Ladd, Edward B. Fiske.Handbook of Research in Education Finance and Policy[M].New York: Routledge,2007.

[17] José de Gregorio, Jong-Wha Lee. Education and Income Inequality: New Evidence From Cross-Country Data[J]. Review of Income & Wealth, 2010, 48(3).

[18]厉以宁.教育经济学[M].北京:北京出版社,1984.

[19]王善迈.教育经济学概论[M].北京:北京师范大学出版社,1989.

[20]于光远.发展教育产业与扩大内需[J].新经济,2000(09).

[21]刘尚希.公共支出范围:分析与界定[J].经济研究,2002(06).

[22]范先佐.构建"国家办学、分类承担"的农村义务教育财政体制[J].教育发展研究,2004(4).

[23]周自强.公共物品概念的延伸及其政策含义[J].经济学动态,2005(09).

[24]杜育红.论农村基础教育财政体制创新[J].教育发展研究,2001(11).

[25]廖楚晖.教育财政:制度变迁与运行分析[J].财政研究,2005(03).

[26]赵新峰.公平——义务教育财政体制目标选择的价值基点[J].财政研究,2006(11).

[27]成刚.省内义务教育财政公平研究——基于西部某省小学数据的经验分析[J].清华大学教育研究,2008(05).

[28]王善迈,袁连生.建立规范的义务教育财政转移支付制度[J].教育研究,2002(06).

[29]李祥云.义务教育财政转移支付制度:日本与美国模式[J].教育与经济,2004(2).

[30]安体富.中国转移支付制度:现状·问题·改革建议[J].财政研究,2007(01).

[31]张丽华,汪冲.解决农村义务教育投入保障中的制度缺陷——对中央转移支付作

用及事权体制调整的思考[J].经济研究,2008(10).

[32]李祥云.中央对省义务教育财政专项补助及其使用效果——从规范与实证的角度进行分析[J].教育理论与实践,2002(07).

[33]王蓉.我国义务教育财政问题研究:回顾与展望[J].教育与经济,2004(04).

[34]廖楚晖.政府教育支出区域间不平衡的动态分析[J].经济研究,2004(06).

[35]高如峰.对农村义务教育各级政府财政责任分工的建议方案[J].教育研究,2005(03).

[36]杨俊,黄潇,李晓羽.教育不平等与收入分配差距:中国的实证分析[J].管理世界,2008(01).

[37]丁维莉,陆铭.教育的公平与效率是鱼和熊掌吗——基础教育财政的一般均衡分析[J].中国社会科学,2005(06).

[38]梁雪峰,乔天文.城市义务教育公平问题研究——来自一个城市的经验数据[J].管理世界,2006(04).

[39]鲍传友."以县为主"基础教育管理体制的公平与效率问题及思考[J].教育科学,2009(03).

[40]赵力涛.中国义务教育经费体制改革:变化与效果[J].中国社会科学,2009(4).

[41]赵力涛,李玲,黄宸,等.省级教育经费统筹改革的分配效果[J].中国社会科学,2015(11).

[42]孙志军,杜育红,李婷婷.义务教育财政改革:增量效果与分配效果[J].北京大学教育评论,2010(1).

[43]宗晓华,丁建福.我国义务教育财政制度变革与城乡差距——基于1999—2009年省级面板数据的实证分析[J].教育发展研究,2013(11).

[44]靳卫东.农村义务教育经费保障机制改革的成效评价[J].统计研究,2014(12).

[45]卢珂."新机制"对教育财政资源均衡配置的影响评价——基于配对模型的估计[J].北京大学教育评论,2014(1).

[46]成刚,孙晓梁,孙宏业.省内财政分权与"新机制"对城乡义务教育经费差距的影响——基于浙江省普通小学数据的分析[J].北京师范大学学报:社会科学版,2015(2).

[47]张家军,靳玉乐.基础教育资源配置的伦理思考[J].中国教育学刊,2010(10).

[48]凡勇昆,邬志辉.我国城乡义务教育资源均衡发展研究报告——基于东、中、西部8省17个区(市、县)的实地调查分析[J].教育研究,2014(11).

[49]吕星宇.论义务教育均衡发展评价的复杂性[J].教育科学研究,2013(8).

[50]沈有禄,谯欣怡.基础教育均衡发展:我国真的需要一个均衡发展指数吗?[J].教育科学,2009(6).

[51]董世华,范先佐.我国县域义务教育均衡监测指标体系的构建——基于教育学理论的视角[J].教育发展研究,2011(9).

[52]翟博,孙百才.中国基础教育均衡发展实证研究报告[J].教育研究,2012(5).

[53]续艳艳.山西省城乡义务教育均衡发展评价指标研究[D].太原:山西财经大学,2013.

[54]吴玲,刘玉安.我国基础教育资源配置问题研究[J].中国行政管理,2012(2).

[55]张旸,祁占勇.论西部农村义务教育优质资源的均衡发展[J].中国教育学刊,2010(8).

[56]范先佐.义务教育均衡发展与农村教育难点问题的破解[J].华中师范大学学报(人文社会科学版),2013(2).

[57]姚永强,范先佐.内生发展:薄弱学校改造路径选择[J].中国教育学刊,2013(4).

[58]叶忠.教育均衡发展中的政府财政角色冲突与协调[J].教育研究与实验,2014(6).

[59]赵永辉.各级政府在义务教育均衡发展中的责任及履责成效[J].教育学术月刊,2015(7).

[60]张乐天.城乡教育差别的制度归因与缩小差别的政策建议[J].南京师大学报(社会科学版),2004(3).

[61]张旺.城乡义务教育一体化发展研究[M].北京:教育科学出版社,2017.

[62]转型期中国重大教育政策案例研究课题组.缩小差距:中国教育政策的重大命题[M].北京:人民教育出版社,2005.

[63]鲍传友.教育公平与政府责任[M].北京:北京师范大学出版社,2011.

[64]范先佐,付卫东.义务教育均衡发展与省级统筹[C].城乡教育一体化与教育制度创新会议论文集,2011.

[65]范先佐.县域教育均衡:国家教育均衡发展的基础[J].江苏教育,2010(17).

[66]沈有禄,谯欣怡.论义务教育均衡发展[J].现代教育管理,2011(06).

[67]安体富,任强.从财政角度谈中美两国基础教育均等化[J].山东经济,2011,27(04).

[68]沈百福.公共教育投入的地区差异及变化[J].教育理论与实践,2014(7).

[69]范魁元,王晓玲.专题:构建城乡一体化的教育体制机制研究(下)——城乡教育

一体化背景下的教育管理体制改革研究[J].教育科学研究,2011(6).

[70]褚宏启.城乡教育一体化:体系重构与制度创新——中国教育二元结构及其破解[J].教育研究,2009(11).

[71]李淼.我国城乡基础教育不公现象的深层次分析[J].教育探索,2012(05).

[72]成刚.促进城乡教育一体化的投入体制研究[J].教育科学研究,2011(6).

[73]王元京,胡凯,张榉成,高振华.重构城乡义务教育投入模式[J].经济学动态,2010(06).

[74]张丕芳.四川省城乡义务教育投入一体化的有效途径探索[J].教育与教学研究,2012(07).

[75]俞海洛.城乡义务教育资源均衡化探析[J].河南社会科学,2012(05).

[76]宗晓华,陈静漪.集权改革、城镇化与义务教育投入的城乡差距——基于刘易斯二元经济结构模型的分析[J].清华大学教育研究,2016(4):61-70.

[77]John Knight, Li Shi. Education Attainment and the Rural-Urban Divide in China[J]. Oxford Bulletion of Economics and Statistics, 1996,58(1).

[78]Emily Hannum, Meiyan Wang. Geography and Educational Inequality in China [J]. China Economic Review, 2006,17(3).

[79]Xiaolei Qian, Russell Smyth. Measuring Regional Inequality of Education in China: Widening Coast-Inland Gap or Widening Rural-Urban Gap?[J]. Journal of International Development, 2007, 20(2).

[80]Achim Fock, Christine Wong. Financing Rural Development for a Harmonious Society: Recent Reforms in Public Finance and Their Prospects [R].World Bank, Washington, DC, 2008.

[81]Shaikh 1. Hossain. Making Education in China Equitable and Efficient [R].World Bank, Washington, DC, 1997.

[82]顾明远.教育大辞典[M].上海:上海教育出版社,1998.

[83]王善迈.教育经济学概论[M].北京:北京师范大学出版社,1989.

[84]范先佐.教育经济学[M].北京:人民教育出版社,1999.

[85]靳希斌.教育经济学[M].北京:人民教育出版社,1997.

[86]亚当·斯密.国民财富的性质和原因的研究[M].北京:商务印书馆,1979.

[87]约翰·穆勒.政治经济学原理[M].北京:商务印书馆,1991.

[88]张馨.公共财政论纲[M].北京:经济科学出版社,1999.

[89] Samuelson. A. Paul. The Pure Theory of Public Expenditure[J].The Review of Economics and Statistics,1954,36(4).

[90] 曲恒昌,曾晓东.西方教育经济学研究[M].北京:北京师范大学出版社,2000.

[91] 靳希斌.人力资本理论阐释——兼论教育的人力资本价值[J].广西师范大学学报(哲学社会科学版),2003(3).

[92] 王玉昆.教育生产成本函数[J].中小学管理,1998(6).

[93] 沈利生,朱运法.人力资本与经济增长分析[M].北京:社会科学文献出版社,1999.

[94] 朱舟.人力资本投资的成本收益分析[M].上海:上海财经大学出版社,1999.

[95] 李宝元.人力资本与经济发展[M].北京:北京师范大学出版社,2000.

[96] 樊胜根.经济增长、地区差距与贫困——中国农村公共投资研究[M].北京:中国农业出版社,2002.

[97] 艾丰.托起东方的太阳——教育产业在中国的理论与实践[M]//杨德广.发展教育产业的必要性与现实意义.北京:中国经济出版社,2000.

[98] 艾丰.托起东方的太阳——教育产业在中国的理论与实践[M]//左中和.产业之路:中国教育改革的重要途径.北京:中国经济出版社,2000.

[99] 艾丰.托起东方的太阳——教育产业在中国的理论与实践[M]//胡瑞文、陈国良.用产业经济的思路促进中国教育超常规发展.北京:中国经济出版社,2000.

[100] 艾丰.托起东方的太阳——教育产业在中国的理论与实践[M]//萧灼基.发展教育产业须正确处理好十大关系.北京:中国经济出版社,2000.

[101] 艾丰.托起东方的太阳——教育产业在中国的理论与实践[M]//赵海宽.鼓励民间办学促进教育改革.北京:中国经济出版社,2000.

[102] 王善迈.关于教育产业化的讨论[J].北京师范大学学报(人文社会科学版),2000(1).

[103] 刘泽云,胡延品.我国农村义务教育财政体制的困境与对策[J].教育发展研究(上海),2005(1B).

[104] 马国贤.中国义务教育资金转移支付制度研究[J].财经研究,2002(6).

[105] 周宏.关于当前我国农村义务教育管理体制改革的新思考[J].教育发展研究,2001(1).

[106] 王善迈,曹夕多.重构我国公共财政体制下的义务教育财政体制[J].北京大学教育评论,2005(4).

[107]陈冰.中美基础教育预算管理比较[J].当代教育科学,2004(12).

[108]汪海燕.试论我国义务教育财政体制[J].当代教育论坛,2006(8).

[109]王蓉.我国义务教育投入之公平性研究[J].经济学,2003(2).

[110]王善迈,杜育红,刘远新.我国教育发展不平衡的实证分析[J].教育研究,1998(6).

[111]杨国勇,汪雷.公共经济学视角下农村义务教育政府投入机制研究[J].经济社会体制比较,2007(2).

[112]张乐天.城乡教育差别的制度归因与缩小差别的政策建议[J].南京师大学报(社会科学版),2004(3).

[113]王蓉.我国义务教育投入之公平性研究[J].经济学,2003(2).

[114]张玉林.中国城乡教育差距[J].战略与管理,2002(6).

[115]谢维和,等.中国的教育公平与教育发展:1990~2005——关于教育公平的一种新的理论假设及其初步证明[M].北京:教育科学出版社,2008.

[116]黎军,朱峰.关于高等教育公平问题的探讨[J].教育理论与实践,2006(6).

[117]张人杰.国外教育社会学基本文选[M]//詹姆斯·科尔曼.教育机会均等的观念.上海:华东师大出版社,1989.

[118]王炳照,阎国华.中国教育思想通史第6卷 1911—1927[M].长沙:湖南教育出版社,1994.

[119]杨东平.中国教育公平的理想与现实[M].北京:北京大学出版社,2006.

[120]胡森.社会环境与学业成就[M].昆明:云南教育出版社,1998.

[121]万秋月.高等教育公平问题探讨[J].经济研究导刊,2008(13).

[122]M·卡诺依.教育经济学国际百科全书(第2版)[M].闵维方,等译.北京:高等教育出版社,2000.

[123]王磊.公共教育支出分析:基本框架与我国的实证研究[M].北京:北京师范大学出版社,2004.

[124]William H.Clune. Accelerated Education as a Remedy for High-Poverty Schools[J]. University of Michigan Journal of Law Reform,1995,28(3).

[125]邬志辉,于胜刚.农村义务教育经费保障新机制[M].北京:北京大学出版社,2008.

[126]王善迈.教育公平的分析框架和评价指标[J].北京师范大学学报(社会科学版),2008(3).

[127]王善迈,袁连生,田志磊,等.我国各省份教育发展水平比较分析[J].教育研究,2013(6).

[128]王维.我国各省份基本公共教育服务水平评价研究[J].教育科学,2017(02).

[129]苏君阳,曹大宏.试析健全统筹有力、权责明确的教育管理体制——基于《国家中长期教育改革和发展规划纲要(2010—2020年)》的思考[J].中国教育学刊,2010(10).

[130]何东昌.中华人民共和国重要教育文献(1949—1997年)[M].海口:海南出版社,1998.

[131]于月萍.区域推进城乡教育一体化发展的理论及战略研究[M].沈阳:辽宁人民出版社,2012.

[132]田宝军.县域内义务教育城乡一体化发展研究——基于河北省的调查[M].北京:人民出版社,2017.

[133]课题组.缩小差距——中国教育政策的重大命题[J].北京师范大学报(社会科学版),2005(3).

[134]张茂聪.教育公共性的理论分析[J].教育研究,2010(6).

[135]范先佐.构建"以省为主"的农村义务教育财政体制[J].华中师范大学学报(人文社会科学版),2006(2).

[136]刘亮,胡德仁.教育专项转移支付挤出效应的实证评估——基于面板数据模型的实证分析[J].经济与管理研究,2009(10).

[137]周峰.试论基础教育均衡发展的若干问题[J].教育研究,2002(8).